欧洲简史

赵文彤◎编著

中国华侨出版社
·北 京·

图书在版编目（CIP）数据

欧洲简史 / 赵文彤编著. 一北京 ：中国华侨出版社，2020. 1

ISBN 978-7-5113-8065-4

Ⅰ. ①欧… Ⅱ. ①赵… Ⅲ. ①欧洲一历史一通俗读物 Ⅳ. ①K500. 9

中国版本图书馆 CIP 数据核字（2019）第 227568 号

● 欧洲简史

编　　著 / 赵文彤
责任编辑 / 王　委
责任校对 / 孙　丽
封面设计 / 环球设计
经　　销 / 新华书店
开　　本 / 670 毫米×960 毫米　1/16　印张 /20　　字数 /232 千字
印　　刷 / 香河利华文化发展有限公司
版　　次 / 2020 年 8 月第 1 版　2020 年 8 月第 1 次印刷
书　　号 / ISBN 978-7-5113-8065-4
定　　价 / 56. 00 元

中国华侨出版社　北京市朝阳区西坝河东里 77 号楼底商 5 号　邮编：100028
法律顾问：陈鹰律师事务所　　编辑部：（010）64443056　　64443979
发行部：（010）64443051　　传　真：（010）64439708
网　址：www. oveaschin. com　　E-mail：oveaschin@sina. com

前言
PREFACE

欧洲是世界第六大洲，面积仅比大洋洲大一点，和地域广阔的亚洲大陆、莽莽苍苍的非洲大陆比起来，显得过于袖珍。然而这片小小的陆地，却孕育出了光辉灿烂的文明、发达的科技和伟大的哲学思想，成为近代文明的先驱，这是非常不可思议的。

四大文明古国没有一个发端于欧洲，与其他各洲相比，欧洲的文明开启相对较晚，在亚洲、非洲先民茹毛饮血的时候，欧洲大陆尚没有人烟，欧洲第一批先民尼安德特人是早期智人，第二批先民克罗马农人则是晚期智人。他们都处在人类进化的尾声阶段。欧洲文明虽然起步晚，但它的文化、科技、人文理念给人类社会带来的影响却是不可估量的。

爱琴海畔的古希腊文明是欧洲文明的源头，那片蔚蓝的海域，诞生了世界上最早的民主制度，山与海之间到处弥漫着浪漫哲学的气息，闪耀着璀璨的艺术之光。希腊先贤的智慧至今令人赞叹。古罗马人称霸欧洲以后，继承了希腊文化，同时发展了自己的文明，历经数百年的扩张，建立起了横跨亚非欧大陆的庞大帝国，控制着上亿人口，将古希腊、古罗马文明传播到了欧洲各地。罗马帝国崩溃和欧洲文明的陷落几乎是同步的，罗马人退出历史舞台之后，欧洲便成了日耳曼人的天下。日耳曼人建立起了无数个大大小小的王国，各国之间征伐不休，为了争夺土地和财富，没完没了地自相残杀，掀起了阵阵血雨腥风。在长达千年的岁月里，欧洲大陆处在野蛮蒙昧的状态中，社会文明出现了全面的倒退。

幸运的是，欧洲没有继续沉沦下去，在短短数百年的时间里，那片饱经沧桑的土地承受住了残酷的洗礼，发生了翻天覆地的变化。文艺复兴、思想启蒙运动风起云涌，帮助人们解除了精神上的枷锁，从此科学和理性代替了迷信和愚昧，对平等自由的追求取代了迂腐的忠君思想及对权威的膜拜，欧洲人自此走到了时代的前沿，引领人类社会继续向前迈进。在封建社会和资本主义社会过渡时期，欧洲缔造新世界秩序的阻力最小，原因在于，欧洲自古有民主的传统，王权受到议会的牵制，君王作为旧势力的代表，无力阻挡历史的潮流。除法国外，西欧各国没有经历太多流血事件就顺利完成了权力的交接和社会性质的转变，可谓是以最微小的代价收获了最为丰硕的果实。

进入资本主义时期，欧洲出现了工业革命，尖端科技带动生产力发展，使之遥遥领先于世界。我们现在享受的工业文明成果以及一切便利化、人性化的设施，多半源于工业革命。没有工业革命，每当夜幕降临，全球将一片黑暗，不可能呈现出灯火辉煌的繁荣景象；没有工业革命，就没有电话、电报、汽车、火车、飞机，我们的世界将变成另一副模样。毫无疑问，那是一个知识大爆炸、技术大爆炸的伟大时代，欧洲人在那个科学技术日新月异的时代里扮演了重要角色。

纵观整个欧洲历史，除了中世纪时期外，欧洲一直朝着科学、民主、文明的方向发展。但从另一个角度看，历史的车轮滚滚前进时，常伴随着杀戮、征服、掠夺和死亡等令人不安的因素。希腊城邦内部的火拼，罗马人以观赏人兽相搏取乐，十字军东征，英法百年战争，欧洲列强奴役杀戮原住民、贩卖奴隶、在世界各地血腥殖民等负面事件，无一不揭示出欧洲人的嗜血、贪婪和残忍。

征服欲、占有欲以及对财富和权力的极度渴望，会让人彻底迷失，欧洲列强没有经受住考验，各国为了抢夺殖民地而剑拔弩张，最终因为分赃不均爆发了两次世界大战。“二战”后的欧洲拥有一流的科技、成熟的市场机制、先进开放的思想，凭借各种优势独领世界风骚，无论是经济发展水平还是综合国力仍居世界前列。

解读欧洲历史，就仿佛在解读整个人类社会的历史，因为欧洲探索了人类社会的各种模式和所有可能性，从残酷的奴隶制、腐朽没落的封建制到资本主义社会，从法西斯强权主义到人权价值的倡导，从殖民战争到互助合作，从阶级社会到大政府福利主义国家，从民族主义到超级国家概念……无怪乎历史学家托尼·朱特说：“像狐狸一样，欧洲懂得很多。”欧洲是瞭望世界的一个窗口，透过欧洲，我们将知晓更多。希望本书伴随你在领略欧洲风情的同时，能给你带来更多有益的启发。

目录
CONTENTS

第一章 史前文明

——狂野欧洲，原始野性中的奔放之美

十多万年以前，富饶美丽的欧洲还是一片未开垦的蛮荒之地。它有茂密的森林、开阔的草场，数不清的飞禽走兽以及美丽的海景、丰富的鱼虾。毫无疑问，这是一片神奇的土地，是动植物的天堂。即使尼安德特人和克罗马农人的到来，也没有改变它的原始风貌。也许在亘古不变的大自然面前，人类的活动和文明的印记并不比沙地上飞鸟留下的爪痕更动人，但是对于人类而言，它却意义深远。

欧罗巴先民在与大自然朝夕相处的过程中，获得了无穷的智慧，创造了光辉耀眼的史前文明，把波澜壮阔的历史画页刻在了石头上。如今我们去凭吊瞻仰古迹，仍然能感受到那种粗粝、狂放的野性之美。史前文明作为人类文明的序章，同样动人心魄、引人遐思，先民留下的杰作犹如一把钥匙，它将引领我们看到一个非同寻常的世界。

勇敢智慧的欧罗巴先民

欧洲（全称欧罗巴洲）是一块古老而富有生机的大陆，地理位置得天独厚，东部与广袤的亚洲大陆毗连，三面被浩瀚无垠的蓝色海洋包围，西濒大西洋，北邻北冰洋，南抵地中海，与非洲隔水相望，乍一看去，它就像伸入大西洋的一个支离破碎的半岛，莽莽苍苍的陆地与狭长迷人的海湾犬牙交错，海岸线蜿蜒曲折，绵延三万多千米，沿线风光旖旎。巍峨高大的乌拉尔山脉和雄伟挺拔的大高加索山脉是大自然鬼斧神工的杰作，千年不化的冰川绝壁、白雪覆盖的辽阔荒原，亘古如此，圣洁如斯，极寒的气候造就了欧洲人高大健硕的体魄和坚毅顽强的性格。但欧洲并不是一个自然条件恶劣的苦寒之地，大西洋暖流给这片神奇的土地带来了温暖湿润的气息，催生了茂盛的牧草和丰富多样的动植物，把它神奇地改造成了适合万物生长的伊甸园，人类因此得以在这里繁衍生息。

欧洲大陆最早的居民并非土生土长，他们是从遥远的非洲迁徙来的。高鼻深目、金发碧眼、皮肤白皙的欧洲人与非洲人体貌特征相去甚远，很难想象他们拥有相同的祖先。其实这并不奇怪，大多数考古学家一致认为，人类起源于非洲，非洲人是全人类的共同始祖，传说中的亚当夏娃是地地道道的非洲先民，他们的后代遍布七大洲四大洋，大约 12 万年前，部分人不远千万里、跋山涉水来到了冰川时代的欧洲，在气候相对温暖的南部地区定居了下来。第一批先民被称为尼安德特人。

身材矮小，身高为 1.5～1.6 米，体格健壮、肌肉发达，胸膛宽阔，四肢粗笨，关节面大，大手大脚，大腿和前臂略微弯曲，身体比例不是很协调，但对日常活动并无妨碍，走路的姿势类似于现代人。尼安德特人的面部特征十分特别，眉骨突出，眉弓与发际线之间的距离很短，额头平扁，颧骨较小，鼻子前倾，牙齿靠前，具有鲜明的史前人类的特征。

令人惊异的是，他们的脑容量的平均值居然略高于现代人脑容量的平均值，但并不能说明这群尚处在蛮荒时代的原始人一定比现代人聪明。近年来有科学家提出决定物种智力水平的关键因素是大脑结构而非脑容量。不过不可否认的是，尼安德特人确实具有超凡的生存智慧，所以才能在一片全然陌生的大陆扎下根来。这批移民历经艰险，克服了重重困难，好不容易才找到一块可以安顿下来的人间乐土，正要欢天喜地地重建家园时，忽然发现这里的气候并不像他们想象中的那么宜人。

尽管他们体毛浓密、耐寒能力强，可依旧抵御不住寒风的侵袭。每逢冬季，多毛的身体暴露在刺骨的冷风中，那滋味相当不好受。为了御寒，尼安德特人把厚实的兽皮裹在身上，制成简单的衣裳，把家安在了天然洞穴内，并燃起篝火，围在一起抱团取暖。他们已经脱离了茹毛饮血的野蛮特征，学会了保存火种，吃起了烧烤，有了遮裸保暖的衣裳，有了遮风避雨的居所，生存条件大大改善，因此才得以安然度过寒风肆虐的严冬。

尼安德特人的生活方式与其他原始人并无本质区别，为了提高生存的概率，他们聚集在一起群居生活，以采集和渔猎为生。甘美多汁的野果、各种各样的动物和味道鲜美的鱼虾，都是他们喜爱的食物。平日里，他们共同劳作，共同分享食物，彼此关爱，互相帮助，无条件地照顾老弱病残和受伤的同伴，如果有人不幸死去了，他们会妥善安葬死者，让对方入土为安。

尼安德特人在欧洲世代繁衍，度过了约 8 万年的漫长时光，渐渐地本土化了，当仁不让地成为那片大陆上的主人。奇怪的是，约在 4 万年以前，这批最早的移民忽然莫名其妙地销声匿迹了，从此彻底退出了人类历史的舞台。关于尼安德特人为何会人间蒸发，考古学家历来争论不休。有的人认为他们赶上了史无前例的天灾，欧洲大陆骤然变冷，致使他们无法继续生存，他们被迫返回了非洲老家；有的人认为他们集体死于杀伤力巨大的病毒或细菌，遭遇了灭顶之灾，于是就像恐龙一样悄无声息地从地球上消失了；还有的人认为智人的到来改变了他们的命运，他们或死于毁灭性的种族屠杀或被驱逐出了欧洲。

时至今日，我们依然不能作出有依据的结论，总之，尼安德特人作为一个种群集体消失了，但基因并没有就此消亡，少量的基因通过和智人的杂交流传了下来。遗传学研究表明，现代欧亚人的染色体中有少数基因源自远古时期的尼安德特人，也就是说，尼安德特人的血脉多多少少地渗入了欧洲的人种中。

比起尼安德特人，克罗马农人与现代欧洲人的血统更为接近，长相也更接近于欧洲人，但是他们和现在的欧洲人并不属于同一个种群，不过基因已经混入了白人祖先染色体中。换言之，欧洲的白种人是由尼安德特人种发展而来的，两者虽不是直系血亲，却有着牵扯不断的传承关系。

克罗马农人是晚期智人的代表，他们可能起源于非洲东部，因为各种各样的原因，背井离乡，迁徙到了世界各地，足迹遍布南亚、中亚、中东、北非，最后到达了欧洲。克罗马农人登陆欧洲的时间与尼安德特人踪迹灭绝的时间相吻合，显然，这两个种族的兴起和灭亡存在着千丝万缕的联系。

克罗马农人的相貌特征与现代欧洲人高度类似，比如颅顶高而宽，脑袋浑圆，额高而宽阔，肤色较浅，脸面宽平，眼眶低矮，鼻梁狭窄而高挺，下颏突出，头部没有残留任何猿类特征。身材魁梧，男性身高多在 1.8 米左右，女性身高在 1.7 米左右，脑容量略高于现代人的平均值。毫无疑问，克罗马农人进化得很完美，与现代人差别不大。他们掌握的技能比尼安德特人要先进很多，所以生活得相对舒适和惬意。他们住在悬崖下的岩洞里，用收集来的树枝把洞口围得密不透风，或者用宽大的兽皮把入口处堵住，以此抵御风霜雨雪和寒气的侵袭。他们用质地厚密的兽皮做床，用野兽的粪便和油脂丰富的兽骨当燃料取暖。这样，即便外面大雪纷飞，冷得滴水成冰，居室里也是暖暖和和的。

大部分时间，克罗马农人过着相对安定的定居生活，长年以狩猎为生。他们能制造出精细的石器工具及极为实用的木器和骨器，这些狩猎工具富有致命的杀伤力。因为武器先进，克罗马农人能成功捕获乳齿象、猛犸之类重达一吨的大型野生食草动物。但凡有所斩获，所有人都不用为吃饭发愁了，捕获来的战利品，都是庞然大物，可以供全族的人吃很久。克罗马农人的食谱比较丰富，陆生动物只要能猎杀的，皆可入口，海洋生物也是他们中意的餐点。每逢鲑鱼汛期，他们都会成群结队地移居到大西洋边，集体下水捕鱼，次次都满载而归。

由于吸收了大量的动物蛋白，克罗马农人体质大大增强，智慧与日俱增，保暖之余，他们创造出了大量美轮美奂的艺术品，精致小巧的雕刻品栩栩如生，大面积的浮雕逼真传神、荡人心魄，各种动物的雕像活灵活现，洞穴壁画色彩厚重，线条粗犷简练，灵动洒脱，动物形象呼之欲出。克罗马农人用自己的方式如实记录了他们一手缔造的史前文明和史前艺术及生活面貌，为后人提供了丰富的史学参考资料。透过这些残存的遗迹，我们似乎可以听到克罗马农人狩猎时发出的呐喊声和欢呼声，一场场惊心动魄的人兽大战似乎就在眼前，这群活跃在欧洲山林和平原中的原始人是何等勇敢、何等彪悍，又是何其值得我们敬畏啊！

璀璨的石器文化

人类进化的历程和石器的发展有着密不可分的关系。在科技不发达、生产力极为低下的远古时代，人类的祖先从大自然中就地取材制造工具，随处可见易于加工的石头就成了首选的材料。欧洲先民也是如此，在适应自然和改造自然的过程中，大部分时间都在和冰冷坚硬的石头打交道。欧洲石头储量丰富，因此遗留下来的名胜古迹和庄严肃穆的高大建筑大都是石砌的，欧洲人对石头的偏爱由此可见一斑。在遥远的洪荒时代，欧洲人对石头的利用仅限于简单的加工处理，那个时期被称为旧石器时代。

旧石器时代，最常见的石制品就是打制石器。所谓的打制石器指的是采用简单的敲剥、击打等方法加工成的具有一定形状的石器。对于体格健壮、双手灵活的欧洲先民来说，制造一件普通的打制石器，并不是什么难事。先找一块合适的石料，选好打击的台面，朝边缘处用力捶打，敲剥下半锥体石片，便大功告成了。这是最常见的一种打器。从石料两侧敲剥、捶打，可加工成功能多样的砍砸器，它既能用来砍劈树木、锤砸坚果，又能用来挖掘植物的块根。

以今人的眼光来看，这些石器粗糙笨重，看不出有什么技术含量，外观也不精美，若不仔细分辨，很难把它们跟自然界自然风化破碎的石头区分开来，但在当时的历史时期，它们的出现确实具有划时代的伟大意义。马克思曾经说过："人和动物的根本区别在于，人类会制造和使用工具。"当欧洲原始人挥舞着粗笨的石斧与凶猛的野兽搏杀的时候，他们和动物界已经划下了一条界线，体现出了万物灵长才有的智慧和创造力。

欧洲先民虽然比同时期的其他人种高大强壮，但在牙尖爪利的豺狼虎豹面前，仍然显得十分弱小，他们能够幸存下来，并能猎取比自己强大数倍的野兽，凭借的不是体能和耐力，而是善于假物的本领。石器的诞生，从根本上改变了欧洲先民的生活。此后在漫长的历史进程中，先民们在某种程度上掌握了生存发展的主动权，与残酷的大自然对抗时，不再无助和被动。

在旧石器时代，石器应用于方方面面，但它不是欧洲先民唯一的工具，克罗马农人时代，欧洲先民已经学会了制作弓箭和带木柄的长矛。从遗留下来的洞窟壁画上，我们可以依稀看到他们狩猎时的热闹场景。在多数情况下，人们打猎是为了获取肉食，狩猎是他们日常生活中的一部分。但在某些特殊情况下，猎杀动物不是为了填饱肚子，而是为了满足精神上的需要。先民们处在蒙昧状态时，已经开始琢磨举行仪式，从事巫术活动了。

在当时的人看来，那些超出日常需求的血淋淋的杀戮，带有某种神秘的宗教性质，这种行为是神圣的，代表着对大自然的一种原始的崇拜。从他们创作的诸多狩猎图中，我们可以轻而易举地窥见其中的端倪。举行仪式时，人们会采用矛戮箭射的方式杀死猎物，所以壁画中的动物身上插上了锋利的矛头和尖锐的箭镞。这些人要用动物的血祭祀天地还是自然之母，我们就不得而知了。不过可以肯定的是，他们已然把自己看成了自然之子。

岩壁孔隙附近出现了大量的动物和人物的绘画，寓意非常明显，岩孔象征着大地之母的生殖器，所有的生灵都是从那里诞生出来的。这种刻意的构图安排，揭示了一种朴素的生命观，即大地之母是万物之源，正是因为它的孕育，地球上的物种才得以生生不息地繁衍。值得注意的是，先民们尤其喜欢在洞穴深处绘制和雕刻作品，而他们的日常活动范围集中在洞口部，这就意味着神秘而诡异的狩猎巫术仪式是在大地之母的母体中进行的，幽深的洞穴象征着大地之母的母腹。这是一种高度写实的艺术，不仅具有观赏性，还有无可估量的史学价值。原始画作中，出现了一些反映跳舞场景的壁画，载歌载舞的舞蹈者头上戴着狰狞可怖的兽面面具，装扮成野兽的模样，样子有些可怕，这些神秘、怪异的舞蹈极有可能与巫术活动有关。

中石器时代是一个承上启下的时代，是新旧石器时代的过渡阶段。在这一时期出现了大量的磨制石器，欧洲先民掌握了打磨加工石器的技术，制作出来的器具趋于细致精美，涌现出了大量的细石器和复合性工具，包括：装有角柄的石斧，狩猎用的箭，嵌有燧石片的角器、骨器，样式繁多的投矛器，各种类型的渔叉，简单适用的渔网、渔篓，等等。人们开始驯养山羊和猎狗，利用各种武器和训练有素的猎狗猎杀野生动物，狩猎的水平大大提高。此外，居住条件也有了很大的改善，人们开始搭建季节性的窝棚，有时栖身于天然洞穴里，有时待在窝棚里，那时的窝棚已经有了遮阳避雨的功能，可以看作房屋的雏形。

中石器时代的岩画遍布欧洲各地，其中西班牙勒文特的岩画较为出名，它与旧石器时代的作品风格明显不同，不在洞穴深处，而是分布在凹凸不平的悬岩上和逼仄的小洞里，图案较小，画法变化多端，色彩纯粹单一，以红色或黑色为主，人和动物动感十足，大多是狂奔的姿态，身体伸展在半空中，仿佛凌空飞翔一般。男人在重要场合穿着短裤，腰部和膝部绑着绳带或穗状物，头上插着羽毛，平时不穿衣服，女人穿着长裙，上半身裸露。这些装束可能是标准的夏装。因为欧洲冬季气温很低，他们是不可能穿着短裤和长裙过冬的。

到了新石器时代，磨制石器已经变得很普遍了。人类掌握了切割、钻孔、磨制、雕刻等多种工艺，石器被磨制得更为光滑，外观更为齐整，刃口也更加锋利。在这一时期，出现了农业和畜牧业。人们驯养了牛、猪、羊等家畜，学会了种植农作物。许多考古学家认为，无论是农作物还是家畜，都是外来产物，属于舶来品，是由外地传入欧洲的。不管怎样，农耕文明和游牧渔猎文明交相辉映，深刻地改变了欧洲先民的生活，至于它们的发源地在哪里，是否产自本土已经不重要了。

欧洲先民有了一定的粮食储备和唾手可得的肉食，就不必冒着生命危险频繁打猎了，日子过得越发安逸。随着生活水平的提高，他们的寿命延长了。在狩猎活动占主导地位的时期，大多数人都活不过 30 岁，人们可能在围猎过程中丧生，也有可能死于缺衣少食，还有可能死于因营养不良、体质虚弱引发的各种疾病。要知道在远古时期，人类想要实现丰衣足食的梦想是相当困难的，即便学会了种植庄稼和饲养家畜，也不能完全解除饥饿的威胁，在人口激增的情况下，一切的资源都显得那么有限，好在人口的急剧增长和技术的革新是同步的，过剩的人口得以幸存下来。

新石器时代，欧洲先民的居住方式发生了很大改变，他们不再满足于栖身简陋的窝棚或潮湿阴暗的洞穴，而是建造起了土木结构的房屋和石屋。在草木茂盛、森林茂密的地带，人们倾向于用木材和黏土充当建筑材料，在树木稀少的地方，石料便成了唯一的也是最合适的建筑用材。欧洲人对石头有着一种近乎狂热的迷恋，在阿尔卑斯山脉以北，至今散落着许多别具一格的巨石建筑，它们都是先民们呕心沥血的杰作。位于英国南部的斯通亨奇，非常奇特，它是一种环状的列石建筑，是专门用来举办宗教活动的场所，规模浩大，气象宏伟，排列井然有序，仪式感很强，以石祭台为圆心，外围共有三圈巨石环阵，参天矗立的巨大石块等距离排布，上面压着条石做成的横梁。斯通亨奇在古英语里是“吊起来的石头”的意思，这一条条被擎起的石梁，也许就是被吊起来的石头。

新石器时代的欧洲岩画，由写实转为抽象，作品风格倾向于符号化和程式化，人们通常会用简练生动的线条和概括性较强的图案来描绘自己所熟知的事物，说明欧洲先民归纳、整理、提炼的能力在增强，他们观察事物和思考问题的方式改变了，感受力更为强烈，艺术感油然而生，灵感不断涌现，所以他们不再满足于用写实的笔触描摹自己眼中的世界，而是喜欢用不拘一格的方式来表达内心独特的感受。这一时期的岩画无论是在审美性上还是在艺术性上，都超越了以往的历史时期，说明欧洲先民的创作已经进入一个崭新的阶段。

遗落在爱琴海畔的古老文明

欧洲文明，通常被誉为“蓝色文明”“海洋文明”，比起厚重内敛的黄色文明、内陆文明，它更具包容性和开放性，显得灵动而富有诗意，狂野而富有激情。浩瀚无边、奔涌不息的汪洋大海和那一抹深不可测的幽蓝给了欧洲先民无尽的灵感，浪漫迷人的爱琴海孕育出了伟大的古希腊文明。如果说海洋是欧洲文明的诞生之地，那么，梦幻宁谧的爱琴海就是欧洲文明的摇篮。提及欧洲文化、欧洲文明，我们首先想到的就是爱琴海。

爱琴海位于希腊和土耳其之间，属于地中海的一部分，海岸线绵长曲折，港湾众多，水上交通便利，风景优美，近海岸的海水呈浅蓝色，在阳光的照射下，清澈见底，波光潋滟；远处的海水颜色逐渐加深，渐渐凝固成一片浓得化不开的蓝，与碧蓝的苍穹交相辉映，水光天色勾勒出一道美丽的风景线。

爱琴海素有“多岛海”的美誉，海上岛屿众多，大大小小的岛屿星罗棋布，犹如散落在广阔海面上的一粒粒光辉夺目的明珠，其中最为耀眼也是最大的一个海岛叫克里特岛。爱琴海的名字就是源于克里特岛上的一个凄美的传说。相传很久很久以前，克里特岛上有个叫米诺斯的国王，他的儿子在雅典不幸遇害。米诺斯怀着寻仇的心态，强迫雅典人每隔七年进献七对童男童女给自己豢养的牛首人身的怪物享用。雅典人年年按时进贡，无数幼童死于非命，父母悲痛万分。

雅典王子提修斯为了拯救子民，毅然挺身而出，自愿充当供奉之物，临行前与父王爱琴约定，假如能杀死那只吃人的怪物，就在归来的船上挂上白帆。提修斯登上了克里特岛，邂逅了米诺斯国王的女儿，与美丽的公主倾心相爱。公主帮助提修斯杀死了那只怪物，营救出了所有充当贡品的孩子。在逃亡途中，神谕暗示提修斯必须割舍爱情，否则就会受到诅咒和惩罚。提修斯被迫将公主留在了孤岛，自己黯然离去。由于过于沮丧和难过，他忘记了与父王的约定，归来时一路悬挂着黑帆返回。雅典国王没有看到期盼已久的白帆，以为爱子已经不在人世了，绝望之下纵身跳入了波涛滚滚的大海。人们为了纪念这位父爱绵长的国王，就将这片海域命名为“爱琴海”。

长期以来，人们对古老的爱琴文明知之甚少，大家津津乐道的都是一些凄美动人的神话传说，所以爱琴文明在大多数人的心目中都是神秘的、美丽的、富有诗情画意的。其实那些古老的传说或多或少地都有历史的影子。比如爱琴海得名的传说，反映出这样一个事实，克里特文明是古希腊文明的起点。

约在公元前 3000 年，克里特岛上的居民开始修建城堡，使用金石工具，逐渐脱离了原始社会的生存形态。公元前 2000 年左右，克里特岛进入了青铜时代，在米诺萨斯和法埃斯托斯地区出现了独立奴隶制城邦和王宫，标志着克里特已经步入了阶级社会，形成了国家的雏形。

后来，克里特文明进入全盛时期，岛上雨后春笋般涌现出了 100 多个大大小小的城邦，实力最强大的是克诺索斯，克诺索斯的米诺斯王朝强盛一时，不仅统治着整座克里特岛，还将势力范围拓展到了爱琴海的各个地区，希腊的雅典和迈锡尼地区均臣服于米诺斯国王。米诺斯王朝凭借强大的武力和所向无敌的海陆军队，建立了海上霸权，长期称霸爱琴海。雄才大略、穷兵黩武的米诺斯国王接连取得辉煌战果，克诺索斯和整座克里特岛因此威名远扬。

克里特人除了擅长打仗，还非常擅长商业贸易，很久很久以前，他们就同埃及、希腊半岛、小亚细亚、爱琴海诸岛建立了商业合作伙伴关系。克里特商人把岛上的土特产出口到不同的国家，赚得盆满钵满。克里特岛物产富饶，四面临水，交通便捷，港口众多，海上贸易发达，种种有利条件，促成了海岛经济的繁荣。古希腊诗人荷马曾用浪漫的笔触这样描述道："有一个地方叫克里特，位于深红葡萄酒色的海中，一片美丽富庶的土地，四面环水。"总之，在当时的历史时期，克里特岛是一个十分令人神往的地方。

伴随着经济的快速发展，克里特各大城市规模空前膨胀，最具影响力的城邦克诺索斯逐渐发展成了人口超过 8 万人的大城市，加上海港区的人口，总人数在 10 万以上，堪称地中海首屈一指的超级大城市。克里特人在创造物质文明的同时，也在缔造精神文明，他们发明了一种酷似图画的象形文字。由于这种文字笔画较多，过于烦琐，不好辨认，克里特人又把它改成了以音节为单位的线形文字。这种文字被称为线形文字"A"，迄今为止，未被考古界破译，给后世留下了无数的疑问和永久的谜团。

在距今 3000 多年以前，辉煌一时的克里特文明不明不白地消失了，当时究竟发生了什么，是什么力量摧毁了克里特人的家园和令他们引以为豪的文明成果呢？这些问题困扰了考古学家多年。有人认为克里特文明毁于蛮族入侵，有人认为它的陷落是与希腊城邦交战的结果，还有人认为克里特的城邦遭遇了破坏力极强的大地震，在一瞬间化作了废墟，克里特人创造的一切统统被埋葬在了地下。

丹麦奥胡斯大学教授瓦尔特·弗里德里希经过调查研究，提出了一个更加有说服力的理论：3600多年以前，克里特岛附近锡拉岛上的一座火山喷发了，冲天的火焰、滚热的岩浆把美丽的锡拉岛变成了可怖的人间炼狱，遮天蔽日的火山灰飘散到克里特岛、格陵兰岛以及北美洲，更糟糕的是，火山喷发引发了惊天的大海啸，高达12米的巨浪淹没了克里特岛，克里特城邦和克里特文明因此毁于一旦。

克里特文明陷落后，克里特岛出现了新的文明——迈锡尼文明。迈锡尼文明的缔造者是阿卡亚人，又称迈锡尼人，他们属于希腊民族的一支，最初在多瑙河畔定居，后来大规模南迁，入侵了希腊，征服了当地的原住民，创造了足以和克里特文明相媲美的远古文明——迈锡尼文明。迈锡尼是希腊半岛上最具影响力的奴隶制城邦，阿卡亚人登陆希腊以后，迈锡尼长期处在这批入侵者的统治之下，本土文明逐渐被外来文明所取代。

阿卡亚是一个非常好战的民族，所以在迈锡尼时代，人们制作了许多精良的武器和盔甲，圆锥形的头盔独特而美观，散发着粗犷的原始气息和雄性荷尔蒙的味道。它是用皮革制成的，表面上覆盖了无数用野猪牙或象牙磨成的薄片，虽然防护能力远远比不上质地坚硬的金属头盔，但武士戴上这样一种头盔，是身份的象征。《荷马史诗》的《奥德赛》篇和《伊利亚特》篇都曾用热情洋溢的笔触提到过这种特别的头盔。当然，在当时的历史时期，也有许多金属打造的头盔，为了加强防护效果，脸颊部位会用皮革或金属片加以遮挡。

阿卡亚人能征善战，连年对外发动战争，通过武力征服的方式，把自己的文明拓展到了更遥远的海域。迈锡尼文明不仅在希腊半岛的中部和南部扎下了根，而且占据了整座克里特岛，还远播于爱琴海上的一些其他岛屿。阿卡亚人改造了克里特人那些复杂难懂的线形“A”文字，创造出了线形文字“B”。线形文字“B”是早期的希腊语，也是迈锡尼语中现存历史最为悠久的一种文字。

线形文字“B”并不像线形文字“A”那样难破解，1952 年被成功破译。这些珍贵的文字资料，为后世提供了大量有价值的信息。比如一些文字中出现了男奴女奴之类的名词，说明迈锡尼文明的政治体制是奴隶制城邦的性质，当时奴隶的数量多得惊人，派罗斯只是一个小小的城邦，居然蓄养了上千名奴隶，有许多男童女童也充当了奴隶，这的确令人匪夷所思。

文字中还透露出了更多令人不安的信息，国王贵族凭借特权侵占了大片土地，可供农民耕作的土地甚少。农民世代忍受着统治者的疯狂压榨和剥削。这说明迈锡尼文明统治下的社会和克里特统治时期并没有什么明显的不同，它是建立在贵族政治之上的奴隶制王国。自公元前 1200 年以后，迈锡尼文明逐渐衰落，从古希腊传说的只言片语中，我们可以大致猜想到，当时的迈锡尼社会面临着内忧外患的威胁，宫廷内部政权更迭频繁，政局动荡，外部环境也不容乐观，战乱频仍，社会经济遭到极大的破坏。考古材料显示，迈锡尼的陶器质量较以前也下降了许多，陶器生产大幅度萎缩，海上贸易由于外敌的骚扰而受到不小的打击，城邦经济不可避免地走向了衰落。

经济的下滑给各城邦带来了巨大的生存压力，各城邦为了掠夺资源，陷入了频繁的混战，失败的一方可能从此一蹶不振，得胜的一方也元气大伤。后来又遭遇了连年大旱的天灾，庄稼年年歉收。在天灾与人祸的双重打击下，迈锡尼人再也无法招架了。希腊部落的多利亚人乘虚而入，一路挥师南下，攻占了迈锡尼各城邦，迈锡尼文明从此灭亡。

多利亚人的入侵，改变了希腊历史的走向，希腊大部分地区退回到了原始社会的氏族部落时期。半岛人口稀少，经济颓靡，政治衰落，与外界的联系减少，显得封闭而落后，雄伟的宫殿、繁华的城邦统统消失不见，取而代之的是一派萧条不堪的景象，这种情况持续了300多年之久，希腊进入了历史上最为黑暗的时期。这段历史时期，除了脍炙人口的《荷马史诗》，没有留下其他文字资料，所以人们就把这一时期称为“荷马时代”。

爱恨情仇裹挟下的特洛伊城

关于希腊社会的早期阶段，可供参考的文字资料和历史文献十分有限，其中最为重要的一部文献就是《荷马史诗》。《荷马史诗》是一部反映古希腊社会生活风貌的百科全书。它内容丰富多彩，涵盖面广，涉及经济、政治、军事、哲学、艺术、天文地理等多方面，将诸多历史事件和神话传说巧妙地杂糅到一起，塑造出了一个亦真亦幻、光怪陆离的世界。

由于《荷马史诗》是以一定的史实为依据的，所以即便是富有神话色彩的作品，也有一定的史学价值，比如史书中提到过特洛伊城和特洛伊战争，起初人们认为特洛伊就像柏拉图笔下的亚特兰蒂斯一样，是作者虚构出来的城市，特洛伊战争是荷马凭借丰富的想象力捏造出来的，后来考古学家发现了特洛伊城的古城遗址，证明这座传说中的城市是真实存在的，可见特洛伊战争很有可能不是臆想的产物，而是真实发生过的。娓娓动听的神话故事和引人入胜的荷马史诗，或多或少地影射了历史，当传说照进现实，我们会发现它并非虚无缥缈的，而是一种真实的存在。

特洛伊战争发生在3000多年以前，属于迈锡尼文明时期。这场战争持续了十年，特洛伊城邦和斯巴达损失都很惨重。那么到底是什么引发了这场旷日持久的战争呢？根据神话传说，战事起源于一只金苹果。海中女神忒提斯与人间英雄佩琉斯修成正果、喜结连理。众神应邀参加婚礼，纷纷向这对新人表达祝福。不料女神厄里斯由于声誉不佳，没有受到邀请，为此她耿耿于怀，意图无事生非，制造麻烦。她捧着一只金苹果不请自来，声称要把它送给世界上最美丽的女神，智慧女神雅典娜、爱神兼美神阿佛罗狄忒、众神之母赫拉都想得到这只金苹果，三位女神互不相让，争论不休。天神宙斯让特洛伊王子帕里斯做仲裁。

赫拉对帕里斯说，假如帕里斯把金苹果判给了她，作为回报，她将让帕里斯统治世界上最富有的国家；雅典娜允诺说，自己若得了金苹果，将把智慧赐予帕里斯，让帕里斯成为世界上最聪慧的人；阿佛罗狄忒说，倘若帕里斯肯把金苹果给她，她会把世界上最美丽的女人嫁给帕里斯。帕里斯是一个浪漫多情的人，于是就把金苹果给了爱神阿佛罗狄忒。赫拉和雅典娜大怒，发誓要毁了特洛伊城。

后来帕里斯在爱神阿佛罗狄忒的帮助下，诱拐了斯巴达国王墨涅依斯的王后海伦，将这位美艳绝伦的倾国美人带回了特洛伊城。斯巴达国王为报夺妻之恨，召集希腊其他城邦围攻特洛伊城。特洛伊城城墙高大、城池牢固，希腊军队久攻不下，双方对峙了十年。最后有个叫奥德修斯的人想出了一条迷惑敌方的妙计。在他的建议下，希腊士兵纷纷撤到战船上，留下了一具巨大的木马。特洛伊城的守军见到木马喜出望外，把它当作战利品运进了城。当天夜里，特洛伊士兵举杯相庆，丝毫没有发现什么异样。藏身于木马中的希腊勇士蹑手蹑脚地溜了出来，悄悄地打开了城门，将城外的希腊军队放了进来，双方里应外合，一举攻陷了特洛伊城，城内的成年男子全部被杀光。

这则曲折动人的神话故事在欧洲流传颇广，几乎是家喻户晓、妇孺皆知。毫无疑问，特洛伊战争不可能源起于众神的争执，那只诱人的金苹果在现实世界里也是不存在的。但那位绝世惊艳的王后海伦极有可能是一位真实的历史人物，正是因为她，斯巴达和特洛伊势同水火，双方爆发了惨烈而持久的战争。现在我们把时间退回到3000多年以前，看看特洛伊城到底发生了什么。

一天，斯巴达王宫来了两位尊贵的客人，分别是特洛伊国王普里阿摩斯和帕里斯王子。作为东道主，斯巴达国王墨涅依斯亲自接见并热情款待了他们。王后海伦依礼出席了宴席。帕里斯王子青春俊美、风度翩翩，让年轻的海伦芳心大动。海伦天生丽质、楚楚动人，瞬间把浪漫风流的帕里斯王子迷倒了。在电光石火的一瞬间，两人纷纷陷入了爱河，于是背着墨涅依斯悄悄私订终身，并约好一起私奔。帕里斯把海伦带到了特洛伊城。墨涅依斯又羞又怒，他不能接受妻子被拐走的事实，这对于一个男人尤其是高高在上的国王来说无异于奇耻大辱。为了爱情也为了维护自己的荣誉，墨涅依斯决定发兵讨伐特洛伊，抢回海伦。

当时斯巴达是希腊半岛上数一数二的大城邦，足以和雅典相提并论。特洛伊是小亚细亚半岛（位于土耳其境内）上的一个小小的城邦，国力远不如斯巴达。墨涅依斯有足够的信心战胜特洛伊，不过他并不想孤军奋战。他连夜赶到了迈锡城，请求哥哥迈锡尼国王阿伽门农纠集希腊各城邦的军队远征特洛伊。阿伽门农调动十万希腊联军和上千艘战舰水陆并进，进攻特洛伊。特洛伊古城固若金汤、牢不可破，希腊联军围城攻打了十年，仍然没有将其拿下。后来有个叫奥德修斯的将领想出了一个克敌制胜的妙计，它就是木马屠城的计划。

有一天早晨，特洛伊人惊讶地发现兵临城下的希腊联军不见了。他们跑到城外一看，希腊人的战船渐行渐远，已经扬帆远去了。沙滩上留下了一只巍然耸立的巨型木马。特洛伊人啧啧称奇，有人建议把它当作缴获的战利品运进城，有人提出反对，建议把它焚毁或扔到海里。恰在此时，士兵俘获了一个没逃脱掉的希腊人，把那个希腊人带到了特洛伊国王面前。这名俘虏说，这只来历不明的巨型木马，其实是希腊人专门用来祭祀雅典娜女神的。要是有人毁了它，天神就会震怒。假如把它带到城里，城邦里所有的子民都会得到神的祝福。希腊人故意把木马造得笨重庞大，是因为不想让特洛伊人把它运到城里，迫使特洛伊人在恼羞成怒的情况下，将它就地焚毁，这样天神就将把诅咒和灾难降到特洛伊城。

天真的特洛伊国王被谎言所蒙蔽，为了把巨型木马运进城，居然下令毁掉了一半的城墙。晚上，特洛伊人聚众庆祝战争的结束，个个喜气洋洋，大家纵酒狂歌，连唱带跳，喝得酩酊大醉，玩到深夜才散场。夜阑人静时分，木马的腹部发出了吱嘎的响声，马肚子下面出现了一扇小门，一群披坚执锐的希腊勇士从里面陆陆续续钻了出来。他们趁着夜色的掩护，顺利地到达了城门，以迅雷不及掩耳之势砍死了尚在醉梦中的守军，然后把城门打开，潜伏在城外的希腊军队瞬间涌入了特洛伊城。

希腊人疯狂地洗劫了特洛伊城，到处杀人放火。特洛伊人猝不及防，纷纷倒在了血泊中。这群外来的不速之客屠光了城里所有的成年男人，俘虏了妇女和儿童。大批妇孺一夜之间成了孤儿寡母，继而沦为了奴隶，美丽的海伦被抢回了斯巴达。希腊士兵将特洛伊的财宝抢掠一空，随后放了一把火，把古城烧成了一片白地。特洛伊在熊熊大火中化作废墟，从此成为梦幻般的传说。

时光荏苒，物换星移，转眼 3000 多年过去了。后人一直津津乐道地讲述着有关特洛伊战争的传说，时常提起那座神秘的古城，不过大多数人都不相信特洛伊城是真实存在的。直到 19 世纪 70 年代，考古学家海因里希·谢里在濒临爱琴海的土耳其西北部挖掘出了古城遗址，这座沉眠了数千年的古老城池才得以重见天日。

现在史学界普遍认为，传说中的特洛伊城在历史上是真实存在过的，这座古城兴建于公元前 16 世纪，经历了 400 多年的风雨侵蚀屹立不倒，直到公元前 12 世纪，希腊联军兵临城下，凭借一只巨大的木马潜入城中，它才彻底从人间消失，变成了一片荒芜的废墟，埋在了荒丘之下。不过这段历史并没有随着特洛伊城的毁灭而被永久性封存，古希腊诗人荷马采用半真实半虚幻的方式详细记录了特洛伊战争的始末，引起了后人无限的遐想。由于特洛伊的故事亦真亦幻，太过扑朔迷离，起初人们并不相信荷马的描述，认为它只是天才诗人脑海中的意象，是文学作品虚构出来的产物，直到考古学有了惊人的发现，人们才改变了看法，特洛伊战争的真相得以浮出水面。

第二章
魅力古希腊

——苍穹之外的蓝，海洋文明的源头

众所周知，欧洲文明属于海洋文明，它发端于湛蓝宁谧的爱琴海，是由古希腊人创造的。浪漫的古希腊人在群山和大海之间建立了无数大大小小的城邦，缔造了一个伟大的时代。在那个时代，没有君临天下的专制暴政，没有思想禁锢，没有绝对的权威，人们相对自由，普通公民可以参与公共事务，还可以在公民大会上畅所欲言、慷慨陈词，行使民主赋予自己的各项权利。

开明的政治、宽松的文化氛围，给希腊人创造了良好的人文条件，雅典城邦人才辈出，涌现出了苏格拉底、柏拉图、亚里士多德、欧里庇得斯、埃斯库罗斯、索福克勒斯等光芒万丈的伟大人物，那些发人深省的哲学辩论、忧郁感伤美丽哀婉的悲剧艺术，以及理性与情感交相碰撞出来的智慧箴言，至今影响着欧洲的审美和生活方式。故而诗人雪莱才说："我们的法律、文学、宗教和艺术都起源于希腊。如果没有希腊，我们现在还可能蒙昧、无知，与野人无异。"的确，欧洲的科技、哲学、文学、绘画、雕塑、民主制度，早在古希腊时期便有了雏形，没有古希腊，欧洲的一切将被抹去，古希腊是欧洲文明的摇篮，在欧洲历史上的地位永远无法撼动。

镀金时代的雅典城邦

黑暗的荷马时代结束以后，希腊诸城邦由没落走向了繁荣，半岛迈入了古风时代。古风，顾名思义就是先古之风的意思，说明这一时期的文化、习俗及文明成果接近之前的某个时代。这个时期的希腊城邦空前兴盛，摆脱了原始蛮荒的状态，不禁让人联想到烜赫一时的克里特文明和迈锡尼文明，最容易引发人的幽思怀古之情，因而被历史学家称为古风时代。

古风时代的希腊半岛一城即一邦，每个城邦都有独立自主的权力，就像一个独立的小小的王国。众多城邦之中，最受瞩目的就是雅典。雅典人精力充沛、思维活跃、富有冒险精神，时常乘风破浪、扬帆远航，把贸易活动拓展到了爱琴海周围和地中海的多个岛屿。希腊的造船业当时已经很发达，出现了能容纳200多人的三列桨大船，凭借先进的航海工具和丰富的航海经验，水手们在爱琴海、地中海之间往来如飞，源源不断地把产自半岛的蔬果和各种有价值的物产运到所有能到达的地方，西亚和非洲各国都被发展成了贸易对象。

希腊各城邦面积狭小，人丁稀薄，不少城邦只有方圆百里的土地，堪称弹丸之地，城内的居民只有区区数万人，然而麻雀虽小、五脏俱全，每个城邦都有自己的社会组织和上层建筑。雅典所处的阿提卡半岛领土面积非常小，它就像漂浮在蓝天碧海中的一只精致的宝匣，而雅典恰如一枚小巧玲珑的袖珍首饰，看起来似乎微不足道，焕发出来的光芒却那么耀眼。小小的雅典城，在科学、文学、艺术、哲学上取得的成就光辉灿烂以至登峰造极，从古至今，一直为全人类所仰慕。

早在古希腊时期，雅典便涌现出了苏格拉底、柏拉图、亚里士多德这类举足轻重的伟大哲学家。三位横空出世的希腊先哲，犹如熠熠闪光的星河，照亮了爱琴海附近的整个夜空，令同时期的绝大多数文明望尘莫及。苏格拉底是哲学领域奠基式的人物，柏拉图创作了鸿篇巨制《理想国》，亚里士多德不仅是哲学家、思想家，还是一位出类拔萃的科学家，他所研究的科学代表了雅典城邦的最高成就。在文学领域，欧里庇得斯、埃斯库罗斯、索福克勒斯三大悲剧作家的代表作仍旧具有催人泪下的魔力，至今被后人所推崇，克拉提诺斯、欧波利斯、阿里斯托芬三大喜剧作家的优秀作品，读来令人忍俊不禁，为大众所喜闻乐见。

雅典城邦小而美，长期处在小国寡民的状态，雅典人活得潇洒而悠然、健康而快活。和谐的环境、宽容的氛围、自由的空气，造就了众多的思想家、艺术家和哲学家。雅典人以此为傲，逐渐产生了一种不可一世的民族优越感。他们因此而变得狭隘，看不到自己所推崇的自由精神和光荣传统存在的片面性与局限性。

无论如何，雅典都是奴隶制社会，自由与荣耀只属于贵族奴隶主，奴隶、妇女、儿童、工人、外国人和大部分商人都没有公民权，其中奴隶的地位最为卑下，处境也最惨，他们在司法审判中的证词不被认可，只有受到刑讯逼供说出的话才有效力。因为人们普遍认为奴隶不知羞耻、道德低下，个个都是骗子和说谎者，不值得信赖。一旦有奴隶要出庭作证，他们就会被施以酷刑。由于奴隶是奴隶主的私有财产，主人为了维护自己的利益，通常会想方设法避免让自己的奴隶到法庭上作证。法庭上不常见到奴隶，奥运会上没有奴隶代表，盛大的祭祀场合中，也见不到奴隶的身影。

在雅典有相当数量的人没有公民权，没有资格参加城邦议事，但是他们也有自己的社会生活。政府允许他们组建带有俱乐部性质的社团组织，定期聚集在一起议论公共事务，具有公民权的城市居民有时也会参与讨论。会上人们吵吵嚷嚷、争论不休，全都底气十足，有的人具有超强的思辨能力，一开口就雄辩滔滔，几乎能说服在场的所有人。总之这些没有公民身份的人因为加入了社会组织，参政议政的热情空前高涨，政治觉悟迅速提高，具备了合法公民所具备的素质，这也许就是欧洲人公民意识普遍较强的重要原因之一。

在雅典，自由和平等是一种相对的概念，法律规定任何人犯了法都必须接受惩罚。自由人触犯了法律，践踏了公众利益，将被抄没财产，奴隶两手空空，没有能力上缴财物抵罪，只能接受肉体上的惩罚。被判处死刑的自由民，有两种免死方式，一种是同意将自己的私人财产全部充公，另外一种就是接受流放。奴隶既没有人身自由，也没有财产，只能放弃生命，等待着被乱棍打死。自由民要是既不愿放弃财产又不想被流放，则会被毒死，死得比奴隶体面，承受的痛苦相对较少。

自由和平等是相对的，权利和义务也是相对的。雅典人认为缺乏物质基础和人身自由的人，不适合做公民，只有有产者和身份高贵的自由民才能承担得起保家卫国和管理公共事务的责任。所以不能为邦国尽义务的人，便不能成为公民。这也许就是大量弱势群体没有公民权的根本原因。在当时的历史时期，没有公民权不见得是一件彻头彻尾的坏事。战争期间，公民必须自带军粮组织国家军队到前线打仗，不少人死在了战场上。和平时期，公民要为各种公共事务出钱出力，比如捐款救济穷人、花钱修建公共设施。也就是说公民要帮助和养活弱势群体，对外要抵御强敌，对内要为社会福利尽一份绵薄之力。穷人、老弱病残没有公民权，可接受救助和保护，无偿地享受福利，这对于身处困境的他们来说，应该是一件天大的好事。

希腊人按照自己的方式有条不紊地运行着，发展到一定时期，不可避免地出现了一系列问题，比如城邦地域狭小，承载不了日益增长的过剩人口，为了缓解人地矛盾，许多人被迫漂洋过海，到海外谋生，因此出现了移民热潮。这些人在海外开拓出了大量的殖民地。部分奴隶主为了得到更多的奴隶和原料，把目光投向了本土以外的广阔天地，加入了殖民大军。希腊殖民者抵达目的地之后，立刻采用暴力手段驱逐当地的土著居民，或者残酷地奴役原住民，把抢来的大片土地分配给自己人，不遗余力地复制母邦的奴隶制生产方式，然后逐步建立起独立的新城邦。

希腊人殖民范围遍及爱琴海各地，给当地土著带来了深重的苦难。殖民者事业上的辉煌和成功是建立在土著人的血汗和痛苦的基础上的，他们疯狂地掠夺殖民地的物产和财富，大批大批地掳掠奴隶，给当地经济造成了巨大的破坏，这种行为是不值得称颂和肯定的。

山海之间，初露民主自由之光

希腊是欧洲文明的摇篮，也是民主思想的诞生地，同时期的其他国家都不约而同地建立起了中央集权式的独裁专制制度，唯有希腊成为一个例外，逐渐形成了独具特色的民主制度。那么这是为什么呢？希腊人的民主制度和民主思想是怎么产生的呢？

从地理环境的角度看，希腊走向民主，有赖于得天独厚的地貌特征。希腊港湾众多，千姿百态的海湾深入陆地，把半岛切割成了无数个小小的区域，各区域内有狭小的平原、秀气的山谷和涓涓流淌的细小河流，没有波澜壮阔的大江大河，没有沃野千里的平原流域，没有一望无际的开阔腹地，地理环境复杂多变，不同地区居民的生活方式各不相同，不利于形成大一统的思想，专制制度没有生存的土壤。

古代的专制国家基本都有这样一个特点，那就是背靠大陆，境内有孕育生命和文明的大川大河，平原流域疆域广阔，各地区人们的生产和生活方式并没有明显的不同，容易形成统一认识，在政治高压下，易于达成某种共识。在一马平川的大平原地区，采取军事手段武力征服全境人民，建立独裁专制的大帝国，难度系数比较小。冷兵器时代，平原作战对于征服者是非常有利的，当地人没有天险可以凭借，入侵者便能轻而易举地闯入他们的家园，用武力迫使他们臣服。希腊境内多山，全境海港遍布，被海洋和高山肢解成了若干个小块，入侵者根本不可能通过发动一次战争，征服整个希腊半岛。希腊人可以凭借独特的地理优势与侵略者周旋，阻挠专制帝国的建立。

独特的地理环境和人文环境、小国寡民的政治以及一城一邦的独立自治传统，为民主政治的诞生提供了有利的条件。希腊境内人口比较少，具有公民资格、能够参政议政的人数更少，这种情况对于推广民主政治是非常有利的。很难想象一个人口众多的泱泱大国在信息传递不畅、交通落后的古代，能顺利实行一人一票制的民主制度，因为单单统计选票的数目就需要浪费大量的人力物力，到时时过境迁，很多迫在眉睫的大事都被耽搁了。

希腊能产生民主思想，与大量居民跨海迁移的移民浪潮有关。为讨生计出走的希腊人，远离故土和亲人，被随意地安排在了一艘艘航船上。他们来自不同的城邦，脾性迥异，所持的精神信条各不相同，彼此缺乏交集。若在平时，他们在大街上碰到可能连招呼都懒得打。可是上了同一条船，情况就不同了。他们要面对的是狂暴的大海和海上瞬息万变的天气，必须团结协作、同舟共济才能克服万难，共同渡过难关，平安到达目的地。在合作的过程中，大家纷纷抛弃了成见和身份之别，经常聚在一起讨论各种事务，每个人都畅所欲言，踊跃发表自己的观点，到决策阶段，渐渐形成了少数服从多数的默契，发展出了契约精神，每个人都会自发地遵守这些不成文的规定。

等到他们登上一块陌生的大陆以后，要团结起来对付共同的敌人，必须继续紧密合作，所以在大船上形成的那种命运共同体的关系完整保留了下来，他们会继续采用民主的方式来讨论问题和解决问题，直到建立海外殖民地，仍然会这么做，民主精神就这样存留了下来。

此外民主制和经济发展也有着密切联系。众所周知，任何政治制度和上层建筑都要以一定的物质基础做依托。没有一定的经济条件，民主精神和民主政治制度是很难生根发芽、开花结果的。希腊海上交通发达，向境外输出了大量的葡萄、橄榄、粮食、美酒等多种产品，从中攫取了巨额利润。

由于运送商品需要容器，刺激了制陶业的蓬勃发展，进而带动了工商业经济和手工业经济的发展。多种经济的发展，给更多的人带来了创富机会，工商阶层荷包鼓了起来，腰杆也硬了，作为新贵阶层，他们不再满足于现有的社会地位，迫切需要参政议政的政治权利。当时国家政权操纵在贵族手中，贵族不甘大权旁落，不愿下放权力，不仅压迫平民和奴隶，还把财大气粗的工商业者排斥在外，引起了社会各阶层的强烈不满，所以贵族政治统治不会长久，它早晚会被更合理的政治制度所取代。民主制度取代贵族统治是一股不可阻挡的历史潮流，它将从方方面面改变和塑造希腊的政治风貌。

自古以来，民主备受人们推崇，然而世上没有任何一种社会制度是绝对完美的，民主制度也不例外。希腊早期的民主是直接民主，公民作为国家的主人，拥有直接参与公共决策、处理公共事务的权利，不必委托代表治理国家。它的优点在于，每个公民都有平等的投票权，大多数人的利益能得到充分保障，缺点是集体的利益被无限放大、集体的意见被充分采纳以后，渺小的个体就会显得微不足道，少数人的合法权益得不到保障，个人的立场如果与集体决定不同，只能无条件服从集体的意志。其后果是民主变相成了多数人对少数人的暴政。

雅典城邦曾经制定过“贝壳流放制”也叫“陶片放逐法”的法律，大致内容为：公众认为某人是危险分子，极有可能危害城邦公民的安全，不必经过任何审判程序，只要多数人投票赞成把这个人流放或处死，就可以按照讨论的结果，处置这名犯罪嫌疑人。显然这是不合理的，与公平公正的法治观念相违背。人的生命和自由是宝贵的，在这个世界上没有什么比丧失自由和生命更可怕的事了。没有如山的铁证，没有正常的审判程序，单凭多数人的主观臆断和个人好恶，就判定一个人有罪，甚至剥夺人的自由和生命，这实在是匪夷所思。可见绝对权力必然导致绝对腐败和暴政，不仅适用于专制独裁者，也适用于秉持民主精神的多数人。

我们知道群众是社会的主体，是历史潮流的推动者，群众集体执政，采用一人一票的民主制管理国家，确实能照顾到大多数人的利益，具有一定的合理性，问题在于，少数人的利益也应当受到尊重和保护，不能用维护集体利益的名义践踏个体的利益。再者，群众大多是盲目和盲从的，大多数人认可的东西未必是正确的，真理有可能掌握在少数人手中，过分拔高群众的智慧，过分笃信集体的权威，可能会使国家误入歧途。

英国首相丘吉尔说："人类历史上，民主制度有很多缺点，但还没有比民主制度更好的制度。"的确，民主制度并非十全十美，自身存在很多瑕疵，但它比专制独裁制度要进步。纵观人类历史，政治最黑暗、暴行发生次数最频繁的时期，都是独裁专制占统治地位的时期。无论哪个地区，一旦出现了具有铁腕作风的大独裁者，公民就会丧失民权和人权，沦为被肆意践踏的对象。在独裁国家中，统治者具有至高无上的绝对权力，凌驾于法律之上，不受任何组织或机构的制约，可以为所欲为，采用近乎极端和疯狂的手段控制和奴役人民，这是相当可怕的。民主政治最大的好处就是能有效防止国家机器沦为个人意志的工具，最大限度地捍卫人权，让公民活得更有尊严。

民主制度虽然有一定的局限性，但时至今日，随着时代的进步，民主制度也在不断发展完善，如今大多数欧洲国家都已经摒弃了直接民主，采用间接民主的方式执政，克服了早期民主的弱点，建立了廉洁高效的服务型政府，大力推行法治，国家政治昌明，社会文明有序，公民的基本权益能得到保障，人民生活较为幸福。欧洲人能充分享有民主政治带给自己的福祉和实惠，确实要感谢早期的希腊人，在世界上绝大多数国家走上独裁统治时，希腊人选择了民主，这是希腊人的幸运，也是欧洲人的幸运。

一脉相承的政治改革

公元前6世纪，希腊城邦的国家权力把持在贵族手中。民主思想萌芽以后，平民也想享有政治权利，不甘心忍受贵族的压迫和奴役，双方的矛盾日益尖锐。由于平民和贵族之间贫富差距不断拉大，因而出现了很多社会问题。平民负债累累，为了偿还债务，不得不出卖土地和劳动力，不仅丧失了赖以生存的生产资料，而且失去了人身自由，被迫卖身为奴，越来越多的自由民转化成了奴隶，公民的数量急剧减少，这就意味着希腊民主将成为少数人的民主，只有站在社会金字塔塔尖的人才有资格参与政治事务，塔底的芸芸大众发不出声音，无法为自己争取权益。民主改革势在必行。

公元前594年，梭伦成为雅典城邦的首席执政官，人们把所有的希望都寄托在了他身上。一个与往日无异的早晨，雅典中心广场人山人海，人声鼎沸，农民、手工业者、工商业主不约而同地聚集到了广场上，神色紧张地等待着一个重要时刻的来临。新上任的首席执政官梭伦在众目睽睽之下，意气风发地登上了讲坛，走到了一个大木框面前。正在兴致勃勃交头接耳的人们，立时闭了嘴。会场顿时鸦雀无声，安静得出奇。

所有人都把目光投向了大木框。梭伦伸出手轻轻一拨，木框中的木板翻转了过来，新的法律条文赫然出现在大家眼前。梭伦朗声宣读了名为“解负令”的法令，向世人宣布因负债而沦为奴隶的平民，全部恢复自由民的身份，债务契约自动废除，抵押出去的土地一律物归原主；因为无力清还债务，被债主贩卖到外邦当奴隶的雅典平民，雅典城邦将拨付一笔款项，将这批人全部赎回。

在场的听众个个屏息凝视，表情肃穆。梭伦慷慨陈词了一番之后，以高昂的声音向大众严肃声明道："解负令的有效期为 100 年。"话音刚落，现场爆发出热烈的掌声，台下欢声雷动，人群雀跃不已。无力还债的平民如释重负，顿时喜上眉梢，有的兴奋得欢呼起来，有的相拥在一起，有的手舞足蹈、欣喜若狂，整个雅典城沉浸在喜庆的氛围中。

解负令颁布之前，雅典城邦的老百姓生活异常艰辛困苦，穷人不借钱便活不下去，借了财主的钱要是不能如期偿还，就会沦为债务奴隶，长年为财主做工，把收入的六分之五上缴给财主，假如上缴的钱款不够利息，妻子、儿女就有可能被变卖为奴隶。也就是说情况最糟时，一人欠债，全家为奴的现象是广泛存在的。现在腰缠万贯、为富不仁的债主再也无权把欠债的自由人变成奴隶了，更不要说把对方的家人变卖为奴了。被卖到异邦的穷人也能回来和家人团聚了。梭伦的改革使广大平民获得了空前的解放，摆脱了做牛做马当奴隶的悲惨命运，因此人们把梭伦看成了正义的化身和救苦救难的救世主，梭伦一夜之间成为雅典城最受尊崇的政坛领袖。

梭伦是古希腊时期杰出的社会改革家，他关注劳苦大众的命运，关心民间疾苦，虽然出身贵族，却一点也不傲慢，从未站在少数权贵的立场上说话，这是非常难能可贵的。从政之前，他做过诗人和商人，游历过很多地方，对于社会不公有着深刻而独到的认识。在当时富有的贵族贪婪骄横，不可一世，时时处处欺压平民。劳动人民淳朴善良，老实忠厚，不擅钻营，也不懂权谋，往往世代受穷，日子过得非常窘迫。梭伦在游历途中，目睹了底层人民饥寒交迫、朝不保夕的贫苦生活，萌生了恻隐之心，决心把毕生的精力投入社会改革之中。

为了进一步限制贵族的权力，让更多的平民参与到民主政治中，梭伦按照财富的多寡把雅典城的公民划分为四个等级，谁拥有的财富多，谁就是第一、二等的公民，能享有更高的政治权力，担任高官。第三等级的公民，不能担任高级官职，只能在政府基层工作。第四等的公民不能当官。这就意味着血统高贵财产少的贵族，政治权力被削减了，新兴的工商业主可以凭借雄厚的财力跻身于政坛，掌管国家政权，贵族垄断政途的局面将被打破，贵族统治将逐步宣告终结。

以前，贵族借助战神山议事会将立法、司法、行政大权牢牢抓在手里，不断巩固贵族阶层的政治地位。梭伦被推举为雅典城邦的首席执政官以后，恢复了公民大会应有的权力，使其成为事实上的而非名义上的最高国家权力机关。公民大会很早以前就存在，它名义上是国家最高的权力机关，赋予公民参政执政的权力，而实际上国政大权操纵在国王手里，后来滑落到了贵族手中。梭伦改革后，公民大会的性质发生了变化，由纯粹的贵族会议逐渐变成了公民会议。所有的公民无论是贫穷还是富有，都可以参加公民大会。

梭伦还设立了新的议会机关——四百人会议。雅典四个部落各选出上百名优秀的公民入会，第一、第二、第三级公民皆可当选，第四等级的人除外。梭伦又在司法领域进行了改革，设立了最高司法机关陪审法庭，规定所有公民无论等级高低身份贵贱，都可以被选为陪审员，参与案件的审理、评议和判决等工作，最大限度地保证司法公平，确保案件是在公开公正公平的情况下进入审判程序的。

梭伦改革之前，雅典城邦的法律非常严苛，人们犯下一点小小的过失就有可能被判处极刑，偷盗水果的窃贼和游手好闲的懒汉如果引起了公愤，就会被公开处死。梭伦当政以后，死刑泛滥的势头得到了遏制，广大平民的生命安全得到了保障。梭伦还制定了许多刺激工商业发展的政策，比如鼓励出口橄榄油，限制农副产品出口；号召年轻人学习技艺，规定每个雅典公民必须让自己的儿子掌握一门足以傍身的精湛手艺；吸引海外人才，鼓励技术工人移民雅典；改革币制，促进商业繁荣；确保私有财产不被侵犯，承认私有制，确立财产继承原则；等等。

梭伦的革新举措，有效缓解了对立阶级之间的矛盾，促进了经济的发展，但并没有从根源上解决各种棘手的社会难题。失地农民虽然摆脱了卖身为奴的境遇，却未能重新分到土地，生活依旧很艰难，因此对新政颇为不满；贵族受到了沉重的打击，丧失了种种特权，愤恨难平；中产者因财力不够，不能担任执政官而心怀怨恨；身为奴隶主的工商业者得到的实惠和好处最多，他们积极拥护新法，但是并不满足，希望梭伦能给他们带来更多的实际利益。

在众口难调的情况下，处在风口浪尖上的梭伦感到格外疲惫，他要求雅典人发誓保护他立下的法律，随后放弃了所有的职务，只身离开了他热爱的雅典，跑到海外去了。梭伦离开政坛以后，平民和贵族依旧争斗不休。雅典城邦分裂成三大党派，它们分别是由贵族组成的平原派、由工商业主组成的海岸派、由底层平民组成的山地派。平原派主张恢复传统和旧制，维护贵族特权；海岸派不遗余力地拥护梭伦改革；山地派强烈要求重新分配土地。每个党派各执一词，意见各不相同，派系斗争异常激烈，以致不能按照正常的程序推选出执政官，影响了政府机关的运行。在这种情况下，雅典出现了僭主政治。第一位僭主是一个叫庇西特拉图的贵族。所谓的僭主指的是未经推选而执掌大权、统御国家的独裁者，最初并无贬义，后来成了暴君的代名词。

庇西特拉图和梭伦是姨表兄弟关系，他上台之后继续深化梭伦的改革，他果断地站在平民的一边，加大力度打击氏族贵族，毫不留情地没收了流亡贵族以及被驱逐出境权贵的土地，将土地无偿地分配给了无地少地的底层劳动者，改善了山地派的生活处境。执政期间，他督促雅典城邦发展农业生产，为贫苦的农民提供低息贷款，鼓励种植利润较高的橄榄、葡萄等经济作物，将土地税降到了收入的十分之一。

庇西特拉图为了获得海岸派的鼎力支持，采取了一系列促进工商业繁荣的措施，比如推动造船业的发展，创建海上舰队，把殖民地建在黑海咽喉要道赫勒斯滂海峡（即今达达尼尔海峡）两岸，有力地控制海上商路。他还加大了货币的发行量，努力刺激经济增长。庇西特拉图的改革基本沿用了梭伦的思路，但比梭伦更为激进，不仅出重拳打击了贵族的势力，在政治和经济等多方面保障了工商业主的利益，还给底层人民带来了福音，重新分配了土地，使山地派的贫苦农民的基本需求得到了满足。在庇西特拉图的努力下，雅典城邦进步迅速，很快跻身于希腊半岛先进城邦之列。

不过作为僭主，庇西特拉图受到了广泛的质疑和批评，虽然他的很多改革措施堪称梭伦的延续，但人们不会把他和梭伦相提并论，因为僭主政治与民主政治是背道而驰的，僭主的意志就是国家的意志，不允许任何人违背，僭主的权力至高无上不容挑战，职位可以世袭，这些都不是热爱民主的雅典人能长期接受的。他们尝到了改革的甜头，但从心底里并不认可僭主政治，这就意味着庇西特拉图家族的统治并不会长久。庇西特拉图去世后，他的儿子希庇亚斯继承了僭主之位。希庇亚斯专制、残暴、冷酷，为人傲慢，且奢侈无度，是个不折不扣的暴君昏君，引发了广大人民的强烈不满。公元前 510 年，愤怒的雅典民众推翻了希庇亚斯的残暴统治，克里斯提尼当选为新的执政官。

克里斯提尼上台之后，发起了新一轮的民主改革，他首先向传统的部落制度发起了挑战，将以血缘亲族关系为基础的四大部落，按照地域划分成了十个部落，铲除了独裁世袭制度滋生的土壤。具体措施为：合理地划分行政区域，按照地理环境的特征，划分出内陆、沿海、城市三大区域，每个区域由十个小自治区辖区组成，从小自治区中抽选出一个区域作部落。紧接着，克里斯提尼对立法和议会进行了改革，将原来的四百人会议扩大为五百人会议，议员可以由各部落推选出来，也可以由法院的陪审员从普通的人民群众中选取，总之世袭继承制度已经成为过去时了，鲜有人能凭借血统或亲属关系混入五百人议会。

克里斯提尼还制定了陶片放逐制度，民众可以通过陶片放逐法惩罚危害公共安全的害群之马或妄图采取倒行逆施的独裁者，每个雅典公民在陶片上写上罪犯的名字，如果累计的票数达到法定票数，罪犯将被逐出雅典，刑期结束后才能回来，通常被放逐的年限为十年。

公元前 5 世纪，杰出的民主政治家伯利克里进行了更深层次的改革，把雅典民主政治推向了巅峰，这一时期被誉为雅典民主制度全面确立的“黄金时代”。具体施政措施为：把公民大会定为国家最高权力机构，雅典城邦内所有男性成年公民都可以参加大会；破除等级身份限制，男性公民可担任一切官职，大小官职除十将军外（最高军事长官）向全体公民开放，均以抽签的方式选出；扩大五百议会的职能，将它设定为公民大会的常设机构，闭会期间，议员正常处理城邦重要事务；陪审法庭为城邦最高司法机关和监察机构；剥夺战神山议事会的权力；政府给公职人员和积极参政议政的雅典公民发放一定数额的工资，鼓励公民参与政治活动；提高获取公民身份资格的门槛，父母都是雅典城邦公民的人，才能成为该城邦的公民。

雅典早期的民主改革具有一定的局限性，只有少数男性成年公民才能当家做主，行使民主权利，奴隶、妇女、外邦人统统被排斥在外。但这些改革措施为民主制度设定了基本的框架和蓝本，为后世的民主政治提供了有效的借鉴，激励着后来者在探索民主精神的道路上越走越远，为推动人类文明的进步做出了无可估量的贡献。

世纪审判——苏格拉底之死

提起古希腊先哲，我们不能不提到苏格拉底，谈及希腊城邦早期的民主政治，我们仍然会联想到苏格拉底。苏格拉底是哲学史上最负盛名的代表人物之一，毫无疑问，他是一位伟大而又睿智的哲学家，是一位里程碑式的先驱人物，后人敬仰他、崇拜他，把他看成了智慧的化身，然而在两千多年前，在雅典民众的心目中，他是一个煽动言论、蛊惑人心的危险分子，最终集体投票判处他死刑。也就是说苏格拉底是被民主制度杀死的，愚昧无知、缺乏同情心和包容心的雅典公民，不约而同地做出了错误的决定，使得这位天才哲学家因此陨落。

不少人把苏格拉底之死和希腊早期民主的弊端紧密联系起来，

认为这充分体现了多数人对少数人的暴政，那么事情的真相又是怎样的呢？苏格拉底究竟是怎样一个人，雅典人为什么一定要处死他呢？

在人们的固有印象中，苏格拉底是一个光芒万丈的人物，知识渊博、聪明绝顶，谈吐不俗且一表人才，其实真实的苏格拉底与我们想象中的形象是有差距的。多数哲学类书籍在介绍苏格拉底的时候，从来没有使用任何褒义词夸赞过他的外表和气质。苏格拉底相貌平平，甚至有点丑，由于思考过度的缘故，他的头发早早脱落了，光秃秃的头顶使他显得越发苍老，他的脸又扁又宽，鼻子硕大，朝天翘起，两眼间距较长，酷似传说中的“眉间尺”，眼球向外突出，目光如炬，熠熠闪光，无比犀利，臃肿的肚子装了不少脂肪油水，如果不知道他是学者的话，你很难把这副大腹便便的形象和满肚子学问的哲学家联系起来。

乍一看去，苏格拉底很像一名上了年纪的搬运工，并不像一位饱学之士。然而他确实是一个了不起的智者，一个富有人格魅力的哲学大师。苏格拉底在生活中是很可爱的，他大概是雅典城内最怕老婆的男人。家里有一个强词夺理、骄纵任性的悍妻，免不了会引发大大小小的纷争，在外面苏格拉底很雄辩，然而在妻子面前，却常常拙嘴笨舌、理屈词穷，茫然不知所措。这不奇怪，口若悬河、思维敏捷的哲学家通常都说不过牙尖嘴利、泼辣而不讲理的妻子。或许苏格拉底根本就不想和老婆针锋相对，作为一个有思想有抱负的男人，他不屑把口才和智慧浪费在同女人斗嘴上，所以他把矛头对准了社会、对准了雅典城，为此引来了无数的麻烦。

苏格拉底不认同雅典的直接民主制度，主张精英治国论，在他看来，国家应该交给有智慧有才干的高级知识分子来管理，没有经过任何系统训练、什么都不懂的公民是不应该直接参与国家决策的，用抽签选举法推行的民主是不合理的。他认为术业有专攻，鞋匠想要制作出精美耐穿的鞋子，必须掌握独到的制鞋工艺，工匠要想建造出宏伟坚固的大房子，必须认真听取建筑师的意见，国家要想扩充海军打造战舰，必须请专业人士参谋，既然各个岗位都需要专业人员，为什么城邦的管理者、法庭的法官就可以不经过任何的培训仓促上任？难道仅仅是因为他们是民众选举出来的吗？

鞋匠的职责是做出一流的鞋子，铁匠的天职是打造出锋利的武器和各种有价值的铁制品，他们不该决定是否该对另外一个城邦开战。让对战争和政治局势一无所知的鞋匠和铁匠投票决定是否该对外作战，简直就是拿城邦的前途来开玩笑。

苏格拉底说，让饱学之士和社会精英管理国家，并不意味着国家政权会滑落到仗势欺人的权贵手中。深谙管理之道的人要比民众推举的人更适合担任城邦管理者的角色。譬如，有航海技术的人更懂得如何驾驭一条船，妇女比男人更通晓纺羊毛的工作。优秀的人都能驾轻就熟地处理好自己的工作。精于耕种的人是好农夫，医术高超的人是好医生，精通政治的人就是杰出的政治家。懂政治的人来从政，懂管理的人来管理城邦，这样雅典城邦才能井然有序地运行。

苏格拉底到处宣传自己的政治理念，痴心地扮演着牛虻的角色，在大街小巷、广场上甚至澡堂里，不停地抨击着他看不惯的一切，慷慨激昂地鼓吹着他的精英治国论。凭借敏锐的直觉，他意识到雅典的民主政治陷入了空前的危机，必须来一次彻彻底底的变革，雅典才能迎来属于自己的春天。当时雅典正值强盛时期，他那忧国忧民的论调与周围的一切格格不入，被视为奇谈怪论或疯言疯语。雅典人不喜欢苏格拉底，对这位言语犀利、能言善辩的怪老头有着一种近乎本能的排斥和反感。

苏格拉底是一个孤独的智者，他总是步履沉重地行走在阳光普照的繁华街头，穿得破破烂烂，经常光着脚，脸色悲戚而凝重，时不时会摇头叹息，没有人知道他在想什么。所有的雅典人都以雅典城为傲，雅典是繁荣、民主、强盛、包容的象征，正在经历着属于它的黄金时代，处处都是明媚的胜景，所以骄傲的雅典人不明白，苏格拉底絮絮叨叨地在讲些什么。苏格拉底离经叛道的言论和恃才傲物的做法在雅典引起了轩然大波，他因此被控以亵渎神明和用歪理邪说腐蚀青年思想两大罪名，不久便被押上了审判席。

这是一次世纪性的审判，陪审团中的五百名法官决定着苏格拉底的最终归宿。法官的构成很复杂，有贵族、诗人、剧作家、哲学家，也有与苏格拉底志同道合的朋友，部分人是他的学生和拥护者，可大多数人都是底层市民，比如鞋匠、铁匠、农夫、商人、漂洗羊毛的工人、垒砖砌墙的建筑工等，这些人对苏格拉底向来没有什么好感。苏格拉底在发表演说时，频繁用铁匠、鞋匠做比喻，无意中冒犯了一些人。所以情形不容乐观，但也没有糟糕到极点。无论人们是否喜欢苏格拉底，他都是雅典城最知名的圣贤，雅典人并不想背负杀贤的骂名。

有人建议苏格拉底公开认错，与公诉人达成和解。苏格拉底的学生柏拉图也希望老师能早点从诉讼中抽身。苏格拉底毫不妥协，毅然坚持自己的主张，把庄严的法庭当成了发表演说的演讲大厅，滔滔不绝地宣扬那些令人恼火的新鲜理论，顺便赞扬了一下雅典城邦的老对手斯巴达。柏拉图和所有的弟子都为老师捏了一把汗。投票的结果是认为苏格拉底有罪的人在票数上只占了微弱优势。

柏拉图乐观地想，只要由他站出来为老师辩护，陪审团是有可能对老师做出无罪判决的。即便他没能说服和打动陪审团，所有的控诉罪名成立，老师也未必会判处死刑，他可能会被判处罚款、监禁或流放。真正想处死苏格拉底的人并不多，人们和他无冤无仇，只是不赞同他的观点罢了，他只要肯当庭认罪，适度地缴纳一点罚款，审判就结束了。最大的问题在于，老师太固执，宁可受死也不可能认罪，所以他建议老师在接下来的辩论中，重点强调过去对雅典城邦做出的突出贡献，争取免除死罪，接受流放或监禁的处罚。

苏格拉底已经是一个年逾古稀的老人了，流放或是监禁对他来说，并不比死刑更好。审判席上，他一言不发，似乎并不打算为自己辩护。柏拉图急了，要求老师委托自己充当辩护人，苏格拉底没有答应。柏拉图有一种不祥的预感。辩论进入最后一轮时，苏格拉底彻底癫狂了，他用挑衅的口吻说，对他而言，最合理的惩罚是向全体公众宣布他是城邦的公民英雄，并允许他终生在市政厅免费享用美味的餐点。

苏格拉底的激进言论和傲慢无礼的态度，激怒了陪审团，陪审员认为他这是在公然藐视法庭，所以在第二轮的投票中，大多数人都赞同判处苏格拉底死刑。审判结束后，苏格拉底被关进了牢房。在执行死刑的前夕，一个叫克里多的学生来到监狱看望苏格拉底。克里多说，他已经买通了这里的狱卒，逃跑的路线也选好了，一切安排妥当，希望老师不要理会不公正的审判，赶紧趁夜越狱逃走，还说以老师的名声和威望，无论走到哪里，人们都会夹道欢迎的。

苏格拉底轻轻地摇了摇头，郑重其事地说，作为雅典公民，他必须尊重雅典城邦的判决，无论判决是否公正，他都不能违背法庭判决的结果。最终苏格拉底果断拒绝了学生的营救，神色坦然地饮下了那杯致命的毒酒，缓缓地闭上了眼睛，心脏停止跳动时，脸上犹挂着圣洁的微笑。克里多泪流满面，他为自己失去了老师，也为雅典城失去了一位伟大的哲学导师而难过。

苏格拉底死了，但他的思想永远都不会消亡，他的事迹可能会永远流传下去。时至今日，人们仍然为他的死争论不休，许多人仍然不能理解在最后关头，他为什么不肯逃跑，偏偏要从容赴死。这是一个仁者见仁智者见智的问题。或许他认为出现不正义和不公正的审判，并非因为法律本身存在什么问题，所有的问题都出在人身上。既然司法程序是正义的，雅典的法律是神圣的，就算审判的结果不公平，他也会欣然接受。也就是说他想用生命来捍卫法律的权威和正义性。苏格拉底死于直接民主之下的多数人的暴政，是一个为捍卫言论自由而倒下去的先锋人物，他的先知先觉和超人的智慧至今启发着现代人，对后世产生了不可估量的深远影响。

只信奉真理的亚里士多德

苏格拉底、柏拉图、亚里士多德被并称为希腊三哲，他们都是古希腊时期最优秀、最博学的人，三人在学术传承上是一脉相承的，但各有各的思考方式，各有各的主张，谁都不是谁的复制品。众所周知，柏拉图是哲学大师苏格拉底的得意门生，两人是亦师亦友的关系，亚里士多德师从柏拉图，从柏拉图那里汲取了不少智慧，并且间接地获取了苏格拉底的哲学思想精华，所以无论是柏拉图还是亚里士多德都堪称名师出高徒的经典演绎。

亚里士多德被历史铭记，不仅因为他是哲学的集大成者，更是因为那句“吾爱吾师，吾更爱真理”的至理名言，它充分反映出了一位哲学家不迷信权威，勇于追求真理的可贵品质。那么亚里士多德为什么会生出这样的勇气呢？他的人生经历又是怎样的呢？

亚里士多德出生于色雷斯的斯塔基拉，这座小城是希腊所属的一块殖民地，毗邻马其顿。他的父亲是马其顿国王的御医，长年为宫廷服务，凭借这层关系，他可以自由出入王室。从家庭情况来看，亚里士多德家境比较优越，应该属于中产阶层。因此他从小就能受到良好的教育。17 岁那年，他满怀着美好的憧憬风尘仆仆地来到了雅典，进入了柏拉图学园学习，在那里度过了 20 年的时光，直到老师柏拉图谢世，他才依依不舍地离去。

亚里士多德学习刻苦，又喜欢钻研思考，天分极高，非常适合从事哲学研究，深受柏拉图欣赏。柏拉图对他寄予很高的期望，但是总担心这个弟子驾驭不了天马行空的想象力，思维不受约束和控制，不能很好地继承自己的学说，所以曾经对别人说：“要给亚里士多德戴上缰绳。”意思是亚里士多德天赋异禀、头脑聪明，智商远在其他人之上，如果不加以管束，他就有可能成为脱缰的野马，拒绝被培养成自己所期望的那类人。亚里士多德求知若渴，非常尊敬老师，但在学习过程中，始终坚持独立思考，从来不把任何人的话当成绝对真理，对于老师的话，一直持合理的怀疑态度。

柏拉图的思想带有鲜明的唯心色彩，他认为理念是真实存在的，人眼中的事物是虚无缥缈的，它们都来自人脑中的想象。也就是说世上的实物都是假的，我们之所以能感知到它们，是因为大脑反馈给了我们各种信息，真实的世界存在于我们的脑海中。所有的学生都赞同老师的看法，没有人提出质疑。哲学本身就是抽象的，谁也不敢反驳老师提出的高深莫测的理论。只有亚里士多德提出了截然不同的看法，他疑惑地问："一本书是客观存在的，我能看得见它的形状和颜色，能用手摸得到它，作为看得见摸得着的实物，它怎么可能是不真实的呢？"

其他同学皱着眉头说："你怎么能怀疑老师的话呢？老师的话就是真理，如果事实证明老师的观点不容置疑，他所说的绝对正确，你胡乱发表评论，不是对老师大不敬吗？"亚里士多德说："我爱老师，但我更爱真理。"他不理会同学的不屑和嘲弄，继续和老师争论，向柏拉图提出了这样一个问题："自然界中一棵实实在在的果树，是由种子慢慢长成的，种子在雨水的滋润下，发了芽，渐渐长成了参天大树，然后结出了累累果实。这些都是正常的自然现象。脱离了实实在在的树，人脑中的树的形象又有什么具体的意义呢？"

柏拉图从来没有听到过这样的问题，也从未朝这个方向思考过，一时语塞，回答不上来。亚里士多德由此认为，老师的某些理念是靠不住的，他花了很多时间思考困扰自己已久的问题，渐渐地抛弃了从课堂上学来的唯心论的观点，总结出了一条朴素的唯物论哲学理论，即客观世界中的物质是真实存在的，不是靠人脑中的观念产生的。可有时候很多现象用唯物论的理论解释不了，还得用老师的唯心论牵强附会的解释，他的思维长期游走在唯物论和唯心论之间，把自己搞得非常疲惫和痛苦。

柏拉图在定义人类时，曾经轻率地得出这样一个结论：人就是全身没有羽毛依靠两条腿走路的动物。他的反对者们听罢哈哈大笑，搞了一个恶作剧，把一只拔光了羽毛的公鸡送到了哲学大师柏拉图面前，指着那只秃毛公鸡用揶揄的口吻说："这就是你说的人。"面对这种不怀好意的羞辱，柏拉图感到既尴尬又汗颜，立时无言以对。亚里士多德认为，老师对人的定义确实经不起推敲，课下又花费了不少时间和精力来思考何为人的问题。人是高级动物，却又不同于自然界中的野生动物和豢养的家畜，那么人和动物的根本区别在哪里呢？亚里士多德经过冥思苦想，得出了一个不易被反驳的结论：人拥有思考能力和理性思维，是理性的动物；人能从事政治活动，创立政治制度，属于政治的动物。这些都是动物所没有的。除此之外，人和动物还有一个巨大区别，那就是人把追求善当成重要的人生目标，而动物所追求的无非是食物和繁衍，根本没有善恶观念。

亚里士多德用批判的眼光来看待老师的理论，提出了很多新的见解，因为不迷信权威，热衷于自己寻找答案，他终于摆脱了老师的光环，成为古希腊历史上第三位伟大的哲学家。关于希腊民主，他有自己的看法，他说："进行统治的是人民，而不是法律；因为一切都是由多数投票决定的，而不是由法律决定的……人民拥有国王的权力进行统治；他们至高无上，不是作为个体，而是作为集体。"意思是没有法治做依托，民主将沦为集体专制的暴力工具，民主必须和健全的法制结合起来，才能体现出它的优越性。

亚里士多德的思想是超前的，他的某些真知灼见远远超越了那个时代，但某些思想也具有一定的时效性，比如他认同奴隶制度和男权主义，认为奴隶被奴隶主统治、女人社会地位比男人低都是自然界的安排。在当时，大多数的男性公民都抱有相同的看法，我们不能过于苛求古人。任何人的思想都会受到时代的制约，伟大的人物也是如此。无论如何，亚里士多德在哲学上的成就是不容抹杀的，他探求真理是值得肯定的。除了哲学上的造诣外，亚里士多德在科学领域也是成果斐然，他是最早用科学方式论证地球是球形的人。

亚里士多德对知识的探求是无止境的，他从未思考过用有限的生命探求无涯的知识，是多么不现实。有一天，他信步走在沙滩上，看到有个人拿着勺子一勺一勺地从大海里舀水，往岸边的一个小洞里猛灌，行为颇为古怪。那人是那么执着，那么专注，不停地重复相同的动作，似乎永远也不会疲倦。亚里士多德好奇心大发，忍不住问："我不是故意打扰你，只是想知道你究竟在干什么，你来来回回舀水，搞得我一头雾水。"那人回答说："我要用整个海的海水把这个小洞填满。"

亚里士多德听完哈哈大笑起来："这怎么可能？你真是异想天开，完全是在做无用功，大海大到无边，你的洞这么小，你永远都不可能把大海里的水都灌到小洞里去的。回家休息去吧，别再犯傻了。"那人笑得更起劲儿："我要走了，该做的事我都做完了。"亚里士多德疑惑地问："什么意思？"那人说："其实你更傻，你的头还没有我的洞大，可自然界远比海洋还要辽阔和广大，你天天思考，能把这世上的学问穷尽吗？难道不比我用勺子舀海水填平小洞还大吗？"说完，他便堂而皇之地走了。亚里士多德一动不动地站在原地，陷入了沉思。

亚里士多德一生好学不倦，对学问孜孜以求，马克思认为他是古希腊学识最渊博的科学家，恩格斯称赞他是"古代的黑格尔"，从两位伟人的评价中，我们可以得出结论，他是一个百科全书式的人物，涉猎极为广泛，在多个学科内都做出了杰出的贡献，在哲学领域的贡献尤其突出。他虽然没能成为柏拉图所期望的人物，却青出于蓝胜于蓝，不仅没有给老师丢脸，反而给后者增添了不少荣光。

浪漫与悲情的咏叹——古希腊悲剧

古希腊文明与其他文明最大的不同在于，它不像其他古文明那样博大精深、浑厚庄重，它是诗性的、浪漫的，灵动飞扬、空灵洒脱，如翩跹的蝴蝶、沙滩上的雪浪、海鸥的呢喃絮语，同时它又是唯美的、忧郁的、悲怆的，直击残酷的现实，带着那么一点宿命论的论调，这一切都反映在古希腊悲剧中。古希腊悲剧非常有特色，许多代表作品中，风花雪月的烂漫与悲壮的英雄史诗完美结合在一起，瑰丽雄奇的神话世界与人间的悲欢离合、沧桑巨变相互映衬、互为依托，人物形象饱满、生动、鲜活，充分反映出了希腊人的独特性格。

希腊人骨子里是热情奔放的，身体里流淌着不安分的血液，时常躁动不安，渴望挣脱命运的枷锁，在涅槃中浴火重生，可是由于具备多愁善感、悲天悯人的艺术家气质和冷静沉着的理性思维，他们内心充满了挣扎和矛盾，时而感叹命运的无常、个体的渺小，时而勇气倍增，欲化作扑火的飞蛾，奋不顾身地奔向凶险万分而又不可知的未来。

一位诗人在评价希腊人时，曾这样写道："他们深思熟虑，能感受最细腻、最惨重的痛苦。他们用这歌剧安慰自己。他们的大胆目光直视所谓世界史的可怕浩劫，直视大自然的残酷，陷于渴求佛教的涅槃的危险之中。艺术拯救他们，生命则通过艺术拯救他们而自救。"希腊人偏好悲剧，是因为他们对人生对命运有着更深刻的认识，故而能直面苦难，在无可回避的痛苦面前，乐于展露出自己最真实的一面，倾向于毫无顾忌地表达自己的脆弱、彷徨、无助以及内心的不甘。在别人自欺欺人、强颜欢笑的时候，他们摘下了虚伪的面具，把克制和隐忍的形象统统丢到一边，在近乎歇斯底里的宣泄和呼天抢地的呐喊过后，开始勇敢自省，勇于面对自我，以此完成精神上的救赎。

古希腊人把生活当成了艺术，同时也把艺术当成了生活，因此悲剧意识非常强烈。悲剧之父埃斯库罗斯，出身贵族，境况要比平民阶层好得多，但十分忧郁。青少年时期，他目睹了人民在希庇亚斯的暴政下做牛做马的痛苦生活，对于专制统治无比痛恨，积极拥护民主制。雅典城邦的贵族阶层和平民当时已经发展到了水火不相容的地步，处处都是一派危机四伏的景象。身为贵族，埃斯库罗斯从来不认同腐朽没落的贵族政治，他的想法与改革家克利斯提尼不谋而合，坚决认为只有民主制才能给雅典带来光明与荣耀。

埃斯库罗斯是个敏感的诗人和天才剧作家，然而并没有整天埋首纸堆，无病呻吟地伤春悲秋，在国家需要他的时候，他毅然投笔从戎，参加了马拉松战役和萨拉米斯海战。长期作战的经历和漫长的军旅生涯，为他提供了源源不断的文学素材，并激发了他的灵感。埃斯库罗斯著作等身，一生共留下了 90 部剧作，其中有七部悲剧流传至今，在文学史上占据着非常重要的地位。

埃斯库罗斯的代表作是《被缚的普罗米修斯》，这部剧淋漓尽致地刻画了悲情英雄普罗米修斯无私、高尚、傲岸、坚毅的伟大形象。在希腊神话中，普罗米修斯是人类的缔造者，也是人类的朋友和老师。凡是对人类有益的东西，他都会毫无保留地倾囊相授。人们热爱他，崇敬他。天神宙斯很不高兴，强迫人类敬奉自己，献出最好的东西，并拒绝将火种赐予人类。普罗米修斯盗取了火种，悄悄把它带到了人间，人类从此摆脱了茹毛饮血的状态，创建了属于自己的文明。

宙斯勃然大怒，把普罗米修斯用铁链锁在了高加索山上的一处悬崖上。普罗米修斯背后是冰冷陡峭的崖壁，脚下是万丈深渊，没有任何活动的空间。他不能休息，不能入睡，膝盖无法弯曲，长期保持一种姿势，浑身酸痛不已、疲惫不堪，还要忍饥挨饿，经受风吹日晒雨淋的折磨，更糟糕的是，有一只鸟喙尖利的神鹰每天都会飞来，啄开他的腹部，吞食柔软的肝脏，不久被吃掉的肝脏会自动长出来，第二天神鹰又会来啄食。普罗米修斯日复一日地忍受着钻心的疼痛，简直生不如死。

《被缚的普罗米修斯》是一个令人绝望的故事，在这个故事中，神是主角，可是面对残酷的命运和无边的痛苦，神也无能为力，这说明命运才是一切的主宰，它不以任何个体的主观意志为转移。普罗米修斯是神也是人，从他身上我们可以看到人性的光辉和美好及勇于牺牲自我的精神，也能看到人性的弱点，作为血肉之躯，人无法与肉体上的痛苦相抗争，归根结底，人是脆弱的载体，永远都无法超越精神上和肉体上的双重痛苦，只有至生命终结，才能彻底得到解脱。

索福克勒斯是古希腊时期第二位声名显赫的悲剧作家。和埃斯库罗斯一样，索福克勒斯也不是一个纯粹以写作为生的人，他一生从政，是一个杰出的政治领袖，曾经担任德利亚联盟财政总管，先后两次在军队担任要职，后来被推选为雅典城邦的十将军，跻身军政领域的最高层。索福克勒斯堪称是一个天之骄子，家境殷实，生活优渥，自幼受到良好教育，一生身居高官显位，政绩斐然，与诸多政治人物私交甚笃，在雅典被斯巴达征服之前即寿终正寝，安然离开了人世。

无论从哪个角度讲，索福克勒斯都是无比幸运的，没有经历什么大风大浪、大起大落、大喜大悲，可是出于对人类命运的深切关怀和同情，他的脑海里仍然充满了悲剧意识，心里充满了无可名状的忧伤，他相信命运是神秘莫测、难以抗拒的，但又强调人类独立自主的精神。他笔下的人物虽然无法抗拒命运，却不肯自暴自弃，不屈不挠，顽强坚韧，令人肃然起敬。

索福克勒斯最著名的作品是《俄狄浦斯王》，这部剧讲述的是俄狄浦斯弑父娶母的悲剧故事。俄狄浦斯的父亲拉伊奥斯是忒拜国王，年轻时诱拐佩洛普斯的儿子克律西波斯，这个孩子离开家之后郁郁寡欢，没过多久就自寻短见了。饱受丧子之痛折磨的佩洛普斯，咬牙切齿地诅咒拉伊奥斯家族，诅咒他们一家不得好报。拉伊奥斯的儿子俄狄浦斯降临人世时，神谕暗示小王子长大之后会杀父娶母。拉伊奥斯为了逃离诅咒，刺穿了儿子的脚踝，让人把孩子扔到野外，任其自生自灭。执行命令的牧人于心不忍，把孩子交给了科林斯国王收养。

俄狄浦斯长大之后，听说自己将来会弑父娶母，犯下大逆不道的罪行，心里非常痛苦，便黯然地离开了科林斯，发誓永远不再踏足那片土地。当时他不知道自己的身世，以为科林斯国王是自己的亲生父亲。他阴差阳错地来到了忒拜，在三岔路口失手杀了人，其中的一个老人正是他的父亲拉伊奥斯。接着他登上了王位，按照习俗，迎娶了先王的寡妻伊奥卡斯特。后来一场特大瘟疫席卷了忒拜城邦，人们接二连三地死去，神说必须找出杀死先王的凶手，疫病才能消除，忒拜人才能得到解救。

俄狄浦斯经过调查发现，自己就是杀害先王、引发瘟疫的罪魁祸首，他在路口杀死的老人就是自己的父亲，而他迎娶的妻子正是自己的亲生母亲，弑父娶母的预言应验了。真相水落石出之后，俄狄浦斯痛苦万分，他刺瞎了自己的眼睛，悄无声息地离开了忒拜，从此再无音讯。

拜读《俄狄浦斯王》，人们不由得感叹造化弄人，情不自禁地同情主人公的悲惨遭遇。主人公拼尽全力反抗命运，却仍然摆脱不了悲剧性的结局。冥冥之中一切早有安排，人无论怎么挣扎，都挣脱不了命运的羁绊。所谓的人定胜天不过是一种自我安慰的谎言，在残酷的现实和不可变更的命运面前，渺小脆弱的人类就像滔天巨浪中一只漂漂荡荡的小船，逆流而上必被毁灭，随波逐流则意味着听凭环境摆布。真相令人绝望，却接近生活的本质。这正是悲剧的价值所在。

古希腊第三位悲剧大师是欧里庇得斯。欧里庇得斯是一位身份显赫的贵族，受过系统而全面的教育，热爱诗歌和哲学，毕生淡泊名利，没有接受过任何公职，为了恪守公民的职责，服过很长时间的兵役。他生活的时期并不太平，希腊爆发了大规模的内战，鼎盛一时的黄金时代迅速瓦解。希腊内部矛盾重重，平民穷困潦倒，奴隶饱受虐待，女人地位卑微，人们不满情绪高涨，内忧不断的情况下，外患纷至沓来。希腊城邦与斯巴达屡屡交兵，双方打打停停，战事频仍。

欧里庇得斯目睹了希腊人在战争阴影下遭受的苦难，因此提倡和平、反对战争，他同情弱者，为奴隶、妇女、穷人鸣不平，呼吁消除不公，倡导男女平等，要求统治者用人道的方式对待奴隶。客观来说，欧里庇得斯是古希腊时期最富同情心、最具人文关怀的艺术家，可惜不被希腊当局所容，最终被逐出了希腊。欧里庇得斯的余生是在马其顿度过的，最后怀着无比复杂的情绪告别了人世。

欧里庇得斯最出名的作品是《美狄亚》，美狄亚是尊贵的科尔喀斯公主，美丽天真烂漫，甜美可爱。有一年，伊俄尔科斯王子伊阿宋来到科尔喀斯剪取金羊毛，美狄亚情窦初开，爱上了眼前这位英俊的异邦小伙子，毅然决然地跟着他私奔，冒险去了伊俄尔科斯。不久，两人生下了两个活泼可爱的孩子。可惜好景不长，伊阿宋并不是一个专情的人，后来看上了科任托斯公主格劳刻，狠心抛下了美狄亚和两个孩子。科任托斯国王又对他们母子三人下了驱逐令。美狄亚走投无路，满腔郁愤，绝望之下杀死了与伊阿宋所生的两个孩子，下毒毒死了插足的第三者格劳刻，只身逃亡雅典。

《美狄亚》刻画了一个敢爱敢恨、刚强狠辣的女性形象，欧里庇得斯用细腻的笔触生动地描绘出了弱势群体阴暗扭曲的内心世界，表达了对广大妇女的深切同情。这部作品与其他悲剧最大的不同之处在于，它深刻地反映了现实社会存在的问题，在当时的希腊，妇女没有社会地位，没有独立的人格，被看成是男人的附庸，受尽歧视，经常受到不公正的对待，大多数男性公民从来不关注她们的生存状态，欧里庇得斯则不然，他不仅关心这些妇女，还大声呼吁性别平等，这在当时的历史时期，是非常难能可贵的。

欧里庇得斯一生笔耕不辍，作品颇丰，共创作出 90 多部优秀的作品，流传至今的有 18 部。他的剧作具有现实主义意义，毫不留情地控诉了雅典城邦对外发动的一系列不义战争，谴责其侵略行径，同时把矛头指向了执政者，指责执政者对内剥削平民、虐待奴隶、不尊重妇女，对外穷兵黩武，肆意发动战争。可见欧里庇得斯是一个极富正义感的作家，他的诸多理念至今仍不过时，其作品具有发人深省的力量，足以光耀万世、彪炳千古。

血与火的较量——希波战争

人们常把希腊想象成天府之国，它坐落在蓝天碧海群山之间，沐浴着金色的阳光和清新热辣的海风，一切都是那么祥和美好。然而现实不是童话。希腊半岛的风光确实美不胜收，但它并不像人们想象中那么宁和。事实上，在遥远的古代，希腊半岛一直处在战火的荼毒之下。由于受到地貌的限制，岛上的城邦被一座座高大的山脉自然分割成了一个个小小的王国，各国之间为了争夺资源杀伐不止，和平时期非常短暂。迫于生存发展的压力，希腊人纷纷漂洋过海，在海外殖民或移民，建立了一块块殖民地。这些新建起来的殖民地不久即成为超级大国觊觎的肥肉，战争不可避免地到来了。

公元前 492 年，波斯和希腊为了抢夺海外殖民地爆发了大规模的国际战争，这场史无前例的欧亚会战，一经打响便一发不可收拾，持续了将近半个世纪，才渐渐走向尾声，战争结束后，强盛一时的波斯帝国从此一蹶不振，失去了霸主的地位，希腊城邦在残酷的打击下幸存了下来，其制度和文明得以延续下来。

这场战争是波斯挑起的。波斯位于西亚，是一个迷信武力的奴隶制国家，通过南征北战、攻城略地，渐渐发展成一个横跨亚欧非大陆的泱泱帝国。波斯人是掠夺者和征服者，拥有强大的骑兵队伍、训练有素的弓箭手和多个万人师团，军事实力强大，所以特别喜欢炫耀武力。公元前 6 世纪中叶，波斯军队登陆小亚细亚西海岸，蛮横地鸠占鹊巢，占领了希腊人辛苦建立的多个城邦。公元前 513 年，波斯国王大流士一世控制了海上交通要道黑海海峡和战略价值极高的色雷斯，对希腊城邦的安全构成严重威胁，侵犯了希腊人的利益。

公元前 500 年，小亚细亚（是亚洲西南部的一个半岛）地区希腊殖民城邦米利都民众揭竿而起，反对波斯的统治，包括雅典在内的希腊城邦闻讯率军援助。6 年之后，起义被镇压了，米利都和参与起义的希腊城邦都遭受了近乎毁灭性的洗劫。波斯帝国以雅典曾经出兵援助米利都为借口，于公元前 492 年夏，公然向希腊宣战。大流士一世出动水路两军跨越赫勒斯滂海峡，顺着色雷斯沿岸方向行进，来势汹汹地扑向希腊半岛，不料，战船行驶到阿托斯海角时，海上刮起了强劲的飓风，舰队在突如其来的超级风暴中轰然沉没。陆军同样出师不利，沿途受到了色雷斯人的疯狂攻击，立时兵败如山倒，不得不灰头土脸地撤退。

大流士一世不甘心，两年后，又发动五万大军远征希腊。波斯军队一举攻下了埃雷特里亚城，在城里大肆洗劫和破坏，尽情发泄着第一次出征无功而返的不满，然后继续向南进发，登上了马拉松平原，把战线拉到了距离雅典城邦 40 公里的地方。雅典城岌岌可危。面对虎视眈眈的强敌，雅典全城进入戒备状态，政府动员全体公民赶赴前线作战，同时派出一个名叫斐力庇第斯的长跑健将连夜前往斯巴达火速求援。

斐力庇第斯片刻不敢停歇，连续跑了两天，在精疲力竭的时候，终于抵达了斯巴达。斯巴达人答应率兵救援，但不想马上动身，以遵守祖训为由，声称必须等待月圆之后才能发兵。很显然，他们并没有救援的诚意，这套说辞明摆着是有意拖延时间，目的在于置身事外，让雅典人自己保卫自己。斐力庇第斯费尽口舌苦苦哀求，傲慢的斯巴达人不为所动，斐力庇第斯只好独自返回。

雅典人听说斯巴达人拒绝救援，依然十分沉着，马上把城邦内所有公民集结起来组成军队，奴隶纷纷应征入伍，加入了对抗外敌的战斗。在孤立无援的情况下，马拉松大战打响了。雅典步兵凭借着对地形的熟悉，迅速占据了有利的地势。久经沙场的将军们聚在一起商议下一步的军事行动。按照城邦法律，雅典的最高指挥官十位将军应轮流执掌军政大权，作战期间采取任何重大军事策略，都必须召开军事会议商量，得到大多数人赞同的意见将成为最后的决议。会上，十位将军就目前是攻是守的问题展开了热烈的讨论。米太亚得将军认为，应该主动出击，迎头痛击侵略者。进行表决时，一半赞成一半反对。军事执政官卡利乌斯赞同出击，把军事指挥权交给了米太亚得，其他将军主动放弃了轮流担任统帅的权力。

当时雅典军队只有区区一万人，波斯帝国有十万精兵，而且全部全副武装，盔甲兵器十分精良。双方实力悬殊，硬拼无异于鸡蛋碰石头。米太亚得认为依据当前的情况，只可智胜不可强攻。他把主力部队分散到了两侧，埋伏在隐蔽地带，悄悄地摆开了阵势。大战前夕，米太亚得慷慨激昂地发表了一通战前演说，他用昂扬的语调高喊道："成败在此一举，雅典永远自由还是被扣上奴隶的枷锁，全在你们。"雅典士兵被煽动得热血沸腾，个个摩拳擦掌，恨不能马上与波斯人决一死战。每个人都愿意为捍卫雅典的自由而献出宝贵的生命。

正式交战时，波斯骑兵尚在行军途中，没有赶到前线，对垒的两军都是步兵。雅典人佯装进攻，企图诱敌深入，波斯人中计，对雅典中军发起了凌厉的攻势。由于波斯军队在人数上占据压倒性的优势，处在正面战线上的雅典中军兵力非常薄弱，所以且战且退，并没有引起波斯人的怀疑。雅典士兵一路败退，波斯大军咄咄逼人，浩浩荡荡地向前推进。就在波斯士兵一路凯歌，得意忘形的时候，埋伏在暗处的雅典士兵忽然从两侧冲出，两头夹击波斯大军。波斯军队背腹受敌，陷入了包围圈。波斯人阵脚大乱，首尾不能相顾，纷纷作鸟兽散，场面十分混乱。逃出重围的人慌里慌张地奔向海边，想要坐船逃走。

雅典士兵追击到海边，与波斯逃兵争夺战舰。一个叫基纳尔的雅典勇士紧紧地抓住战船，阻止敌人渡海，一只手被砍断了，鲜血直流，他强忍着钻心的疼痛，伸出另一只手死死地拖出战船，配合战友成功夺下了战船。这场战役，雅典人大获全胜，俘获了七条战船，打退了波斯人的进攻。波斯大军死伤无数，损失惨重。月圆时分，姗姗来迟的斯巴达援军赶到了，那时战斗已经结束了。

雅典胜利了，但雅典城的人民并不知道，他们还在为城邦的安危担忧，米太亚得急于把马拉松大战的捷报告诉每个人，于是把传递消息的重任交给了斐力庇第斯。斐力庇第斯是大家公认的飞毛腿，除了他之外，没有更合适的人选了。当时长跑能手斐力庇第斯已经负了伤，且处在体能透支的状态，可是他什么也没有说，义无反顾地踏上了征程。他咬紧牙关，拼命地跑啊跑，一路狂奔，恨不能插上翅膀飞到雅典城，把胜利的好消息告诉所有同胞。抵达中央广场时，斐力庇第斯几乎累到虚脱了，他脸色惨白，大口喘着粗气，顾不得休息片刻，便对着黑压压的人群高兴地喊道：“欢呼吧……雅典人……我们……胜利了！”说完，倒地不起，停止了呼吸。后来人们为了表彰这位恪守职责、为国家鞠躬尽瘁的英雄，在第一届奥林匹克运动会上，增添一个极富挑战性的体育竞技项目——马拉松赛跑。赛程正好是马拉松战场到雅典城的距离，它就是斐力庇第斯传递胜利消息所跑过的路程，意义十分深远。

马拉松战役是希波战争的首战，以雅典人的获胜而告终，波斯人被打得丢盔弃甲、狼狈不堪，但仍不肯善罢甘休，继续虎视眈眈地窥视着希腊半岛。十年之后，卷土重来，再次大规模远征希腊，大敌当前，希腊各城邦摒弃前嫌，矛头一致对外，雅典、斯巴达等三十多个城邦众志成城，组建起了军事同盟，骁勇善战的斯巴达被推选为军事同盟统帅。斯巴达国王率领 300 勇武彪悍的战士扼守战略要地温泉关。

温泉关地势险要，一边是临近碧波万顷的大海，一边是高耸陡峻的悬崖，只有一条狭长的通道可落脚。守住要塞，可收到一夫当关万夫莫开的效果。斯巴达勇士凭借险峻的地势与数十倍于己的敌人血战了三天，一次又一次打退了敌军的疯狂进攻。狡猾的波斯人见强攻不成，便悄悄绕道而行，神不知鬼不觉地绕到了温泉关的后方，斯巴达人寡不敌众，包括国王在内全部壮烈牺牲。

温泉关失守之后，希腊人再无天险可以凭借，波斯大军凭借兵力上的优势连战连捷，攻下了希腊的大部分地区，并攻克了雅典，将雅典古城付之一炬。希腊人毫不气馁，在萨拉米斯海湾与敌人大战了一场，把波斯人逐出了希腊半岛。随后战争进入反攻阶段，雅典联合爱琴海诸岛城邦共同对付波斯帝国，双方在海上多次发生激战。波斯人多有败绩，不敢再和希腊人叫板，被迫与雅典签订了条约，把军队撤出了东部地中海，承诺不再进犯小亚细亚希腊城邦。双方达成了一致意见，持续半世纪之久的希波战争正式宣告结束。

巅峰对决——伯罗奔尼撒之战

希波战争进入尾声阶段时，雅典联合希腊城邦和爱琴海诸岛城邦建立了军事联盟，准备对波斯帝国发动致命性的进攻，由于联盟的金库放在了爱琴海上的提洛岛上，同盟军总部也设在那个小岛上，因此以雅典为首的海上同盟被称为“提洛同盟”。希腊人担心波斯大军会疯狂反扑，战后没有解散提洛同盟。

与此同时，以斯巴达为首的伯罗奔尼撒同盟渐成规模。早在6世纪中叶，斯巴达人便与伯罗奔尼撒半岛的各城邦纷纷签订同盟条约，建立了军事盟友关系。到了6世纪末，斯巴达成为军事同盟中实力最强的城邦，当仁不让地被推选为联盟的霸主。

面对波斯帝国的强势入侵，希腊半岛危如累卵，情势十分危急，雅典和斯巴达不得不暂时化敌为友，积极寻求军事合作。如今波斯帝国被打退了，雅典和斯巴达的蜜月期也随之结束。正所谓一山难容二虎，两大城邦背后都有强大的军事集团支持，都想成为独一无二的海上霸主，彼此的嫌隙和矛盾越来越深。

雅典雄心勃勃，一心想要创建属于自己的海上帝国，试图把提洛同盟作为对外扩张的政治工具，当时大大小小两百多个城邦都宣布归附雅典，谁也不敢轻易退盟，因为擅自退出者将受到雅典的武力讨伐，没有加入同盟的，雅典会蛮横地逼迫其加盟。凭借强有力的铁腕手段，雅典在短短十多年的时间里，征服了爱琴海，确立了不容挑衅的霸权地位。伯里克利时期，设在提洛岛的同盟国金库迁移到了雅典，所有的同盟国都要定期向雅典缴纳一定的资金，实际上等于变相地向雅典进贡。同盟会议废止了，雅典开始趾高气扬地向各国发号施令。哪个同盟国不肯臣服，就派武力镇压。雅典的一系列动作，引起了斯巴达人的警惕。斯巴达担心雅典无限度地扩张，终有一天会吞并希腊全境，到时斯巴达也将被降为臣属国，这是骄傲的斯巴达人绝对不能容忍的。

在当时，雅典被看作先进文明的代表，它最早推行了民主政治，城市欣欣向荣，文学、哲学、艺术极为发达，人才辈出，群星闪耀，为希腊人所敬仰。斯巴达与雅典截然不同，它推行的是贵族寡头政治，文化封闭保守，民风彪悍，经济相对落后，各方面成就乏善可陈，唯一值得夸耀的是军事实力无可匹敌，斯巴达人天生就是战士，家园即是秣马厉兵的军营，人人耍狠好斗，个个尚武，皆以战死沙场为荣，足以以一当十。

雅典人有一种与生俱来的优越感，企图把自己的政治制度扩展到希腊各个城邦，斯巴达人拒不接受雅典的政治理念，一直期望着通过武力征服的方式，把寡头政治推广到更广大的区域。双方各不相让，势同水火，大战一触即发。他们不仅在争夺政治霸权，在经济领域也展开了激烈的竞争，都在抢夺奴隶、原材料和市场空间，矛盾日趋尖锐，最终导致了伯罗奔尼撒战争的爆发，希腊大部分城邦都卷入了这场旷日持久的战争中。

点燃战火的并不是血气方刚、尚武好战的斯巴达，而是温文尔雅的雅典。雅典城邦中的鹰派得到了广泛的拥护和支持，其强硬的表态被视为爱国的表现，温和的鸽派受到了斥责，雅典公民群情激愤，誓言要与斯巴达一决雌雄。斯巴达的步兵、骑兵在兵力和作战水平上远远强过雅典，取胜的关键在于发挥陆军的优势。雅典的陆军远远逊色于斯巴达，但海军的实力不容小觑。双方根据各自的优劣势，制定了不同的战略规划。

雅典方面，采取的是坚壁清野、以守为攻的策略，陆军固守城垣，以逸待劳，居民全部躲在防御工事“长墙”后面，农民大规模迁入城内，派出强大的舰队袭击斯巴达及其同盟军，封锁敌方的海港，用持久战的打法消耗敌方的有生力量。斯巴达方面，想方设法诱敌出战，当局派出了一支强大的陆军大张旗鼓地侵入雅典周边的领地，士兵大肆劫掠，极尽挑衅之能事，想以此激怒雅典，迫使对方调动陆军迎战。雅典深知陆战不是自己的强项，坚持龟缩不出、按兵不动。凭借着坚固的城池和严密的防御系统，雅典人保卫住了自己的城邦。斯巴达人费尽九牛二虎之力，始终无法攻下雅典。为了泄愤，每到夏天，斯巴达士兵都会跑到雅典城郊抢劫，肆意蹂躏田园，把乡村践踏得不成样子，然后大摇大摆地扬长而去。

双方在周旋的过程中，斯巴达人发现提洛同盟内部并不团结，各盟国并非真心臣服于雅典，它们迫于雅典的淫威，每年都要进贡，本国财富源源不断地流出，养肥了雅典人，雅典人不仅不领情，反而越发盛气凌人。在大家看来，雅典不配做盟国的领袖，它比波斯帝国还要凶狠霸道。伯罗奔尼撒战争大战打响后，盟军根本就不想亦步亦趋地跟着雅典人，攻打斯巴达人。斯巴达人利用这种微妙的形势，策动提洛同盟成员国叛离，孤立雅典。

形势的发展对雅典十分不利。大批的农民涌入城市后，城市人口密度增大，人们挤在逼仄的空间里，呼吸着污浊的空气，忍受着肮脏的环境和恶劣的卫生条件，不知不觉就病倒了。整洁美丽的雅典城瞬间变成了一个污秽不堪的二等城市，到处都是密密麻麻的人群，大街上充斥着难闻的气息，行色匆匆的人们面带病容，显得很焦虑，都是一副愁苦不堪的样子。

战争进行到第三个年头，一场特大瘟疫席卷了雅典城。死亡的阴影笼罩着整座城市，染上疫病的人一批又一批死去，侥幸活下来的人的手指和脚趾发生了病变，丧失了基本功能，有的双眼看不见了，变成了盲人，还有的头脑混沌，丧失了记忆力。疾病削弱了雅典的军力。关键时刻，领袖人物伯里克利也染病死了。绝望和恐慌的情绪在每个阴暗的角落潜滋暗长，但雅典人仍然不肯服输，继续与斯巴达死战。交战过程中，双方互有损伤。

后来雅典人把斯巴达部队困在了一个孤岛上，斯巴达插翅难逃，被迫求和，双方签订了和平条约，暂时休战。当时雅典的鸽派积极促成议和，和平论调在议会里占据了上风，斯巴达人也不再恋战，战争告一段落。孰料没过多久，雅典的鹰派又开始煽动民众，鼓吹战争，仇恨的情绪开始大面积蔓延，公民大会投票主战派占了上风，公然撕毁了停战协议，把战火重新燃向了希腊半岛。

战斗重新打响后，有个叫亚西比德的青年主张远征西西里岛上的叙拉古。叙拉古是斯巴达的殖民地，拿下叙拉古，就可以以它为据点征服整座西西里岛，重挫斯巴达。这是一步险棋，胜负难料。雅典人急于打一场漂亮的胜仗，于是便匆匆忙忙地出发了。亚西比德年轻气盛，出征前夕犯了错误，参与了街头斗殴，被迫离开了家乡，军队的领导权落到了一个平庸领导者的手中。继任的将军指挥失当，致使雅典军节节失利，他率领的海军遭受了前所未有的重创，陆军损失惨重，青年战士大部分战死沙场。幸存下来的人以战俘的身份被运送到西西里岛的采石场做苦工，饱受虐待，大批人死于干渴、饥饿和劳累。

西西里一战，雅典一蹶不振，许多持观望态度的盟国纷纷倒戈，站到了斯巴达一边，雅典恼羞成怒，采取了极端严酷的手段镇压盟友的叛离，结果更加不得人心。战争期间，雅典的乡村经济遭到极大破坏，大量的奴隶趁乱逃亡，羊群和其他牲畜被抢掠一空，橄榄树被砍伐殆尽，农民纷纷死于瘟疫，大片田地荒芜。雅典没有能力也没有财力继续作战了，可是战争仍在继续。

战争进入最后的阶段，斯巴达与波斯建立了盟友的关系，在波斯的倾力帮助下，斯巴达人重建并壮大了海军，海陆并进包围了雅典，雅典被迫拱手投降，签订了带有丧权辱国性质的条约。雅典城高大巍峨的城墙被推倒了，战舰被抢走，仅保留 12 艘船只，提洛同盟土崩瓦解，同盟国纷纷加入伯罗奔尼撒同盟。斯巴达取代雅典，成为新的海上霸主。战争结束后，雅典的黄金时代随之灰飞烟灭，希腊的民主时代成为明日黄花，这一巨变深刻地改变了希腊各国的命运走向。斯巴达统御希腊期间，贵族寡头政治全面推行，各城邦的民主势力被扼杀，民主进步人士遭到迫害，希腊半岛又陷入了黑暗时代。

来自地狱的“圣斗士”斯巴达

信奉民主、缔造了辉煌文明的雅典，败给了蛮邦斯巴达，这是一个令人遗憾的事实。那么经济文化极度落后、政治昏暗的斯巴达是凭借什么打败自己的老对手雅典的呢？答案很简单，他们所依仗的就是赤裸裸的暴力。

当雅典人摇头晃脑、咬文嚼字，凝神思考哲学和美学的时候，斯巴达人正顶着烈日接受严酷的军事训练；当雅典人漫步在熙熙攘攘的繁华大街上、惬意地谈天说地的时候，斯巴达人正苦心研究格杀的技巧；当雅典人在公民大会上吵吵嚷嚷、雄辩滔滔的时候，斯巴达人正琢磨战术，怎么征服更多的城邦和部落，怎么统治更多的奴隶。斯巴达人不是彬彬有礼的绅士，也不是翩翩君子，他们是不折不扣的斗士，为战争而生，为战争而死，从来到这个世上开始，就已经在接受残酷的生存训练了。

斯巴达人养育孩子的方式十分独特。婴儿刚出生不久，父母便狠心把他们抱到灌满酒水的澡缸里泡澡，以检验孩子的身体够不够强壮，够不够结实。斯巴达人认为，虚弱的新生儿受不了酒精的刺激，泡在酒里一定会抽搐。他们根本不在乎孩子是死是活，如果孩子连第一关的测试都通过不了，那么长大之后就不能成为一个合格的战士，无法为国效力，这样的人不配活在世界上，父母也不愿浪费粮食和情感抚育他们。第一关结束后，母亲会把孩子抱到长老那里接受全面的身体检查，如果长老认为婴儿身体素质不错，就把婴儿还给母亲，允许父母继续抚养。倘若长老认为婴儿不够健康强壮，将来不能成为出类拔萃的勇士，对国家毫无用处，就会把孩子扔到塔吉图斯山上，任由这个小生命在荒郊野外自生自灭。先天性不足的新生儿要么活活渴死饿死，要么成为野兽的食物，还没来得及认识这个世界，就纷纷入了阴曹地府。个别幸运的孩子被送给奴隶抚养，一辈子劳苦穷困，碰到自己的父母或亲戚不能相认，还有可能受到亲人的虐待。

斯巴达人在七岁之前，由父母抚养。大部分时间与母亲相依为命，因为父亲是战士，随时要出征，随时都有可能流血牺牲。母亲从来不溺爱孩子，甚至冷酷到了不近人情的地步。尚在襁褓中的婴儿若是啼哭不止，大人通常置之不理，就算婴儿哭哑了嗓子，也不会把他（她）抱在怀里安抚。孩子稍大一点，就要接受各种匪夷所思的魔鬼式训练。

母亲不允许他们怕黑，不允许他们喧哗嬉戏，不允许他们表露情感上的脆弱，甚至故意让他们缺衣少食，以培养其刚强的性格。斯巴达孩子每年只能得到一块布，没有温暖厚实的衣服可穿，只能把仅有的布料裹在身上，自己适应四季的变化。他们从小必须打赤脚，严寒酷暑皆是如此。斯巴达人认为，穿鞋走路，会让脚变得柔嫩脆弱，而作为一名战士，必须从头到脚如铁打般结实。

男孩长到七岁，必须加入国家连队，接受统一的培养和训练。在封闭性的军营中，训练他们的教官通常是在沙场上勇敢作战的战士，教官们没有多少文化，不能传授他们读书写字的本领，但是会强迫大家一字不漏地背诵《荷马史诗》，目的在于让未来的栋梁之材了解本国的光辉历史，以激起大家的爱国情怀。为了让男孩变得更加坚韧、更有毅力，饥饿训练就成了军营生活中不可或缺的一部分。教官故意供应少量的饮食，让正在长身体的男孩饿肚子。

有的男孩饿得受不了，只好悄悄偷东西吃。假如偷窃的行为没被发现，会当众受到表扬；反之，要是在行窃过程中被抓了个现形，将会受到一顿残酷的毒打。教官打他们不是因为他们偷了东西，而是因为他们笨手笨脚，没有练就出色的偷窃技巧。斯巴达人长年在外作战，行军过程中粮草不足的事情常有发生，士兵必须自己想办法填饱肚子，在危急关头，偷窃的本事也能转化为生存技巧。

斯巴达男孩自从被编入连队，就过上了集体生活，每天与年龄相若的孩子同吃同睡，接受同样的军事训练，基本与父母断绝了往来。训练的项目多种多样，既包括跑步、掷铁饼、游泳等体育竞技内容，又包括击剑、斗拳、角力等带有格斗性质的专业训练。为了增强男孩承受痛苦的能力，教官每年都会以敬神的名义对男孩实施变相的肉体惩罚。所有的男孩都必须脱掉衣服，赤身裸体地接受全身鞭挞，哪怕被打得遍体鳞伤，也不准喊痛，更不可以婆婆妈妈、哭哭啼啼地求饶。斯巴达人希望用这种超乎寻常的地狱式训练培养出无坚不摧的铮铮铁汉，没有人认为这么做有什么不妥。

这群一脸稚气的孩子从来没有天真烂漫过，他们幼小的心灵很早以前就被灭绝人性的教育摧折了。无论是父母还是教官，都是把他们当成钢铁战士来培养的。他们常年吃不饱穿不暖，在寒风凛冽的冬天，还要被驱赶着跳到冰冷刺骨的河水里洗澡，晚上直接睡在毛糙扎人的芦苇床上，不准铺毯子，以防止自己变得娇气。一般说来，受到如此多的摧残和虐待，斯巴达男孩应该很自卑。可结果恰恰相反，他们不仅不自卑，反而骄傲得有点忘乎所以。大人们不断地向他们灌输这样一种观念：斯巴达人生而高贵，所有的训练都是必要的，只有经受住严酷考验的男孩才是真正的男子汉。

为了印证自己的观点，教官经常当着斯巴达男孩的面凌辱生性胆小、懦弱的希洛人，动辄扬起皮鞭鞭打希洛人。可怜的希洛人被打得皮开肉绽、鲜血淋淋，没有任何反抗的能力，只能无助地哀号。没有一个斯巴达男孩会同情挨打的人，他们只会朝对方吐口水、翻白眼，从鼻子里发出鄙夷的哼哼声。在斯巴达人眼里，弱者是不值得同情的，天生脆弱的人理应被无情淘汰。男孩们长到 14 岁时，教官会带他们参与劫杀希洛人的活动。白天大家秘密潜伏起来，夜幕降临时，悄悄地潜入希洛人的村子，将村中的强悍者或反抗斯巴达的嫌疑犯杀死。这种刀尖舔血的体验对于青少年来说是非常难忘的，在索人性命的过程中，他们可能感到恐惧，但那只是一时的感觉，过不了多久，他们的心就麻木了。

斯巴达男子长到 20 岁时，全都成了职业军人，每 40 人被编入一个小队，500人被编入一个中队，每日都要进行操练，风雨无阻。他们日复一日、年复一年地练习排兵布阵、格挡冲杀，把训练场当成了惊险万分的战场，分分秒秒都不敢松懈。斯巴达男子到了30岁，才会被看成成年人，才有资格娶妻生子。洞房花烛夜过后，男人还没来得及享受新婚燕尔的甜蜜，就得返回军营继续接受军事训练。如果心里放不下娇妻，到了晚上可以偷偷溜回家去与新婚妻子团聚。斯巴达夫妇通常聚少离多，因为男人要服兵役，直到60岁才能退休。

在斯巴达，不仅男人要接受各种训练，女人也一样，必须参加严格的体能训练，以便增强体魄，把优良的基因传给自己的子女。斯巴达男人勇猛彪悍，女人也很强悍，在古代欧洲，他们是唯一一群能够驾驭自己丈夫的女人，她们没有如花的面庞，没有温柔的心肠，如母狮般凶猛，像男人一样刚毅。她们的儿女将完美地承袭其性格，长成国家所需要的栋梁之材。

在古代欧洲，斯巴达人被视为勇敢、坚韧、不屈精神的象征，他们为国家而战，为军人的荣誉而战，视死如归、无所畏惧、满腔热血，令人感佩。在惨烈的温泉关战役中，300名斯巴达勇士以血肉之躯筑成牢不可破的坚固城墙，阻挡了数十倍于己的波斯大军，而后全部壮烈殉国。一位叫希摩尼的诗人在提到这场惊心动魄的战役的时候，用悲凉的笔调这样写道："异乡人，你若到斯巴达，请转告那里的公民，我们阵亡此地，至死犹恪守誓言。"

斯巴达人身上虽然具有某些可贵的品质，不过不可否认的是，他们的文化和信仰是野蛮的，价值观是扭曲的。他们过分迷恋战争，夸大了军人荣誉的神圣性，不仅蔑视自己的生命，而且终其一生，都在蔑视和践踏他人的生命，种种做法与文明完全背道而驰。可以毫不夸张地说，斯巴达人个个都是来自地狱的“圣斗士”，他们只为战争和荣誉而生，带给别人的是死亡和毁灭，比魔鬼还要可怕。那么是什么造就了他们偏执的精神信条呢？是弱肉强食的丛林世界和艰难困苦的生存环境。

斯巴达不同于繁荣富庶、光明美好的雅典，它是一个落后的未开化的城邦，要想在强敌环伺、战火四起的艰险环境中生存下来，唯一能依仗的就是手中的剑，也许这就是早期军国主义精神诞生的根本原因。无论如何，斯巴达代表的是一股落后的力量，它战胜了雅典，统治了希腊城邦，意味着希腊半岛文明的大倒退，这对于古老的欧洲来说，无疑是一种劫难。

征服者亚历山大大帝

斯巴达凭借赫赫武功称霸希腊，由于统治方式过于野蛮，引起了各城邦的强烈不满。许多城邦不甘忍受斯巴达人的压迫，纷纷起兵。斯巴达人血腥镇压，仍然没有稳固住局势。伯罗奔尼撒同盟国纷纷脱离了斯巴达，斯巴达受到了前所未有的孤立，陷入四面楚歌的境地。与此同时，几个实力较强的城邦如底比斯、雅典等不甘于大权旁落，为了夺回霸权重铸辉煌，屡屡对外发动战争。希腊半岛烽烟四起、战火不绝，各城邦征伐不休，彼此消耗，全境陷入衰退，最终被后起之秀马其顿所灭。

在希腊诸城邦打得不可开交之际，马其顿异军突起，发展壮大，开始觊觎希腊领土。希腊人毫无察觉，继续鹬蚌相争的游戏，马其顿人隔岸观火，最终坐收渔翁之利，毫不费力地统治了希腊全境。

与斯巴达一样，马其顿人天生尚武，马其顿国王亚历山大大帝即位后，热衷于开疆拓土，在位期间栉风沐雨、南征北战，大幅度扩展了马其顿的疆域，创建了雄踞亚欧非三大洲的大帝国，国土覆盖巴尔干半岛、尼罗河流域，蔓延至印度喜马拉雅山脉脚下。数百万人跪倒在他的脚下，成为他的奴隶或子民。

亚历山大是一位极富传奇色彩的人物，他雄才大略、智勇双全，是一位非常杰出的政治家和军事家，政绩战绩皆成果斐然，后人常把他和拿破仑相提并论，将其定义为横扫世界的征服者。亚历山大纵横疆场，戎马倥偬一生，鲜有败绩，堪比战神，他的征服行动，对于马其顿王国的强大做出了不可估量的贡献，但给亚欧非人民带来了深重的苦难，他的光辉事迹是用被征服者的血和泪写成的，单凭这一点，就不值得被后人永世歌颂。

据史料记载，亚历山大个子不高，但长得非常结实，有着白皙的皮肤和一头浓密卷曲的金发，脸色健康红润，额头饱满，鼻梁高挺，一只眼睛湛蓝如海，另一只则漆黑如墨，看起来既特别又英俊。小时候，他是一个漂亮的孩子，且聪明伶俐，非常讨人喜欢，深受父王腓力二世的宠爱，腓力二世为了把他培养成才，特地聘请了享誉希腊的著名哲学家亚里士多德做他的老师。在亚里士多德的谆谆教诲和启发下，亚历山大爱上了哲学，并养成了爱思考的好习惯。13 岁那年，他看到了一匹难以驯服的烈马，对马温柔地耳语了几句，消除了对方的戒备和警惕心理，然后趁机翻上马背，成功征服了那匹骏马。腓力二世见儿子如此英武聪慧，非常高兴，不由得轻叹道："孩子，赶快找一个和你的能力相匹配的王国吧，马其顿城邦对你来说，实在是太小了。"

公元前 340 年，腓力二世御驾亲征，远征拜占庭，年仅 16 岁的亚历山大留下来监国，代父亲处理政务，其间运用老道的军事手段镇压了马其顿北部的起义。三年后，腓力二世与亚历山大的母亲奥林匹亚丝感情破裂，正式离婚。腓力二世迎娶了马其顿名媛克丽欧佩特拉。国丈阿塔鲁斯不无得意地在婚礼酒会上说，王室将迎来一个合法的继承人，暗指克丽欧佩特拉的儿子将取代亚历山大，继承王位。亚历山大听后，十分恼火地说："那么我呢，我究竟算什么，一个没有继承权的杂种吗?"说完，端起酒杯狠狠地向阿塔鲁斯掷去。

腓力二世见儿子在自己的婚礼上大吵大闹，还摔东西，顿时火冒三丈，他当时喝多了，扶着阿塔鲁斯，颤颤巍巍地站在椅子上，缓缓抽出佩剑，想要给闹事的亚历山大一点颜色看看，不想竟失足从椅子上跌了下来。亚历山大用揶揄的口气挖苦道："你们瞧见了吗？我们伟大的国王打算从欧洲远征小亚细亚，荡平欧亚大陆，现在竟连一张椅子都迈不过去，世上还有比这更好笑的事吗?"腓力二世涨红了脸，被羞辱得无地自容，盛怒之下，将亚历山大驱逐出了马其顿，父子俩公开决裂。亚历山大随母亲去了伊庇鲁斯，随后孤身前往伊利里亚。那段时间，他心情抑郁，感到无比失落。好在不久腓力二世的气就消了，主动与亚历山大和解，亚历山大又回到了政治权力中心马其顿。

公元前 336 年，腓力二世在女儿克罗巴特拉的婚宴上遇刺身亡。亚历山大在名将安提帕特的拥戴和支持下，继承了王位。那年他只有 20 岁，却已经成长为城府极深的政治家了。即位不久，他就授意母亲杀死了克丽欧佩特拉母子，铲除了后患，自己成了马其顿王国唯一的王位继承人。当时马其顿被视为蛮邦，被迫臣服的人，并不甘心接受它的统治。腓力二世征服的土地危机四伏，叛乱风起云涌。

亚历山大花了两年的时间，才将此起彼伏的叛乱镇压下去。底比斯人尤其仇视马其顿政权，到处煽风点火，谣传亚历山大已死，怂恿各方起义。亚历山大震怒，采取了极端的报复手段，出动大军把底比斯城夷为平地，城中数万居民死在了屠刀之下，活下来的人沦为奴隶。

这种极度残忍的屠城举动，起到了良好的杀鸡儆猴的作用，此后亚历山大远征亚洲，整整十二年，希腊风平浪静，再也不敢发动大规模的起义。希腊长久臣服于马其顿的铁蹄和淫威之下。然而亚历山大并不满足，他要征服的是整个世界，而不是小小的希腊半岛，他要把所能到达的每一寸土地划入马其顿的版图，无限度地扩张马其顿王国的领地。尚未登上王位时，年轻的亚历山大已经开始贪婪地窥视天下了。据说每每听说父亲腓力二世近期征服了一块土地时，他都会流着眼泪说："父亲难道就不想留下一点土地让我征服？"

踌躇满志的亚历山大很快就把目标瞄向了波斯帝国。在没有任何确凿证据的情况下，他一口咬定波斯国王大流士三世参与了谋杀腓力二世的行动，以报父仇雪恨的名义率军远征波斯。此次出战的军人都是雇佣军，部分来自希腊，按照规矩，打仗之前，马其顿王室需要预先支付佣金。亚历山大十分慷慨，把马其顿王宫的资金拿出来全部发放给了士兵，大家都担心他这么做会让自己破产。有个叫佩尔狄卡斯的大臣小心翼翼地问："陛下，请问你为自己留下了什么?"亚历山大微微一笑，简洁有力地回答道："希望。"军人们听说后，纷纷把佣金还给了亚历山大，因为他们认为攻占波斯后一定会得到更多的财物。

在利益和野心的驱使下，一群亡命之徒浩浩荡荡地出发了，他们很快渡过了赫勒斯滂海峡。亚历山大以波斯帝国曾经入侵希腊为由，宣布征讨波斯。他威风凛凛地站在战舰上，将手中的长矛用力抛向不远的岸边，登陆后，从沙滩上猛地拔出长矛，激动万分地说，他将用这支长矛扫平整个波斯帝国。亚历山大的军队在数量上远远比不上波斯大军，波斯大军人多势众，优势明显，但两军交战时，却丝毫占不了便宜。亚历山大麾下都是精兵良将，训练有素，且作战勇敢。亚历山大本人亲临前线，坐镇指挥，时常冲锋陷阵、身先士卒，与士兵一起出生入死，鼓舞了军队的士气。在伊苏斯战役中，马其顿军队以少胜多，力挫波斯大军。

亚历山大一路凯歌，决定乘胜攻占埃及。埃及处在波斯帝国的统治下，200 年来受尽压榨。埃及人民赋税颇重，民生艰难，信仰不被尊重，有一种屈辱感。他们对于波斯帝国的不满由来已久。亚历山大远道而来受到了热烈的欢迎，埃及人视他为解放者，尊其为“法老王”，人人欢欣鼓舞。亚历山大兵不血刃地占领了埃及全境。

在埃及逗留了一段时间后，亚历山大又开始追击波斯大军，波斯人再次惨败，国王流士三世落荒而逃，在混乱中被部将杀死。亚历山大一举荡平了波斯帝国，自封“亚洲之王”，乘胜攻取了巴比伦和波斯都城波斯利斯，缴获了不少值钱的战利品，抢掠了大量的财宝。亚历山大被胜利冲昏了头脑，他披上了波斯人的斗篷，显得不伦不类，行为举止有些癫狂，宿醉之时竟听信希腊舞女的挑唆，把波斯利斯夷为平地，很多名胜古迹毁于一旦。事后还理直气壮地宣布，此举是为了报复波斯帝国在希波战争中焚毁雅典卫城。波斯人愤怒不已，却敢怒不敢言。

征服了波斯帝国之后，亚历山大并没有停下脚步，他把利剑指向了印度。在东征印度的过程中，疲于征战的士兵出现了严重的逆反情绪，拒绝继续进军。亚历山大被迫下令班师回国，由于撤军时选择了错误的路线，致使大批士兵在穿越沙漠的途中因饥渴和高温而死。亚历山大也只剩下了半条命，回到巴比伦之后，他多喝了点酒，当晚即一病不起。他知道自己已经病入膏肓了，将不久于人世，于是把将士叫到床榻前交代后事："我快死了，有三件事要求你们按照我的吩咐去做。第一，让我的医师把我的灵柩运回国；第二，抬着我的棺材进入墓地时，沿路撒下我宝库里的金银珠宝；第三，让我的两只手露在棺材外面。"

将士们面面相觑，不明白亚历山大在想什么。有一位将领忍不住问道："陛下，请放心，我们一定会帮助您完成遗愿，但是您能告诉我们这么做的理由吗？"亚历山大叹了口气说："我刚刚总结了三个教训，希望后人引以为戒。我让医师护送我的灵柩，是在告诉人们医生医术再高，也不能起死回生，所以一定要珍惜生命；在通往墓地的道路上，撒满金银珠宝，是为了告诫人们千万别像我这样迷恋金钱。我毕生都在追求财富，简直就是浪费时间、浪费生命；把我的两只手放在棺材外，是在明明白白告诉人们，我是赤手空拳来到这个世界上的，现在要空着手离开了，什么也带不走。"说完，亚历山大就闭上了眼睛，永远地睡着了。去世时年仅 32 岁，正是风华正茂的年纪。

很多人为亚历山大的英年早逝而感到惋惜，他的猝然离世改变了马其顿的历史，也改变了欧洲的历史，甚至改变了世界历史的走向。如果他活得足够长久的话，马其顿将占领更多的领土，统治更多的人民，书写更多的辉煌，同时留下更多的血债。人人都说："鸟之将死，其鸣也哀，人之将死，其言也善。"亚历山大临终前的顿悟，句句都是至理名言，可悲的是后世的征服者并没有从中汲取教训，在给别人带来苦难的同时，也给自己带来了巨大的不幸，直到走向生命的终点，才会理解亚历山大当年的心情，可惜一切都已经太迟了。

第三章 巍巍罗马

——横扫欧亚，称霸地中海的雄狮

古希腊富有诗性气质，如大海般浪漫激越；古罗马富有血性气质，它的辉煌是烈火和热血铸就的。从“母狼乳婴”的建城传说到斗兽场上的血腥厮杀，从穷兵黩武的军事征服到烧杀抢掠的残暴行径，无一不折射出罗马人野蛮尚武的本性，罗马人的身体里似乎天生流淌着奔狼的血液，他们注定要以王者的姿态俾倪天下，让整个欧洲大陆在自己的铁蹄下颤抖，可是仅仅凭借武力怎么可能创造出一个横跨亚欧非大陆的庞大帝国，又怎能使自己的文明蔓延千余载而长盛不衰？罗马人能做到别人做不到的事情，必有其过人之处。

罗马人是野蛮和文明的矛盾体，野蛮的罗马人在当时的历史时期，文明程度最高，他们吸收了古希腊的文明成果，并创造了属于自己的独特文化，更难能可贵的是，他们善于吐故纳新，与时俱进。王政时代出现了暴君，罗马人便舍弃了君王，建立了共和国，各种政派斗争不休、内忧外患不断，急需一个强有力的人物力挽狂澜、扭转乾坤时，罗马走向了帝制。虽然由共和国过渡到帝国时代，是一种倒退，但在当时是历史潮流使然。罗马的灭亡是历史的必然。

罗马的建成与崛起

亚历山大大帝去世后，横跨亚欧非大陆的马其顿帝国分裂成三个王国，实力大减，再也无法重现往昔的辉煌，后来被异军突起的罗马吞并。这就意味着波澜壮阔、英才辈出的希腊时代结束了，煊赫鼎盛的罗马时代到来了。那么罗马又是怎样一个国度呢？它是怎么建立起来的，又是怎么兴起的呢？

关于罗马的起源并没有确切的史料记载，流传最广的一个传说是这样解释的：罗马人的祖先是维纳斯女神的儿子埃涅阿斯，埃涅阿斯在人间的身份是特洛伊王子。特洛伊失陷后，埃涅阿斯带着一大批特洛伊人漂洋过海来到了意大利半岛，在拉丁姆平原建立了阿尔巴王国。他的后裔罗慕路斯及其孪生兄弟列莫斯建造了罗马城。由于罗慕路斯和他的兄弟是被母狼抚育长大的，意大利首都罗马古城的博物馆里至今仍陈列着母狼哺育两个男婴的青铜雕像，它被视为罗马城邦精神文化的象征。

从这则神话传说故事中，我们可以得出结论，罗马和古希腊有着一定的联系。不可否认的是，确实有一批古希腊人由于各种各样的原因移民意大利，民族成分复杂的古罗马人，包含了一部分古希腊人，但主体是拉丁人。那么罗马城究竟是希腊人建造的还是拉丁人建造的呢？史学界比较倾向的说法是，生活在意大利中部的拉丁人于公元前 753 年在台伯河下游的丘陵平原上建立了举世瞩目的罗马城。当时拉丁文化较为落后，拉丁语词汇量少，不能充分表达个人情感，文化素养较高的拉丁人都十分仰慕希腊文化，以说希腊语为荣，坚持用希腊语讲话和写作。正是因为无限向往希腊文化，他们才编造出了罗马为希腊后裔所造的动人故事。

罗马建城的地方，位于拉丁姆平原最北端，这里临近水源，土壤肥沃，是一块水草丰美的宝地。早在公元前 10 世纪，拉丁姆平原的小山丘上就出现了原始村落。随着时间的推移，村落群渐成规模，发展成了七丘联盟，即七座小山丘组成的部落联盟。定居在帕拉丁山上的拉丁人是部落的主体，公元前 5～4 世纪，阿汶丁山的居民被合并了进来。合并之后，人们在外围筑起高高的城墙，经过数次合并，村落越扩越大，渐渐有了城镇的规模。罗马先民们以务农和放牧为生，他们拥有成片的庄稼和成群的牛羊，勉强能解决温饱问题。大大小小的部落虽然已结成同盟，但这种联盟同希腊城邦的联盟没有什么两样，充其量只是一种攻守同盟，并不能形成凝聚力和向心力。直到有个叫罗慕路斯的人创建了罗马城，罗马人对自己生活的地方才真正有了归属感，进而产生了民族自豪感。

罗慕路斯是罗马城邦第一任国王，作为国家的缔造者，他本可以大权独揽，但他没有这样做，他把国政体系划分为三部分，军国大权分别由国王、元老院和公民大会三股力量掌握。国王为一国之元首，执掌军政和祭祀事务，由公民大会选举产生。元老院中的一百名长老由氏族贵族组成，主要工作职责是向国王进言，辅佐国王治理罗马城邦。公民大会的议员由普通的罗马公民组成，负责投票推选国王和各级官员，对重大事务具有否决权，许多政策必须由他们投票通过才能正式生效。

罗慕路斯当选为国王以后，罗马进入了王政时代。包括罗慕路斯在内，王政时代共推选出七个国王，其中最为知名的是第六代国王塞尔维乌斯。塞尔维乌斯身世模糊，史书上没有明确记载，有人说他出身寒微，很有可能是奴隶的孩子，有人说他是伊特鲁里亚人的后代。据说他从小就聪敏过人，深得罗马国王塔克文的喜爱，塔克文收他做了养子。老国王对于这个来历不明的小家伙有一种天然的亲近感，因为他本人也是异邦人，有一部分伊特鲁里亚血统。他没有显赫的家世，没有任何背景，只是凭借个人的才能和威望跻身罗马政坛的。他很看好无所依傍的塞尔维乌斯，花了不少精力来培养这个孩子。

塞尔维乌斯不负所望，长成了一个非常优秀的年轻人，罗马城邦的贵族子弟没有一个能比得上他。塔克文对他大为赞赏，于是就把自己如花似玉的女儿许配给了他。塔克文的两个儿子深感不安，担心塞尔维乌斯太受宠信，会影响到自己的仕途，于是私下里暗暗谋划政变。不久老国王塔克文被前任国王安库斯·马西乌斯的儿子暗杀，罗马政坛出现了权力的真空期。塔克文的儿子们认为机会来了，阴谋发动政变上台。关键时刻，王后塔那琪挺身而出，向元老院推举了德才兼备的女婿塞尔维乌斯，粉碎了自己儿子的阴谋。

塞尔维乌斯当上国王以后，进行了一系列大刀阔斧的改革，有效提升了罗马的综合国力，赢得了罗马市民的认可和拥戴。在他的主持下，罗马开启了有史以来第一次大规模的人口普查。为了增加财政收入，扩大兵源，他把公民按照财产数目的多寡划分成五个等级，财产不足的称为无产者，无产者不入级。每个等级都要为国家提供数量不等的百人队，百人队又称森都利亚。罗马共有 193 个森都利亚，组成森都利亚大会，每个森都利亚都有投票权，票数过半决议即可通过。无产者仅有一票表决权，处在人微言轻的状态。政府废除了以血亲为基础的三个氏族部落，按照地域原则把自由民划分成 35 个地区部落，同时吸收外邦移民和获得自由身的奴隶加入新部落，增加了公民的数量，扩大了兵源。

塞尔维乌斯的改革使大量的有产平民享受到了更多的政治权利，同时承担了相应的义务，限制了氏族贵族势力，壮大了国家的军事实力，为罗马城邦的崛起奠定了基础。在位44年，塞尔维乌斯政绩卓著，体现出非凡的政治才干，他把国家管理得井井有条，却处理不好自己的家务事。

塞尔维乌斯膝下有两个女儿，一个贤淑端庄、温婉平和，另一个刁蛮骄横、争强好胜。已故的老国王塔克文留下两个儿子，一个老成持重，另一个脾气火爆。出于对养父塔克文的敬爱，塞尔维乌斯决定和塔克文家族亲上加亲，于是把温柔如水的女儿嫁给了脾气火爆的表兄，把刁蛮专横的女儿交给了老实稳重的表兄。希望性格互补的两对佳偶能相敬如宾、白头偕老。

事实证明塞尔维乌斯点错了鸳鸯谱，他那个蛮横好强的女儿图里亚瞧不起老实稳重的丈夫，开始勾引与自己性情相投的妹夫小塔克文，两人各自背着自己的伴侣偷欢。两个家庭、两对婚姻，名存实亡，结果两个相对温和老实的怨偶先后在郁郁寡欢中死去。寡妇兼悍妇图里亚和性情暴烈的鳏夫小塔克文组建起了新家庭，塞尔维乌斯默许了他们的婚姻。图里亚和小塔克文都不是省油的灯，他们走到一起不久就开始琢磨着篡夺国家政权。小塔克文对王位垂涎已久，图里亚同样野心勃勃，希望尊享王后的荣耀，两人一拍即合。

夫妻俩开始花重金大肆收买罗马城内的伊特鲁里亚人，并施展权谋手腕获得了元老院中新兴阶级的大力支持。攒足政治资本后，小塔克文有了底气，开始在元老院大放厥词，把矛头直接对准了现任国王塞尔维乌斯，声称让一个身世模糊的奴隶之子当国王是不恰当的，简直就是国家的耻辱。随后他率领士兵杀气腾腾地闯进了王宫，杀死了德高望重的塞尔维乌斯，把塞尔维乌斯扔到了人来人往的大街上，暴尸示众。图里亚闻讯，匆匆赶往王宫，踏过父亲的尸体，兴高采烈地跑到丈夫身边庆贺。

小塔克文如愿登上国王的宝座之后，越发专横残暴，动辄下令处死自己不喜欢的人，对内滥杀无辜，频繁增加赋税和徭役，对外穷兵黩武、履兴刀兵，引起了广大人民的强烈不满。小塔克文喜怒无常、冷血无情，曾残忍地处死了一个富可敌国的贵族及其长子，小儿子鲁齐・布鲁特斯因为年纪太小幸免于难。鲁齐・布鲁特斯长大成人以后，决心为父兄报仇。他一直装疯卖傻，默默等待机会。后来小塔克文的儿子侮辱了一位罗马贵妇，导致群情激愤，人们纷纷指责小塔克文一家胡作非为、骄纵不法。鲁齐・布鲁特斯趁机发表政治演说，历数小塔克文夫妇篡权夺位、谋害先王、胡乱摊派徭役、荼毒无辜百姓等罪恶行径，号召大家联起手来，推翻小塔克文政府。

小塔克文当时正在城外，听说罗马城发生了政变，赶忙带兵杀回城内。鲁齐・布鲁特斯带着临时组成的志愿军迎战。小塔克文麾下的士兵知道国王不得民心，不想继续为暴君效力，纷纷放弃了抵抗。小塔克文一看大事不妙，只好灰溜溜地逃走了。小塔克文被赶下台以后，罗马人对王权产生了恐惧心理，于是就不再立国王了，王政时代彻底结束，罗马城邦迎来了一个崭新的时代。

共和不稳，复辟力量卷土重来

王政时代终结后，国家就没有国王了，罗马人创建了新的国家政体——共和制，罗马步入了共和国时代。罗马共和国推行三权分立的政治构架，由执政官、元老院和部族会议三部分组成。执政官由森都利亚大会从贵族中选举产生，共设两名，任职期仅为一年，两名执政官权力不分伯仲，职权旗鼓相当，掌握着最高行政权、裁判权和财政大权，战争期间，可以对犯下严重错误的下属生杀予夺。国王的权力被一分为二，三足鼎立的结构完整保留了下来。

经过民主选举，小塔克文的外甥布鲁图和堂弟科拉提努斯成功当选为罗马城邦的第一任执政官。这个结局非常耐人寻味。末代国王小塔克文被驱逐出境，但他的家族势力仍然受到拥护，摇身一变即成为共和国的最高代表。好在两位新上任的执政官全都坚定不移地维护共和国体制。布鲁图要求罗马公民宣誓，再也不推选国王，一定会加倍珍惜来之不易的民主和自由。新政府成立后，所做的第一件事就是扩大元老院机构，将议员的数量增加到了 300 人，目的在于稳固统治，巩固民主成果。

客观来说，新兴的共和制要比腐朽没落的王政统治优越得多，两名执政官可以互相制约和平衡，防止专制独裁的产生，执政官行使最高行政权力的期限只有短短一年时间，更换比较频繁，没有机会操弄权术。但新制度并非十全十美，有些名门子弟认为，这套看似完善的民主制度，有着致命的缺陷，最大的问题就是不利于青年才俊出人头地。法律规定，只有一家之长才有资格入主元老院，这就意味着父亲健在，儿子永远进不了元老院。王政时代则不然，贵族无论年轻还是年长，只要受到国王的赏识和器重，就能成为元老院的议员。

许多贵族青年对共和国颇为不满，无比怀念悄然逝去的王政时代，于是聚集在一起秘密商量迎回流亡在外的末代国王小塔克文，颠覆共和国的统治，复辟旧王朝。他们纷纷划破了手指，把血滴到誓约书上，郑重地签下了自己的名字。年轻人毫无顾忌地谈论着政治理想，憧憬着复辟大计，不想隔墙有耳，这些离经叛道的话被一个奴隶听到了。事后，奴隶向执政官告了密。罗马军队连夜展开抓捕行动，一举抓获正在夸夸其谈的贵族公子哥，搜出了用血写的盟约书，按照上面的名单，将其他嫌疑犯全部抓获，仅仅用一个晚上的时间，就把阴谋复辟的危险分子一网打尽了。

布鲁图和科拉提努斯两位执政官听到消息非常头疼，罪犯当中有两个小伙子是布鲁图的儿子，还有两个年轻人是科拉提努斯的亲外甥。布鲁图彻夜未眠，辗转反侧，烦躁不安，一直在考虑该怎么处置这批反动的年轻人。不杀不足以平民愤。共和国刚刚建立，政府公信力不足，作为第一任执政官，他必须秉公执法，不能让拥护自己的民众失望。可是让他亲口下达处死爱子的命令，他又于心何忍呢？布鲁图痛苦地熬到了天亮，第二天便步履艰难地来到了市中心广场，主持公开审判。

全城百姓蜂拥而至，都想看看他们的执政官会怎么处理这批叛国者，敢不敢在众目睽睽之下徇私枉法。有的人抱着看热闹的心态翘首以待，有的人表情严肃，默然无语，不知在想些什么。布鲁图脸色铁青，显得疲倦而忧伤，科拉提努斯情不自禁地流下了眼泪。大家猜测这批年轻的政治犯不会被处死，因为两位执政官心里都很难过，舍不得大义灭亲。有人提议对犯人从轻发落，处以流放的处罚。布鲁图没有回应，他站出来向公众宣布，先用父亲的身份处置自己的两个儿子，再以执行官的身份审讯其他罪犯。在古罗马，家长对子女拥有生杀予夺的大权，所以大家认为他的要求是正当合理的，没有人出言反对。

布鲁图目不转睛地看着自己的两个儿子，用威严的口气质问道："提图斯、提贝里乌斯，你们被控有叛国罪，可有话要辩解？"两个年轻人一声不吭，着实令人摸不着头脑。沉默或许带有默认的意思，或许是一种无声的反抗。布鲁图急了，同样的问题，一连问了三遍，两个年轻人始终一言不发。他们不想低下高贵的头颅，至死都想保留尊严，绝不对任何人屈膝求饶。儿子们的倔强把布鲁图逼到了退无可退的境地，他收起了严父的目光，摆出了政治家的姿态，用不容置疑的语气说："所有犯下叛国大罪的人都罪无可赦，应该被判处死刑。"说完，便示意侍卫官行刑。

侍卫官面无表情地剥掉了两个年轻人的衣服，动作娴熟地把他们的双手反绑在身后，然后扬起法西斯束棒，朝两个罪人一下接着一下打去。布鲁图的两个儿子平时娇生惯养，长得细皮嫩肉，从未受过苦，哪里受得了这样的酷刑。白皙的皮肤上立即留下了一条条深深的血痕，看起来异常可怖，很多人刻意遮住了眼睛，不忍心观看。他们被抽打得皮开肉绽，几乎体无完肤，不多时便痛得昏厥过去。冷酷的侍卫官把昏迷的犯人从地上提了起来，然后用束棒尾端的利斧砍掉了犯人的头颅，两个朝气蓬勃的年轻人立时身首异处，倒在了血泊之中。行刑的过程非常血腥非常残酷，惨不忍睹，布鲁图强迫自己观看完了整个处决过程，始终神色自若，没有人能体察他内心的痛苦。

现场所有的观众都为布鲁图铁面无私、大义灭亲的表现感到满意，大家意识到自己没有选错人，同时都为执政官失去两个儿子而感到惋惜。布鲁图的两个儿子和科拉提努斯的两个外甥伏法以后，举报罪犯的奴隶得到了一大笔赏钱，并获得了自由，拥有了公民权。科拉提努斯因为外甥的死肝肠寸断、心力交瘁，不能继续履行执政官的职责，于是辞去了职务，黯然离开了罗马，带着家人逃到外邦去了。罗马人很同情这位正经历丧亲之痛的前执政官，所以没有为难他，默默地放他离去了。此后罗马有了一个约定俗成的规定：所有罗马公民，因政治原因而出逃国外的，不予追究法律责任。很多政治犯因为这条不成文的规定，逃脱了严酷的惩罚，保住了性命，这是科拉提努斯出逃时所没有想到的。

科拉提努斯离开后，布鲁图让罗马贵族普布留斯·瓦莱里乌斯填补空缺担任执政官一职，与此同时，将小塔克文家族的所有男性成员驱逐出境，以防止旧势力复辟。小塔克文闻讯，异常恼怒，没想到复辟大业功败垂成，自己的家族势力又被驱逐了。他意识到靠政变手段推翻共和国很不现实，为今之计只能依靠强大的武力来推翻现任政权了。

他手上没有军队，必须向外国借兵。因为父亲是伊特鲁里亚人，他便打起了伊特鲁里亚城邦的主意，一边讨好巴结对方一边添油加醋地描述自己所遭遇的苦难："我的身体里流着和你们一样的血，我们一脉相承，是血浓于水的关系。不久前，我还是一位了不起的国王，现在却莫名其妙地变成了流离失所的丧家犬。他们发动政变把外邦人推向了最高权力的宝座，把一心为国家拓展疆土的我驱逐出境。我决定回到我的国家，夺回失去的一切，请你们助我一臂之力，帮助我教训那些是非不分的可恶臣民。"

伊特鲁里亚城邦在小塔克文的鼓动下宣布参战。小塔克文又联合了罗马人的宿敌维爱人和拥护老塔克文的塔奎尼人，纠集起了一支杂牌军队，正式向罗马城邦开战。布鲁图亲自率领起兵应战。小塔克文的儿子阿闰斯也参与了这场战斗。布鲁图和阿闰斯是表兄弟，两人在战场上狭路相逢，都没有叙旧的意思，见了对方就像看见不共戴天的仇人一样，分外眼红。阿闰斯打马上前，怒吼道："就是你这个卑鄙的家伙把我们赶出了罗马，今天我一定要报仇雪恨。"说完就手持长矛怒气冲冲地朝布鲁图刺去。布鲁图毫不示弱，也举起长矛朝对方刺去。双方杀得难分难解，都想置对方于死地。布鲁图痛恨小塔克文搞复辟，间接害死自己的儿子，想杀掉阿闰斯，让小塔克文也尝尝白发人送黑发人、痛失爱子的滋味。

两个被仇恨驱使的男人疯了一样横冲直撞，由于用力过猛，双方的长矛全都戳穿了对方的盾牌，深深插进了对方的身体。这对表兄弟双双阵亡，死时身体诡异地扭在一起，几乎是同时从战马上摔下来的。两军的骑兵展开了血战，从白天激战到晚上，仍然没有分出胜负。小塔克文的盟军丧失了斗志，各自打道回府了，罗马人胜利而归，为殉国的执政官布鲁图举办了隆重的葬礼。人们尚未从失去国家元首的悲恸中缓过来，就发现另一位执政官普布留斯·瓦莱里乌斯腐化堕落了，人们不免为共和国的未来担忧。

普布留斯·瓦莱里乌斯得胜归来时乘坐了一辆由四批白马拉着的豪华马车，排场奢华，派头十足，又在计划着修建别墅，很有可能是想把别墅改建成王宫。布鲁图战死后，普布留斯·瓦莱里乌斯没有及时增补新的执政官，人们猜测他或许不想让除自己以外的任何人染指最高权力，试图恢复王政时代的王权。

普布留斯·瓦莱里乌斯听到这些不利于自己的言论，立刻收敛了姿态，在罗马公民面前发表了一场动人的演说，发誓自己一定会捍卫民主自由，绝不会垂涎王位，并宣布将把新居建在山脚下，寓意着永远不会将自己的特权凌驾于罗马民众的头上，随时准备谦卑地接受所有人的监督。事后，在他的主持下，罗马人又选出了一名新的执政官，该执政官去世后，又有新的人选接任。罗马人这才放下心来，赠予了普布留斯·瓦莱里乌斯“人民之友”的光荣称号，后来在新一轮的选举中，普布留斯·瓦莱里乌斯经受住了考验，得以连任。

共和国初期政权极不稳固，历经曲折才摆脱了旧势力阴谋复辟的威胁，保住了革命成果。罗马人之所以能捍卫住新兴的政权，主要是因为民主观念深入人心，民主政治乃大势所趋，反动势力逆历史潮流而动，是不可能成功的。

从一隅之地到吞并意大利半岛

罗马共和国成立初期，内部旧势力沉渣泛起，阴谋搞颠覆活动，外部面临着诸多部落的骚扰，真可谓内外交困。国内的反动势力被荡平后，罗马人特别渴望早点解除外部的威胁。环顾四周，罗马人把目标对准了雄踞北方的劲敌伊特鲁里亚，对伊特鲁里亚发动了三次大规模战争，历时近半个世纪，终于打败了这个强大的北方邻居，迈开了统一意大利的第一步。随后一发不可收拾，陆续征服了意大利半岛上的各部，完成了半岛的统一大业，壮大了罗马的版图，使罗马由一个小小的城邦变成了一个体量庞大的国家。

罗马对伊特鲁里亚发动的战争，史称“维爱战争”。维爱是伊特鲁里亚最大的城市，该城依山而建，易守难攻。维爱人凭借有利的地形和坚固的城池，世代驻守在那里，成功保卫了自己的家园。想要打垮维爱人，最简单实用的办法就是围城打援，把城里的守军活活困死，待对方粮草断绝，就会不战而降。可这样的计划很难奏效，原因很简单，把军队派去围城，需要消耗大量的人力、物力、财力，国家不富裕，不能用打持久战围城的办法消耗对方有生力量。那种杀敌一万自损八千的做法，不可能被看成不战而屈人之兵的良策。

罗马人和维爱人积怨已久，双方曾经因争夺盐场和土地发生冲突，后来以维爱人为首的伊特鲁里亚人出兵支持末代国王小塔克文复辟，企图颠覆共和国政权，更是加深了彼此的嫌隙。公元前 479 年，法比乌斯家族以爱国的名义，主动请缨以一己之力打击维爱人，得到了罗马政府的批准。法比乌斯家族的成员能征善战，多次取得大捷，维爱人连连失利，不得不调整了战术，尽量避开罗马军队的锋芒，改用发动突然袭击和奇兵埋伏的方式对付武力强大的罗马人，迅速扭转了战局。公元前 479 年，罗马大军陷入重围，四千精锐全军覆没，事态对罗马极为不利。关键时刻，生活在意大利的希腊人与伊特鲁里亚人打了起来，维爱人不想两线作战，罗马人也无心恋战，双方暂时罢兵。

公元前 444 年，罗马人重整旗鼓，决心与维爱人决一死战，把执政官的数量由两名扩大到三名，后来改成六名。六名执政官都是最高指挥长官，负责制定战略决策，后来又增设了监察官，负责战时向全国征兵。公元前 406 年，罗马人先发制人，把维爱城围了个水泄不通，维爱人坚守不出，非但如此，还拿着工具在烈日下挥汗如雨地凿山劈石，把周边的悬崖凿得更加陡峭，与此同时，又做了一系列围城筑垒加固城墙的防御工作。罗马人碰上了强劲的对手，围攻了很久都没能破城。

危急时刻，卡米卢斯被任命为独裁官，统率罗马大军继续攻城。他充分意识到维爱城已经被城内的守军打造成了铜墙铁壁般的堡垒，强攻没有任何胜算，智取是唯一的出路，于是下令不得与维爱人擅自交战，与此同时，把军队分成六股，让六支小分队轮流挖地道。很快，一条由城外通向维爱城心脏地带的地道挖通了，士兵们钻入地道，神不知鬼不觉地进入了维爱城，维爱人猝不及防，被打得落花流水。入城的罗马士兵和城外的军队里应外合，两头夹击，维爱人背腹受敌、一败涂地，只能可怜巴巴地任由罗马人砍杀。一阵腥风血雨过后，地上留下了一具具尸体，到处一片狼藉。少数幸存下来的人被卖为奴隶，他们的财物被罗马人洗劫殆尽。罗马士兵缴获了不少战利品，杀了不少维爱人，痛痛快快地报了仇，算是扬眉吐气了。

攻下维爱城之后，罗马人一鼓作气，大举杀向伊特鲁里亚腹地，一路势如破竹、所向无敌，如入无人之境，杀得伊特鲁里亚人措手不及。伊特鲁里亚毫无招架之力，被迫臣服。维爱战争画下了一个圆满的句号。罗马人能取得胜利，卡米卢斯居功至伟，他因此获得了极高的声誉，以鲜衣怒马的形象胜利归来时，受到了全国人民的热烈欢迎。可惜人们对他的膜拜只持续了短短的四天。欢腾过后，罗马人就是否将维爱城设为罗马陪都的问题提上了日程，平民派坚持把维爱定为第二首都，卡米卢斯对这个建议嗤之以鼻，平民派很生气，双方不欢而散。不久，卡米卢斯独裁官任期满了，一夜沦为普通公民，平民派趁机发难，将卡米卢斯驱逐出了罗马，随后高高兴兴地迁居到了维爱，可是没过多久，他们就后悔了，凯尔特高卢人入侵了。

高卢大军挥师南下，直扑罗马。罗马重甲兵与机动灵活的高卢骑兵在台伯河展开了恶战，高卢骑兵所向披靡、锐不可当，罗马大军惨败，不少士兵因为忍受不了敌军的砍杀，纷纷投水而死。当高卢王布伦努斯率领大军大摇大摆地开赴罗马城的时候，发现城门大开，出任过执政官和祭司的罗马人垂头丧气地坐在神殿里，老老实实等着被杀。绝望之际，人们又想起了他们的英雄卡米卢斯。卡米卢斯没有辜负大家的期望，他听说高卢人入侵了罗马，二话不说就纠集起了一支部队，对高卢人发动了突然性袭击。藏身于卡皮托山的元老院议员，听说卡米卢斯加入了反侵略的战斗，十分高兴，马上任命他为独裁官。卡米卢斯以维爱为军事基地，继续与高卢人周旋。

高卢人是一群来自森林的战士，习惯了丛林生活，占领了罗马城之后，不知道该怎么办，于是干脆放火烧了这座城池。罗马沦为废墟，到处都是断壁残垣和烧焦的痕迹，满目疮痍。愚蠢的高卢人毁了罗马城，把城内的粮食烧得干干净净，很快陷入了困境。更糟糕的是，他们不知道怎样处理成堆的尸骸，导致水源受污染，引发了特大瘟疫。高卢人彻底厌倦了城市生活，有了思归之意。驻扎在卡皮托山上的罗马人粮草断绝，坚持不下去了。双方无心再战，于是达成了协议，罗马人支付一千磅黄金买来了和平，高卢人撤军。战后，罗马人在卡米卢斯的带领下重新修建了罗马城。

高卢人离开了，罗马人度过了短暂的和平时光，没过多久，又卷入了新的战事。这次的对手是生活在意大利中部山区的萨莫奈人。萨莫奈人彪悍尚武，时常袭扰平原城镇。卡普阿抵抗不了萨莫奈人，向罗马求援，罗马发兵救援卡普阿，与萨莫奈人爆发了战争。公元前 343 年，罗马人以巨大的伤亡代价赢得了芒特高鲁斯战役的胜利，次年，双方议和休兵。后来罗马入侵那不勒斯，战火再起。公元前321年，萨莫奈人埋伏在灌木密集的考地峡谷，打了一场漂漂亮亮的伏击战，罗马人惨败，被迫缴械投降。士兵们脱下了战袍，浑身上下只剩下一条短裤，裸着身子，排着队从长矛架成的轭门下鱼贯而过。这次丢人的战绩被罗马人视为国耻，从此每每提到“考地轭门”，罗马人就恨得牙痒痒。

为了一雪前耻，罗马人秣马厉兵，重新组建起了强大的军队，陆陆续续建立多个军事据点，收紧了对萨莫奈人的包围圈。经过十多年的战略部署和规划，终于挫败了萨莫奈人的主力，占领了坎帕尼亚地区。面对强敌，萨莫奈人诚惶诚恐，自知凭借自身的力量，无法阻止罗马人扩张的步伐，于是同北意大利的翁布里亚人、高卢人组成了军事联盟，准备南北同时出兵，夹击罗马人，待形成合围之势，进行一次瓮中捉鳖的行动。可惜不久愿望就落空了，联盟军被罗马军击败，纷纷屈膝求和。萨莫奈人孤军奋战，再次被罗马人打败，被迫议和。罗马占领了整个意大利中部，国土面积大增。

罗马人吞并了中部意大利之后，又开始向南进军。公元前280年，罗马战舰公然驶入他林敦湾，被他林敦视为挑衅，他林敦舰队偷袭了罗马海军，罗马舰队全军覆没，舰队司令自杀，战俘被残忍地折磨致死。罗马舰队遇袭沉没的消息传到国内，举国哗然，愤怒的罗马人立刻向他林敦宣战，仅用了三个月时间就重新组建起了一支强大的舰队。他林敦震惊，赶忙向希腊的皮鲁斯国王求援。皮鲁斯国王派出最精锐的部队对付罗马人，首战告捷。考虑到跨海作战，远途奔袭，不能长久，皮鲁斯国王决定和罗马讲和，于是释放了罗马战俘，主动抛出橄榄枝求和，遭到了罗马人的断然拒绝。经过数次交锋，皮鲁斯国王尝到了厉害，狼狈地逃回希腊。他林敦军队被强悍的罗马大军击溃，他林敦被迫接受罗马人的统治。罗马人陆续征服了意大利半岛上的各个国家，吞并了整个意大利，把意大利的版图并入了罗马共和国，完成了内陆扩张的大业。

摧毁海上强国迦太基

罗马共和国武力征服了意大利以后，野心越来越大，把目光从内陆移向了海外，开始紧锣密鼓地筹划着向海外扩张，与西部地中海强国迦太基发生了军事冲突，开启了长达一百多年的布匿战争。

迦太基位于非洲北海岸，是由腓尼基移民一手创立起来的。该国繁荣富庶，领土广阔，势力范围波及北非明部沿海、西班牙南部沿海一带，囊括了包括撒丁、科西嘉、巴利阿里群岛在内的广大地区，并占据了西西里的大部分地区。罗马想要实现称霸地中海的宏愿，必须铲除这一劲敌，所以一直琢磨着要在迦太基的头上动土。聪明的腓尼基人很快参透了罗马共和国的心思，知道对方不满足于只做一个内陆国，势必会把魔爪伸向广袤辽远的沿海地区，早就做好了与罗马一决雌雄的准备。双方都在寻找有利的战机。

公元前264年，麦散那城邦出了乱子，雇佣兵聚众起义，眼看就要祸起萧墙，政府赶忙派人向迦太基和罗马求援。由于麦散那位于西西里海峡要地，迦太基和罗马都在打物产富饶的西西里的主意，都想趁火打劫，趁乱多分一杯羹。双方积极踊跃地出兵干预，各自打着自己的小算盘，互不相让，争执不下，引发了第一次布匿战争。长期以来，罗马人一直管腓尼基人叫布匿，所以与腓尼基人的交战被称为布匿战争。

双方都是军事强国，罗马以陆上作战见长，迦太基擅长海战，拥有强大的海上舰队。交战初期，罗马陆军一路凯歌，接连取得胜利，但海上作战一直处在被动的状态。迦太基的战舰在性能上远远优于罗马战舰，这让罗马人非常头痛。后来罗马人侥幸得到了一艘搁浅的迦太基战舰，以它为样板，打造出一大批性能优越的桨式战船，并安装了一种带有尖钩的活动吊桥，把吊桥钩到敌舰的甲板上，罗马人就可以一哄而上冲向敌船，把对方打个措手不及。

靠着这种新式作战方法，罗马人在海上反败为胜，击败了迦太基海军的庞大舰队，迦太基被迫求和，屈辱地签下一系列割地赔款的不平等条约，赔付了 3200 塔兰特的巨款，割让了西西里岛和其他岛屿。贪得无厌的罗马人并不满足，又侵占了科西嘉和撒丁尼亚两大岛屿，在地中海西部建立了海上霸权。

公元前 211 年，迦太基为了一雪国耻，夺回在战争中丧失的广大土地，任命青年将领汉尼拔为主帅，发动了第二次布匿战争。国家的前途和命运交到了一个年仅 25 岁年轻将帅的手上。汉尼拔绝非等闲之辈，他出身军人世家，自幼熟悉军事，通晓好几国语言，能说动来自不同国家的人同他并肩作战。更为难能可贵的是，他虽出身贵族，却全无架子，夜里常披着斗篷躺在哨兵旁边睡觉，拒绝享受特殊待遇，由于能与一线士兵共甘苦，他在军中拥有非常崇高的威望，深受士兵的拥护和爱戴。

公元前 218 年，汉尼拔出师远征，率领大批步兵、骑兵和战象越过了比利牛斯山脉，然后沿尼罗河北上，抵达了阿尔卑斯山脚下。当时天寒地冻，前行的道路崎岖陡峭，隘路上布满积雪，沿途岩多路滑，时常有土著部落出没。其间常出现雪拥隘口马不能前行的景象，马匹和士兵小心翼翼、战战兢兢，却依旧没有逃脱纷纷跌下山谷的厄运。面对这座冰雪覆盖的高山，大多数人都望而却步。当年英勇无敌的斯巴达克都没能征服这座山，但汉尼拔却不肯认输，他咬紧牙关，克服了重重阻力和障碍，成功越过了阿尔卑斯山，虽然下山时汉尼拔损失了不少人马，好在仇视罗马政权的高卢人纷纷前来投奔，军队的兵源和马匹得到了及时补充。

汉尼拔率领大军抵达了意大利北部的波河平原。罗马人担心对方会直捣自己的老巢，暂时放弃了染指北非和西班牙的计划。汉尼拔继续向前挺进，忍受着入骨的寒冷和刺鼻的恶臭，趟过了齐胸的污水，越过了泥泞的沼泽地，出其不意地绕过了罗马人精心打造的防区，直扑罗马腹地。罗马人惊恐万状，执政官弗拉米纽斯亲自带兵围追堵截汉尼拔，结果全军覆没。久经沙场的军事家兼执政官费边，不敢与汉尼拔正面交锋，采用拖延战术拖住汉尼拔，暂时稳住了局势。公元前 217 年底，刚愎自用的瓦罗接替费边迎战汉尼拔，一上任就摒弃了原来的保守策略，对汉尼拔发动了大规模军事行动，罗马军队陷入包围圈，再次全军覆没。

公元前 205 年，罗马青年将领西庇阿出兵登陆迦太基，迦太基当权派惊慌不已，赶忙召回了汉尼拔主力部队，令其班师回援。汉尼拔临危受命，担当起了保家卫国的职责。公元前 202 年，两军在扎玛城附近展开决战。阵前，西庇阿吩咐士兵鸣金呐喊，汉尼拔的战象被惊天动地的鼓角声和震耳欲聋的喊杀声吓到了，有的踯躅不前，有的疯狂地跑向自己的战阵，有的落荒而逃，场面无比混乱。西庇阿趁乱对汉尼拔的军队发动了猛烈的攻击，取得了决定性的胜利。扎马会战后，迦太基再次被迫屈膝求和，割让了所有的海外领土，交付了 1 万塔兰特的战争赔款，只允许保留 10 艘战舰，其余全部被销毁。经此一役，迦太基彻底丧失了海上霸主的地位，再也无力与罗马争雄。

半个世纪后，罗马监察官老加图见迦太基战后恢复迅速，感到既嫉妒又恐惧，他一边向元老院展示迦太基的无花果，一边添油加醋地说："能生产出丰饶果实的敌人，与我们咫尺相隔，距我们只有三日海陆的距离。"最后得出结论：绝不能让迦太基复兴，迦太基必须被彻底摧毁。当时迦太基和邻国努米底亚因为边界问题摩擦不断，罗马派使团从中斡旋调停，明显偏袒努米底亚，故意为难迦太基。努米底亚仗着有罗马背后撑腰，公然向前推进了国界线。迦太基民主派领袖哈斯杜尔路巴尔率军抵御邻国的入侵，结果被对方打败。罗马人指责迦太基擅自发动战争，欲借此机会讨伐迦太基。

迦太基当权派大惊，为了平息罗马人的怒火，宣布处死挑起争端的哈斯杜尔路巴尔。罗马人不依不饶，发动了第三次布匿战争。迦太基宣布投降。罗马人要求迦太基政府从贵族子弟中挑选 300 名儿童作人质。迦太基老老实实献上了人质。罗马人仍然不肯善罢甘休，执意要摧毁迦太基城，强令居民迁居到 15 公里以外的地区。迦太基人忍无可忍，他们加固了城墙，纷纷拿起武器，决心用生命捍卫自己的家园。

罗马人异常恼怒，挨家挨户搜索，见人就杀，把迦太基变成了一片血海。迦太基人英勇抵抗，数次挫败罗马军团。最后一战打了六天六夜，许多迦太基人不肯屈服，在庙宇内蹈火而死。这场战争只持续了三年就结束了，迦太基被夷为平地，周围的田野被撒上了一层盐，目的在于让它寸草不生，诅咒这座被夷平的城市彻底变成一座死城，永远都不能死灰复燃。通过三次布匿战争，罗马确立了地中海的霸主地位，成为名副其实的超级大国。迦太基沦为废墟，罗马人在废墟的遗址上建立了殖民地，它又恢复了往昔的生机和活力，成为仅次于罗马的繁华大都市。后来十字军东征，将这座古城破坏殆尽，它这才彻底退出历史舞台，化作了历史的尘埃。

武力灭亡马其顿，强行收复希腊

罗马和迦太基激战正酣，陷入第二次布匿战争无法脱身时，雄心勃勃的马其顿国王腓力五世试图从中取利，于是就和汉尼拔结盟共同对付罗马。罗马东扩的意图很明显，腓力五世向来也有对外扩张的野心，正所谓一山不容二虎，想要赶走罗马这只庞大凶恶的老虎并不容易，腓力五世发现汉尼拔是罗马的克星，除他之外，没有人敢横刀立马，狠很地教训罗马人。腓力五世审时度势，与汉尼拔签订了军事盟约。

汉尼拔希望国王腓力五世配合自己的作战计划，进军意大利。腓力五世只想借汉尼拔之兵驱赶罗马，根本不想跟强大的罗马正面对抗，所以迟迟不肯发兵。罗马人参透了马其顿方面的意图，于是集中优势兵力全力对付汉尼拔，仅派少量人马钳制持观望态度的马其顿，同时故意在希腊城邦和马其顿之间挑拨离间，大力扶植反对马其顿的势力，试图通过政治施压迫使马其顿保持中立。罗马软硬兼施、双管齐下的政策奏效了，腓力五世害怕希腊脱离马其顿的控制，始终没敢踏足意大利。双方只是发生了一些小规模的械斗，第一次马其顿战争草草结束，大致维持战前的态势。

公元前 200 年，罗马人取得了第二次布匿战争的胜利，得以腾出手来对付马其顿。马其顿在希腊的统治越发不得人心，希腊城邦不堪其扰，纷纷联起手来对付腓力五世。罗马以解放希腊为口号，赢得了帕加马、罗得岛等城邦的支持，这使腓力五世陷入孤立境地。双方爆发第二次马其顿战争时，希腊各城邦纷纷倒向罗马，马其顿仓促应战，找不到可靠的盟友，在海战上吃了大亏，海军被罗德岛和帕加马的联合舰队击败。

公元前 197 年，腓力五世率领马其顿精锐部队与罗马大军会战于库诺斯克法莱。双方不断加派兵力，战事不断升级。罗马人几乎倾巢而出，腓力五世紧张地排兵布阵，积极应战。由于大雾弥漫、地形不利、队形过于密集等诸多因素，马其顿方阵无法发挥既定的优势，腓力五世惨败。即便不得天时地利，马其顿大军凭借凌厉的攻势，依旧击溃了罗马军团的左翼。不可一世的罗马人意识到了“叹息之墙”的威力。

两军作战时，马其顿士兵用密集的长矛排列成了锋芒凛冽、寒光闪烁的铜墙铁壁，这面由利刃构筑起的墙壁就是传说中的“叹息之墙”，它就像一部会移动的绞肉机器一样，伴随着矩形方阵移动的轰隆声和铠甲铿锵作响的声音，幕天席地地狂卷而来，所过之处，人马皆被绞成齑粉，断气之前发出的最后一声就是绝望的叹息。曾几何时，马其顿就是凭借这个阵法征服了希腊全境，面对训练有素的罗马大军，这招仍然有用。战斗之初，马其顿的“叹息之墙”迅速压倒了罗马军团的左翼，罗马右将军为了营救左翼，调动了 20 个连队的人马从侧后方猛烈攻打马其顿方阵。马其顿军阵因为灵活机动性欠缺，加上天气地形不利于作战，败给了罗马人。

次年，作为战败方的马其顿被迫从希腊撤兵，承认希腊各城邦独立，并向战胜国罗马缴纳了巨额战争赔款。罗马正式宣布自己是希腊各国的保护人，不允许马其顿再度觊觎希腊领地，明确规定，未经罗马人点头许可，马其顿不能擅自和希腊邻国开战，否则后果自负。

公元前179年，腓力五世逝世，长子珀尔修斯成为马其顿的新国王。珀尔修斯上台以后，马其顿和罗马的关系进一步恶化。当时希腊底层的民众憎恨权贵和骄傲蛮横的罗马统治者，珀尔修斯巧妙地利用双方之间的矛盾，大肆招兵买马，同时派出刺客暗杀罗马人忠实的盟友帕加马国王。罗马人忍无可忍，于公元前171年再度向马其顿宣战，第三次马其顿战争全面爆发。罗马两位执政官亲率大军讨伐马其顿，珀尔修斯沉着应战，成功打退了敌军，想乘胜与罗马人议和，遭到了断然拒绝。

公元前168年，罗马人埃米利乌斯·保卢斯以60岁高龄当选为新的执政官。相传出征前，家里的宠物狗死了，小女儿悲伤落泪，哭泣着说："父亲，珀尔修斯死了。"这条死掉的小狗正好和马其顿国王同名。埃米利乌斯·保卢斯认为这是一个好兆头，也许过不了多久，珀尔修斯即将迎来自己的末日。

埃米利乌斯·保卢斯赶赴战场后，认真勘察了敌情，发现马其顿的基地防御森严，很难攻破，于是策划了一次声东击西的诱敌行动，出动小股部队引诱珀尔修斯离开防守严密的阵地，然后分兵夹击马其顿大军的主力。珀尔修斯没有上当，派兵拦截了罗马的分支部队，同时把大军迁移到了地形相对平坦的彼得那村庄，不慌不忙地摆开了阵势。

珀尔修斯到达彼得那的第二天，罗马军队的一匹战马挣脱了缰绳，疯狂地跑向了对岸。罗马想索回战马，马其顿人不允许，为了争夺一匹马，双方打成了一团，两国再次陷入会战。马其顿军阵前方的冲锋部队是色雷斯步兵，他们身穿黑袍，手持长矛，显得魁伟不凡。紧随色雷斯人其后的是雇佣军。第三支部队是马其顿"白盾兵”，年轻的战士身着漂亮的金属甲胄和夺目的猩红色战袍，看起来英姿飒爽。最后一个出场的是马其顿的精锐之师“铜盾兵”，他们手举青铜盾牌，组成了一个整齐的方阵，兵器光芒闪烁，盔甲熠熠生辉，令人望而生畏。

马其顿军阵长矛林立，密集得令人窒息，罗马人纷纷举起盾牌格挡，两军呈胶着状态，无法近身肉搏。罗马同盟军中，有个皮里格尼亚指挥官灵机一动，故意把一面军旗扔到了敌阵中，士兵们义无反顾地冲进去夺旗，利用随身佩带的刀剑砍开了敌阵中的长矛，同时举起盾牌狠狠拍击马其顿士兵的后背，即便如此，还是没能杀出一条血路，皮里格尼亚部队很快被打退了，溃军乱哄哄地往山上跑，影响了罗马军团的作战情绪。罗马人见状也开始后退。

埃米利乌斯·保卢斯气疯了，一把扯碎了身上的军服，大声向人群咆哮，仍然阻止不了士兵后撤。显然，马其顿军阵非常适合在平地作战，平坦的地形帮了珀尔修斯的大忙。罗马人抵挡不了对方的攻势，一路撤到了山麓地带。马其顿军队乘胜追击，越战越勇。由于山路崎岖狭窄，马其顿方阵队形被打乱，没办法形成紧密的阵势，出现了薄弱的缺口。在这种情况下，如果让灵活机动的骑兵和轻装上阵的步兵继续追击溃逃的敌军，借此机会重新调整重甲兵方阵的队形，尚能占据上风。遗憾的是珀尔修斯不是亚历山大，关键时刻，他犯了一个致命的错误，不仅没有想方设法调整队形，还把漏洞百出的军阵继续向山坡方向推进。

埃米利乌斯·保卢斯终于等来了机会，他立即下令猛攻马其顿军阵的缺口处，与敌军展开白刃战，同时从侧翼和后方袭击对方的方阵。在近身肉搏战中，长矛全无用处，马其顿人纷纷扔掉了他们最擅长使用的武器——长矛，操起了短剑，举起了小圆盾，匆忙应战。这套袖珍型的装备和罗马重甲兵的装备比起来相差甚远。罗马人的利剑削铁如泥，长形盾坚固耐用、防护功能一流。双方再次展开激战时，马其顿方阵的优势全部丧失，被罗马人打得丢盔弃甲、狼狈败逃，山坡上留下了一具具血淋淋的尸体。

珀尔修斯走投无路，被迫投降，尴尬地出席了罗马人举办的凯旋仪式，随后遭到了幽禁，从此身陷囹圄，终生不得自由。马其顿帝国分裂成四个共和同盟，政权解体，实际上已经名存实亡了。罗马人灭亡了马其顿之后，撕掉了伪善的面具，露出了狰狞的本来面目，强迫所有希腊联邦解除武装，无条件地臣服于罗马，并从希腊官员和富家子弟中挑选了一批俘虏押送到了意大利。这样做有两点好处：一是有了这些精英作人质，希腊人势必不敢轻举妄动；二是精英分子被掳，希腊很难实现文明复兴，只能屈居于罗马人之下。苦命的希腊人赶走了霸道的马其顿，又引狼入室，引来了更蛮横更霸道的罗马，彻底丧失了独立自主的地位，从此沦为罗马的附庸。

奴隶觉醒之路：斯巴达克起义

罗马共和国在急剧扩张时期，外族奴隶的数量增长迅速，大批大批的奴隶源源不断地被运送到罗马参与城市建设，长年从事农耕、采矿等繁重的劳动，日出而作日落而息，鞠躬尽瘁死而后已，或者充当看门用人，为尊贵的主人提供免费周到的服务，少数体格健壮的被送往角斗场，供贵族老爷们娱乐消遣。对罗马人来说，奴隶是支撑国家机器运转的命脉，他们用一砖一石磊建起了宏伟壮观、美轮美奂的建筑，用血和汗铸就了罗马城邦的辉煌，假如没有他们的劳动，罗马的强盛和繁荣根本无从谈起。可是傲慢的罗马人从来不懂得感激，不仅心安理得地占有奴隶所有的劳动成果，还想出各种卑鄙无耻的花招折磨和残害奴隶。

大部分奴隶都来自被征服的地区，罗马大军的铁蹄伸向哪里，哪里的自由民就会一夜之间沦为披枷戴锁的奴隶。奴隶失去家园的那一刻，便失去了人身自由，过不了多久就会被拖到市场上公开买卖。他们来自五湖四海，有满头金发、鼻梁高挺的白种人，有黑发黑眼的黄种人，也有头发浓密卷曲、身材精壮的黑种人。各色人种腿上涂满白粉，脖颈上垂挂着写有年龄、出生地等基本信息的木牌，等待着有人来买。买家像挑选牲口一样挑选这些特殊的货物，时不时捏捏他们的胳膊腿，看看肌肉是否发达，还会粗暴地掰开他们的嘴，看看牙口如何。

讨价还价完毕，生意成交以后，主人通常会志得意满地牵着刚买来的奴隶到铁匠铺去。铁匠铺炉火熊熊，闷热难当，断断续续地传来沉闷的捶打声，实在不适合长久逗留。技术精湛的铁匠只稍一会儿工夫，便为奴隶量身定做了一整套铁制的行头，给每个人钉上了沉重的脚镣手铐，并给他们扣上了一个沉甸甸的项圈，上面写有“锁住我，千万别让我逃走”的字样。这种项圈非常牢固，牢牢地卡在人的脖子上，永远都脱不下来。这样奴隶就逃不掉了，跑不出多远，就会被捉回来。为了多一份保险，主人还要用刚刚烧红正冒着丝丝热气的滚烫烙铁在他们的额头或赤裸的后背上烙下鲜明的印记，通常会用自己名字的首字母做标记。

奴隶们每天都要戴着铁链干活，他们日复一日、年复一年地忍受主人恶毒的咒骂和无情的鞭打，全身伤痕累累，每到刮风下雨就痛得死去活来。被鞭挞至死或活活累死的人不计其数。角斗士的境况更惨，一旦踏入人声鼎沸的竞技场，分分秒秒都有可能丧命，他们被唆使着互相残杀，用血腥刺激的表演娱乐大众。一场精彩绝伦、险象环生的比赛过后，场上往往会留下一具具血肉模糊的尸体。奴隶主的残暴行径把广大奴隶逼到了忍无可忍的地步，一场又一场声势浩大的奴隶起义爆发了，罗马共和国陷入了内战状态。

西西里岛的奴隶不甘忍受奴隶主的虐待，连续两次发动起义，反抗罗马共和国的暴政。起义被血腥镇压下去以后，角斗士斯巴达克振臂一呼，率领奴隶大军揭竿而起，把奴隶起义推向了高潮。斯巴达克起义非常富有传奇色彩，过程曲折跌宕，至今被人所津津乐道。

公元前 73 年夜，卡普亚城万籁俱寂，关押角斗士的铁窗忽然传来了一阵凄厉可怖的惨叫声，打破了深夜的宁静。三名罗马卫兵闻声而至，厉声喝问道："你们这群混蛋究竟在搞什么鬼，为什么不肯老老实实地睡觉?"一名角斗士探出头来，报告说："可恶的高卢人把我们的同伴活活打死了，他现在被我们的人按住了，你们要是不管，我们马上把他勒死。"卫兵举起油灯往牢里一照，只见有个人纹丝不动地躺在地上，好像是死了。旁边另外一个人被一群人制服了，双手反扭在身后，龇牙咧嘴，双眼喷火。

卫兵不耐烦地说："把这个人交给我们处理吧，另外，把地上的死人抬出来吧。"说完，便摸索着钥匙开门。牢门咔嚓一声打开了，角斗士们蜂拥而上，以迅雷不及掩耳之势打倒了卫兵，抢走了卫兵随身携带的短剑和悬挂在腰间的钥匙，大步流星地冲了出去，紧接着把旁边所有的铁门都打开了，里面的人拖着镣铐如潮水般涌了出去。不知谁高喊了一声："往维苏威火山跑啊!"角斗士们朝着一个方向狂奔而去，很快消失在茫茫夜色中。

这次起义的策划者是斯巴达克。斯巴达克是生活在希腊东北部的色雷斯人，长得高大魁梧、英气逼人，在战场上被罗马人俘虏，以战俘的身份进入罗马辅军中服役，因为思念故土、不想参加不义战争，多次逃亡，被捉回后沦为了奴隶。罗马人见他相貌魁伟、臂力过人，就把他送入角斗士学校训练，逼迫他和其他奴隶彼此残杀，以供大伙取乐。斯巴达克受够了非人的虐待，他满腔义愤地对同伴说："大丈夫当为捍卫自由战死沙场，绝不能为取悦贵族佬倒在角斗场。"角斗士的革命热情被点燃了，推选斯巴达克为领袖。经过紧锣密鼓的布置和筹划，起义成功了，大家在斯巴达克的领导下逃出，奔向了几十里以外维苏威火山。义军就地安营扎寨，建立起了革命根据地。

逃亡在外的奴隶、角斗士和破产的农民、贫苦的牧民，听说斯巴达克起义了，纷纷前来投奔，义军队伍迅速扩大，人数很快突破了十万。罗马元老院大惊，将这支规模空前庞大的奴隶大军视为心腹大患，恨不能马上除之而后快。两名执政官亲自率兵镇压斯巴达克。大敌当前，义军内部产生了分歧。

以斯巴达克为首的奴隶、角斗士认为，在敌强我弱的情况下，义军不可能在意大利立足，最明智的选择就是越过阿尔卑斯山，进入不受罗马控制的高卢地区。参加起义的牧民和农民不同意，他们想要夺回被侵占的土地，誓言与罗马军团血战到底。双方无法达成一致，牧民和农民脱离了队伍，结果被罗马人全歼。斯巴达克风尘仆仆地赶去救援时，这支小股分队已经全军覆没了。斯巴达克含恨杀掉了罗马战俘，以告慰战友的在天之灵，然后率军继续北上。

义军克服了重重困难，多次突破了敌军的围追堵截，心潮澎湃地向着远方走去。阿尔卑斯山已经遥遥在望了。斯巴达克望着远处高耸入云的山峰陷入了沉思。阿尔卑斯山巍峨险峻，海拔太高，山间的积雪终年不化，气候无比恶劣，义军在远途疲敝的情况下，想要翻越这座山，可谓是难于上青天。斯巴达克审时度势，决定放弃原来的计划，于是调转方向，准备通过海路把大军转移到西西里岛。

罗马军团与斯巴达克交锋屡战屡败，元老院大为光火，选出了奴隶主出身的克拉苏担任执政官，派出六个兵团大举征讨义军。克拉苏上任伊始，立即恢复了残酷的“什一抽杀律”，把逃兵每十人编成一组，让每个小组以抽签的方式处死一人，以严肃军纪。士兵们为了逃脱军法，只好硬着头皮死战，战斗力迅速提升。斯巴达克带着大军来到了意大利南端，对面就是波涛汹涌、白浪翻卷的大海，自由是那么切近，又那么遥远，只要渡海成功，大家就安全了。他把所有的希望都寄托在了狡猾残忍、视财如命的海盗身上，给了对方一大笔钱，希望他们能遵守诺言，把义军用大船安全运送到西西里岛上。

海盗们高高兴兴地收下了钱财，拍着胸脯打包票说，保证把大伙转移到安全地带。可到了约定的时间，迟迟不见海盗们的身影。原来他们早就被西西里总督花重金收买了，是不可能出手援助斯巴达克的。没有船只，斯巴达克并未灰心，他鼓励义军动手制造木筏渡海。简陋的木筏造好了，不料海上起了风暴，渡海计划失败。义军被罗马军队团团围住。公元前 71 年秋，双方展开了最后的决战。数以万计的奴隶战死沙场，斯巴达克骑着骏马，在敌阵中左冲右突，奋不顾身地与罗马人拼杀着。一名罗马军官从后面偷袭，一枪刺中了他的大腿，斯巴达克痛得跌下马来，战友立刻冲过去营救他，恳求他赶快上马冲出重围。

斯巴达克轻轻地摇了摇头，一剑刺死了战马，发誓要与战友们共存亡。他单膝跪地，用完好的那条腿支撑着身体，毅然举起盾牌迎击扑面而来的敌人，不把敌人打倒绝不罢手。无数次激战过后，斯巴达克负伤十余处，浑身是血，最终力竭而亡。沦为战俘的奴隶被凶暴嗜血的罗马人钉死在了从普亚到罗马沿途的十字架上，全部英勇就义。斯巴达克的残部继续与罗马奴隶主斗争，战斗持续了十多年。这次奴隶起义虽然失败了，但影响极为深远，斯巴达克的英雄形象和光辉事迹广泛流传，世代激励着饱受压迫的人们反抗暴政，为自由、尊严和正义而战。

血腥暴力的角斗比赛

众所周知，奴隶领袖斯巴达克是角斗士出身，那么角斗士是怎样一群特殊的群体呢？他们的生存状态又是怎样的呢？在很多影视剧中我们常常看到这样一种场景：观众席上衣衫华丽、满面春风的罗马贵族兴致勃勃地讨论着目前的赛事，其中一个情绪激动地说："我敢打赌，手拿利斧的那个能赢，你瞧，他多么魁梧多么强壮。"另外一个不以为然。

竞技场上，两名身材健美、肌肉发达的角斗士一手举着盾牌小心翼翼地踏着脚步，一手紧紧握着利器，瞅准机会后，出其不意地刺向对方。受伤的一方，身上鲜血直流，观众们被鲜血刺激得放声大叫。这时一位位高权重的老牌贵族会打出手势宣布失败者的命运，大拇指朝上，代表落败者可侥幸存活免于一死，大拇指朝下，意味着失败的一方必须血洒赛场，被当众处死。所有人都屏息凝视，等待着宣判的时刻，只见他大拇指朝下，失败者马上被干脆利落地结果了性命，鲜血染红了空旷的场地，全场轰然雷动，欢呼不已。

这是罗马斗兽场上经常发生的一幕，罗马人最为重要的娱乐方式就是观看角斗比赛，这是最受欢迎和追捧的全民节目。罗马政府当局每年都要举办盛大的角斗比赛，手握大权的贵族喜欢把角斗的盛况和国运的兴盛联系到一起，为此不惜投入巨资兴建和修整工程量巨大的斗兽场。

斗兽场气势恢宏，壮丽雄伟，有好几层楼那么高，环形设计简洁大方、庄严气派，顶层有看台，视线不佳，全部都是站席，是专门为女人、奴隶和穷人准备的，其他各层的座位全都是按照身份的高低安排的，达官显贵有豪华的包厢，可近距离观看比赛，身穿白色长袍的元老们通常会坐在观赏角度颇佳的位置上，他们的座席均设在第一层；第二层是贵族专用区，第三层是富人区，第四层供平民使用。观众席上设有遮挡烈日的天篷，保证观众不必承受骄阳烤晒之苦。

竞技场的设计很先进，出口遍及每层的座位，观众进进出出极其方便，乱哄哄的数万人群完全疏散只需十多分钟。角斗士和野兽在比赛开场前，通常会被关押在地下。地下空间如同迷宫一样复杂，有好多个通往地上的通道和入口，准备参加比赛的角斗士和嘶吼不止的野兽将通过各自的入口来到赛场。

在这里，角斗士们将献上最为精彩的表演，他们的打斗和战场上的实战是有本质区别的，战场上讲求的是痛快淋漓的厮杀，最好速战速决。角斗士格斗则不然，它必须引人入胜，观赏性娱乐性兼具。为了满足观众的猎奇心理，让比赛更惊险、更刺激、更血腥一些，金主们（出资人）突发奇想，让角斗士抡起巨无霸的战斧劈砍对方，这样一斧下去便能制造血肉横飞的效果，当然只有臂力过人、膀大腰圆、面目狰狞者才最适合这种表演。普通的角斗士可以手持尖利的鱼叉朝另外一个人的身上猛刺，一叉下去，伤者身上同时出现好几个血窟窿，顿时血如泉涌，保准看台上的观众激动得血脉偾张。

除了战斧和鱼叉外，还有一种武器最具杀伤力，它就是渔网。参赛者一旦被渔网网住，下场可比落网的鱼儿惨多了，只能任由对方刀砍斧劈。两强相遇，狭路相逢勇者胜，若是势力相差悬殊，较弱的一方就会沦为砧板上的鱼肉，任由对手宰割。当然他们会挣扎、躲避、反抗，可一切的努力都是徒劳的，最终逃不过被折磨致死的命运，沦为大众娱乐的牺牲品。

角斗士的防护用具非常花哨，基本上不具备防护功能，充其量算是装饰品。恶毒的罗马贵族设计出了全封闭式头盔，角斗士戴上它视线受阻，根本看不清对手的面貌，直到把对方杀死之后，才能弄清对方的身份，那人可能是自己最亲密的伙伴或者是自己的至亲。

斗败的角斗士并不一定会死，他们的命运掌握在观众手中。罗马最高统治者拥有最后发言权，不过他们通常会把这个权利交给在场的观众。观众拇指向上或是挥动手帕，意为“怜悯”之意，斗败者可以侥幸捡回一条命。拇指向下就是杀死战败者的意思。胜利者看到这个手势，会持利器从对方的两肩胛部或脖颈处下手，直捣人的心脏。每一次血淋淋的杀戮都伴随着震耳欲聋的欢呼声和尖叫声，观众总是对相似的场景乐此不疲，仿佛在享受一场血的盛宴。

除了人与人的血腥厮杀以外，罗马人还比较偏爱人兽大战。狮子、老虎、狼、狗、熊、蟒蛇、鳄鱼、大象都是他们钟爱的动物演员。这些动物都有一些共同的特征，那就是凶猛、暴躁、攻击性强。诸如狮子、老虎、狼这样的猛兽能将人生吞活剥，大象能把人活活踩死，体形硕大笨重的黑熊能把人折磨得奄奄一息。罗马人要是想观看野兽吃活人的场面，通常不会给参赛者分发武器，任由脆弱的人类暴露在虎口狼牙之下，以供野兽扑咬，过不了多久，斗兽场上就没有完整的活人了，只剩下了血淋淋的断肢和残损的尸骸。

把活人扔到斗兽场供野兽蹂躏是罗马人最喜欢的娱乐方式之一，他们口味多变，时而想看野兽咬死活人，时而想看人类杀死野兽。想要处死奴隶或失去利用价值的角斗士时，就把他们喂狮子；想要通过猎杀动物的方式为角斗比赛的开幕式加码时，就把大批动物陆陆续续赶到斗兽场，让角斗士将它们一一屠宰。猛兽有锋利的爪牙、超强的咬合力和无与伦比的爆发力，人有闪转腾挪的技巧和致命利器，人兽大战，通常悬念迭生，不到最后时刻，不知道倒下的是人还是野兽。一般而言，强壮的角斗士都能虎头脱险，当众杀死各种野兽，赢得满堂喝彩，可悲的是某些不走运的人早早成了野兽的点心，还没来得及进入角斗的正式环节，就惨遭淘汰了。有的开幕式设计得更绝，人和野兽两败俱伤，几乎要同归于尽，场地上到处都是斑斑的血迹，不知是人血还是动物的血。观众们过足了瘾，比赛正式开场时，会长久保持着亢奋情绪。

大部分野兽都是从野外捕获来的，训练它们是一件非常麻烦的事情。它们习惯了啸傲山林，不喜欢人声嘈杂的斗兽场，时常会被骚动的人群和刺耳的欢呼声惊到。有时会吓得瑟瑟发抖，拒绝参加比赛。这时驯兽师就要倒大霉了，他会被当众处决，以儆效尤，因为他让所有的观众都扫了兴。为了让野兽变得更加嗜血，促使它们产生看到活人就想上前扑咬的冲动，驯兽师们经常喂人肉给它们吃。它们习惯了人肉的味道，闻到人味就会形成条件反射。

观看角斗比赛对于罗马贵族老爷们来说是一种无上的雅兴，有权有势的罗马人在私人宴会上也会举办角斗比赛来助兴。角斗士拿生命来冒险，受尽屈辱和折磨，只是为了博王公贵族一笑。罗马人丝毫没有罪恶感，但他们深知哪里有压迫哪里就有反抗，因此千方百计地提防着角斗士。角斗学校被设置成封闭式监狱，宿舍和牢房没什么两样，外面有一大批全副武装的士兵把手。监牢拥挤狭小，条件极差，伙食粗劣。角斗士们长年栖身于此，随时等待着拼死一搏。为了防止他们造反，平时训练时，发给他们的都是尚未开刃的刀具，正式比赛时也不给他们提供正规武器，只给他们提供斧头、鱼叉等千奇百怪的非常规作战工具，除此以外，还要严密监视他们的一举一动，以免他们聚在一起进行军事操练。

在罗马社会，角斗士的处境颇为尴尬，他们既卑贱又高贵，平时可以当作奴隶买卖，存在的价值在于供罗马人发泄嗜血的兽性，可是取得了一系列辉煌战果以后，地位就不一样了，瞬间变成了闪耀的明星和大众偶像，甚至被看成英雄。罗马贵妇会盛装出席观看他们的比赛，为他们的表演神魂颠倒。有钱的寡妇或离异的妇人时常在私下里花钱看望她们中意的角斗士，把对方当成情人一样看待，她们明知道她们的男人第二天有可能在角斗场上断气，双方的交往不可能换来一个美好的结果，仍然无怨无悔。春心萌动的少女经常给级别较高的角斗士写情书，毫不避讳地表达着自己的爱意。不少罗马妇女热衷于与角斗士私通，不以为耻反以为荣。

不仅女人们为角斗士意乱情迷，男人们也崇拜角斗士。罗马男人崇尚勇敢，任何一个人，无论是奴隶也好，角斗士也罢，只要在死亡的威胁面前，表现得从容不迫、镇定自若，就会赢得罗马人的最高敬意。罗马人常用角斗士浴血拼杀的场景作装饰画，挂在自家的墙面上，表达对角斗士的喜爱。年轻气盛的罗马男孩纷纷跑到角斗士学校练习格杀的技巧，贵族们为了彰显自己的勇敢，偶尔也会下场和角斗士比赛。罗马人狂热地迷恋和追逐角斗士，给角斗士带来了一种错觉，他们忘记了自己被蹂躏被奴役的悲惨处境，在互相残杀的过程中找到了无与伦比的快感和至高无上的荣誉感。

早期的角斗士由刑徒、战俘和奴隶组成，他们被迫参与格斗比赛，一旦进场，就等于和死神签下了契约。人们只想看着他们抽搐、惨叫、流血和死亡，并不相信什么英雄神话。后来角斗比赛变成了最受大众欢迎的娱乐活动，那些身经百战的角斗士随之变成了勇士的化身，每次闪亮登场，都会招来阵阵尖叫。不少角斗士因此成了家喻户晓的名人。有些自由民为了扬名并偿还债务，纷纷加入了角斗士的队伍。这些亡命徒大多是为博取名声或赢得财富而战，与早期的角斗士迥然不同。不过他们惨死的时候，绝不可能比战俘或奴隶更优雅，看台上的观众也不会因为他们曾经是自由民而大发慈悲。

有人说，在古罗马斗兽场随便抓起一捧泥土，用手一捏，掌心顷刻即会呈现斑斑血迹，这个说法一点也不夸张。战死在斗兽场上的角斗士数不胜数，他们的鲜血早已把角斗的场地浸红了。古罗马的历史是用鲜血写成的，它的辉煌与荣耀，是建立在罪恶的奴隶经济和血腥变态的角斗士文化之上的，这是古罗马洗刷不掉的污点，直到古罗马政权灭亡，那个吞噬了无数鲜活生命的斗兽场依旧屹立不倒，似乎在以一种无声的方式向后人述说着那段疯狂而可怕的历史。

风口浪尖上的独裁官恺撒

罗马共和国晚期，元老院和民主派的矛盾日益尖锐，贵族和平民之间的斗争更加激烈，双方闹得不可开交，罗马的政局因此陷入了长期的动荡。共和国时代后期，罗马的势力范围遍及地中海沿岸，成为雄霸西方世界的超级大国。可是这个首屈一指的头号强国，并没有因为版图的扩大和实力的崛起而放宽公民权，法律规定只有居住在罗马城内的奴隶主和自由民才有公民权，其他地区及海外行省的自由民连二等公民都算不上，不具备公民资格。饱受歧视的人们为了获取平等的地位，与罗马当局和顽固不化的元老院贵族展开了一系列斗争。

正值多事之秋，有个叫恺撒的落魄贵族被推到了时代的风口浪尖上，一度改变了罗马的历史。恺撒在政治上倾向于民主派，与多位民主人士交往密切。他立场鲜明，果断地站在了元老贵族的对立面，在平民中积累了极高的人气。平民热爱恺撒，把他看成了民主派的代言人。但真实的恺撒并不像人们想象中的那么纯粹，他喜欢玩弄权术，野心勃勃，是一个掌控欲极强的危险人物。他处心积虑地接近平民，不是为了给平民争取公民权，而是要踩着民众的肩膀快速往上爬。

自斯巴达克起义以后，罗马的军国大权就落到了拥兵自重的军官手中，斯巴达克起义被镇压下去以后，罗马政坛出现了权力的真空期，恺撒、庞培、克苏拉三位杰出的军事将领趁机保持了国政。三人为了进一步巩固自己的权位，结成了同盟，共同反对元老贵族，史称“前三雄”。公元前 58 年，恺撒执政官任期满，只身前往罗马行省高卢出任总督。在高卢他找到了大展拳脚、建功立业的好机会。凭借卓越的军事才华和出色的统兵能力，他成功征服了高卢全境，打退了入侵的日耳曼人，将罗马的疆界扩充到了莱茵河一带。不久，他又率兵渡海登上了不列颠岛，准备继续为国家开疆拓土。

恺撒战功卓著，为国家的强盛立下了汗马功劳，成为罗马人眼中公认的英雄。在战场上他缴获了大量的战利品，得到了大批黄金财宝和数不清的奴隶。面对令人咋舌的巨额财富，恺撒表现得异常冷静，他没有独吞这笔财产，而是把它用在了收买人心上。他无偿地向士兵和平民提供粮食和财务补贴，还利用闲暇时间举办精彩刺激的角斗比赛，以供大家消遣。凭借着赫赫战功和实惠于民的手段，恺撒的名望与日俱增，威望远远超越了庞培和克苏拉，成为了权力中心最受瞩目的人物。

三巨头之一克拉苏靠镇压斯巴达克起义起家，兵力雄厚，且拥有富可敌国的财富，一直都是恺撒最强劲的竞争对手。公元前 53 年，克拉苏率军远征波斯，兵败被俘。波斯人嘲笑他贪财，把融化的黄金强行灌进他的嘴里，烫烂了他的喉管和食道并不怀好意地狞笑着说：“你那么喜欢金子，那就请你尝尝金汤水吧。”克拉苏惨遭黄金水灌喉，被虐待致死。权力中心只剩下庞培和恺撒两个人了。庞培曾经出任过执政官，在战场上屡立奇功，各方面的条件丝毫不逊色于恺撒。看到恺撒志得意满，威信又高，庞培极为不安，于是就暗暗唆使元老院削夺恺撒的兵权，勒令其离开高卢返回罗马。

恺撒知道是庞培在后面搞鬼，决定将计就计，率兵杀回罗马，利用这次千载难逢的机会，创建独裁政权。他率领大军来到了卢比孔河。大队人马踯躅不前。因为罗马法律规定，在没有接到军令的情况下，将士和士兵不可以擅自渡过这条小河，违者以谋反罪论处。恺撒见大家面有难色，便对着部将大喊道："事已至此，我们已经没有退路了。"说完毫不犹豫地跨上战马，第一个跃入了滚滚激流，大军紧随其后，浩浩荡荡地蹚过了卢比孔河，出其不意地冲向了罗马。庞培做梦也没想到恺撒会这么快攻入罗马，顿时手足无措，情急之下仓皇地逃到了希腊。

恺撒兵不血刃地攻占了罗马，逼迫元老院任命他为"独裁者"，从此大权独揽，变成了罗马最有权势的男人。政坛局势安定以后，恺撒立刻发兵讨伐希腊，目标直指庞培。庞培率兵抵抗，力战不敌，狼狈逃亡埃及避难。恺撒气势汹汹地追到了埃及，埃及国王忌惮恺撒的威名，派人杀了庞培，将首级献给了恺撒。恺撒瞥了一眼那颗鲜血淋淋的头颅，不敢正视那张熟悉的面孔，情不自禁地把头扭了过去，心里莫名生出一种难以名状的伤感和空虚感。庞培是他的政敌，也是他的战友，他们曾经亲密无间，誓言要携手共谋天下，如今庞培已死，他的生命里似乎缺少了什么。不知为何，他忽然萌生出一种怅然若失的感觉，于是下令处决了刺杀庞培的凶手。后来埃及王室发生了内讧，恺撒支持美貌无双的埃及艳后克利奥帕特拉掌权，并和这位新上任的女法老发展成为情人关系，在事业上得到了埃及方面的支持。

不久恺撒踏上了漫漫征程，开始转战四方，逐步剿灭了庞培势力的残部，将罗马的全部蜀地收入囊中。从战场上胜利归来以后，恺撒受到了热烈的欢迎。有些狂热的崇拜者想要拥戴他做皇帝。事实上，王政时代结束以后，帝王就成为明日黄花了，罗马人从骨子里憎恨搞专制独裁的君王，谁也不敢冒天下之大不韪、逆历史潮流而动。恺撒虽有称帝的野心，却也不敢在众目睽睽之下加冕登基。

公元前44年，罗马举办了一年一度的“罗波凯利亚”节。罗波凯利亚是母狼的名字，传说罗马城的缔造者就是吃这只母狼的奶长大的。罗马人每年都会举办盛会，纪念这只非比寻常的母狼。节日当天，恺撒穿着华丽的紫红袍，若有所思地观察着欢乐的人群。执政官安东尼忽然捧着一顶金灿灿的王冠走了上来，不容分说地戴在了恺撒的头上，然后郑重其事地发表声明说：“罗马人民要求我给尊贵的皇帝陛下戴上这顶象征着权力与荣耀的王冠。”现场只有零星几个人高兴得击掌祝贺，其他人都在摇头叹息。恺撒见状，马上板起了面孔，十分严肃地说：“罗马没有皇帝。”说完便当众取下王冠，将这沉甸甸的劳什子扔在了地上。安东尼附身捡起王冠，再次给恺撒戴上了，恺撒坚持不受，随手又把王冠扔了。人们见恺撒拒绝加冕，高兴得欢呼了起来。

恺撒虽然没有皇帝的虚名，却已有了皇帝之实，他大权在握，头顶“终身保民官”“祖国之父”等光环，获得了终身独裁官的特权，可以公然坐在黄金象牙打造的御座上批阅公文，一切迹象表明，只要他愿意，随时都能登上皇帝的宝座，君临天下。恺撒的政敌元老院贵族觉得有机可乘，便打着“反独裁反帝制，拥护共和体制”的旗号拉拢了一大批人，密谋行刺恺撒。

3月14日晚上，阴谋者们聚在一起秘密讨论刺杀计划。他们认为，第二天恺撒参加元老院会议时，不会随身携带任何武器，一定如往常那样放松，没有参与刺杀计划的元老们同样手无寸铁，不可能莫名持刀剑入场，这样事情就好办了。他们每个人把凶器藏在身上，到时就用匕首、短刀对付赤手空拳的恺撒，谁也不能阻止他们的行动。同天晚上，恺撒参加了一场宴会，朋友们都好心劝他要小心一些。恺撒也知道自己树敌太多，回到家里惴惴不安，躺在床上久久不能入眠。半夜，恺撒被雕像摔碎的东西惊扰，更加怏怏不乐。后人传说，仆人失手打破雕像，是在有意警告恺撒。

次日早晨，妻子告诉恺撒，她做了一个可怕的噩梦，梦见恺撒的雕像布满血孔，不停地流血，人们都在用流出的鲜血洗濯双手。妻子有了不祥的预感，说什么也不让恺撒进元老院。恺撒认为妻子做噩梦是忧思过度所致，软语安慰了一番之后，毅然走出了家门。恺撒抵达元老院门口时，有个陌生人塞给了他一张纸条。恺撒没有及时拆开查看，错过了生还的机会，因为那是一封密信，传达的正是有人要刺杀他的信息。

安东尼和恺撒一起来到了议事厅的门口，有个元老热情地和安东尼攀谈起来，恺撒独自进了议事厅。他刚刚到场，就被一群人围住了，有人要求他赐予田产，有人希望他大发慈悲，赦免自己被放逐的兄弟。这些人纷纷涌上前来，言谈举止极为反常，搞得恺撒莫名其妙。恺撒警觉地站了起来，有人扯了扯衣角，其他人接收到信号，迅速行动起来。恺撒被人从背后捅了一剑，血水立时染红了肩膀。他急忙回转身，敏捷地握住了行凶者的剑柄。这时有一只匕首朝他的脖颈处猛刺了过来，他避之不及，受了重伤，发出了一声惨叫，紧接着胸部又挨了一刀。众人一拥而上，朝他的身上一通猛刺。

恺撒拼命反抗，腰部挨了一剑，紧接着大腿上又被刺了一剑。他紧张地望向四周，希望有人挺身而出替他解围。结果发现他的私生子布鲁图拿着短剑站在刺杀队伍里，剑锋上沾着他的血。那一刻他瞬间绝望了，用不解的口吻惊问道："是你？布鲁图！我善良的孩子？为什么？"他失去反抗的意识，不再做任何挣扎，用紫袍蒙住了脸，失魂落魄地倒了下去，任由别人朝自己身上乱刺。他负伤 23 处，至少有 3 处是致命伤，死时满身血污，情形极为悲惨。

恺撒到死也不明白，自己何以落到众叛亲离的下场，连他的爱子都要置他于死地，布鲁图在刺杀现场没有回答他，事后对人们解释说："我爱恺撒，但我更爱罗马！"意思是国家社稷大于个人情感，为了阻止罗马走向独裁，罗马人需要割舍亲情。恺撒的死是个悲剧，他曾经为罗马做出过不可估量的贡献，但当他企图恢复独裁统治时，就是在拖罗马的后腿了，他的轰然倒下是历史的必然，也是不同政派力量博弈的结果，罗马沿袭了希腊民主的传统，是不可能马上接受一个强有力的独裁者的。可惜的是，作为独裁者的恺撒死了，罗马的共和制度却再也恢复不起来了，恺撒的独裁作风影响了罗马历史的走向，为帝国的建立奠定了基础。

奥古斯都的帝国时代

恺撒遇刺后，元老院一片混乱，没有参与谋杀计划的元老们被眼前血腥的一幕惊得目瞪口呆，议事厅里面的人吓得哆哆嗦嗦，躲到了演讲台上，外面的人听到激烈的打斗和凄厉的惨叫声，全都不寒而栗，纷纷逃奔到了大街上。安东尼觉得大事不好，也跟着混乱的人群逃了出去。阴谋者们兴高采烈地挥舞着带血的短剑，以胜利的姿态高喊着："暴君倒下了，罗马解放了。"说完，便兴冲冲地跑到街上向全体罗马市民公布这个好消息。

罗马市民听说恺撒遇害了，反应非常奇怪，他们表情淡漠，满脸茫然，双眼里透出警戒和怀疑的神情，嘴唇紧闭，表现得异常沉默。阴谋者们没有看到欢呼雀跃的场面，没有一个人把他们当成罗马共和国的救星，这才明白罗马市民并不憎恨恺撒。事实上，罗马人对恺撒还是比较认可的，恺撒掌权期间，确实做了很多施惠于民的好事，比如提拔非贵族成员入元老院，给予外省平民公民权，把粮食无偿地分发给老百姓等。相比之下，元老院贵族又为平民做过什么呢？他们只知道打着民主自由的旗号，不遗余力地维系专属于贵族的寡头政治，根本不在乎平民的死活。罗马市民宁愿拥护独裁者恺撒，也不愿接受元老院贵族的摆布。

精明的执政官安东尼很快体察到了民意，企图利用这次机会，煽动民众驱逐元老院贵族，实现不可告人的目的，于是便挥动着恺撒沾满血污的衣袍，指着一处处被利剑刺穿的破洞，大声问民众该怎么办。百姓群情激愤，一齐怒吼道："为恺撒报仇！"阴谋者见大事不好，仓皇逃到了海外。安东尼打着为恺撒复仇的旗号，在平民中建立起了崇高的威望，处心积虑地准备夺权。正当他春风得意的时候，一个英气勃勃的年轻人向他发出了挑战，这个年轻人就是恺撒的义子屋大维。

恺撒被害时，屋大维远在千里之外的希腊，接到噩耗以后，他非常镇定，先是同与恺撒出生入死的老将商量了一番，然后秘密渡海，悄无声息地回到了意大利，低调地栖身于一个不起眼的小村庄里，不断地收集有关罗马政局的情报。他听说安东尼有意成为恺撒的继任者，便决心前往罗马，与安东尼争夺权位。当时他没有一兵一卒，胜算不大，母亲不想他以身犯险，苦苦哀求他留在乡下，警告他千万别惹是生非。屋大维不以为然地说："我有长矛、盾牌和义父恺撒的名，就足够了。"

屋大维风尘仆仆地赶到了罗马，要求继承义父恺撒的遗产，并转告安东尼，按照恺撒的遗愿，必须把其名下的金子赠送给广大罗马平民。接着他毫不客气地指责安东尼非但无心为死去的恺撒报仇，还有意袒护布鲁图等凶手。老奸巨猾的安东尼望着这个血气方刚的年轻人，居然被对方的气场震慑住了。过了好一会儿，他才气哼哼地说："年轻人，除了恺撒的名字外，你还有什么好继承的呢？钱所剩不多了，你想要的是恺撒的政权吗？"安东尼桀骜的态度使屋大维意识到，对方绝对不会主动放弃到手的权力的，夺权大战在所难免。

屋大维认为，作为一个政客，必须拥有兵权，才有资格和政敌叫板，于是果断拍卖了自己的资产，把恺撒的旧部全部招募到了自己的麾下，迅速组织起了一支庞大的军队。他趁安东尼在前线与布鲁图交战之机，率军占领了罗马，逼迫元老院选他做执政官。元老院受够了安东尼的颐指气使，于是便顺水推舟，把屋大维推向了高位。屋大维得到了与安东尼平起平坐的权力。得势时，屋大维依然保持着清醒的头脑，知道安东尼权大势大，一时不能扳倒，必须徐徐图之，为今之计最好适时妥协，于是便和安东尼、雷比达组建起了三巨头政治联盟，共同执掌国政，三人并称"后三雄"。

公元前42年，"后三雄"联手剿灭了布鲁图余党，铲除了心腹大患，内部开始争权夺利。公元前36年，屋大维削夺了雷比达的兵权，结束了三足鼎立的局面，罗马进入两雄共治时期。在此之前，安东尼迎娶了埃及艳后克利奥帕特拉，宣布把罗马的部分领土拱手送给埃及，罗马人大为不满。屋大维打着顺应民意的口号兴兵讨伐安东尼。公元前31年，屋大维出动罗马舰队打败了安东尼和埃及艳后掌管的海军，次年，安东尼绝望自杀。屋大维率军攻占了埃及，结束了埃及艳后的统治。

屋大维当政时代，罗马国力强盛，版图庞大，辽阔的地中海被发展成了罗马的内湖，他的政绩和军功已经不逊色于恺撒，但他汲取了恺撒被刺的教训，坚决不肯称帝，平时坚持以"第一公民"自称。元老院授予了他“奥古斯都”的至尊称号，承认了他的独裁地位，罗马进入帝国时代。作为国家元首和终身任期的独裁者，屋大维得到了自行指定继承人的特权，但这并不意味着罗马确立了父死子继的家天下政治制度。帝国的皇位接班人和皇帝未必是血亲关系，储君通常是被皇帝看好和器重的外姓人，被选定之后，即成为皇帝合法的养子。当然，假如皇帝的亲生儿子确实出类拔萃，也不排除父亲直接传位于儿子的可能。罗马帝国步入晚期，才有了父传子家天下的苗头。

屋大维开创的王朝历史上被称为朱里亚·克劳狄王朝，共经历了四代皇帝，其中最为出名的就是末日皇帝尼禄。尼禄是个自以为是的怪胎，样貌丑陋，心灵更加丑恶。他长着一双畸形的罗圈腿，脖子又短又粗，身材矮小，面目猥琐，却自命不凡，自诩为美男子和天才艺术家。他酷爱音乐、诗歌和戏剧，七弦琴弹奏得很好，创作的乐曲也很美妙，公开表演时常能赢得阵阵掌声。可能是过于痴迷艺术，骨子里又有一些残暴嗜血的本性的缘故，他显得格外神经质，最喜欢看到喷血的场景，为了增强舞台剧的真实性，他竟然下令让奴隶上台扮演死囚，当场接受死刑。奴隶在众目睽睽之下被就地刺死，鲜血奔涌而出，尼禄高兴得手舞足蹈，观众吓得面如土色，有的由于受惊过度，当场昏厥了过去。

尼禄杀人不分时间和地点，在舞台上杀人是为了娱乐，在其他场合杀人，原因多种多样，可能是为了解闷，也可能是为了泄愤。他赐死的人不计其数，他的老师、朋友和亲人纷纷被迫自裁。每次赐别人死，他都会亲手写一张纸条，用戏谑的口吻说：“你自杀我不反对。”因为一点误会，他绞死了自己的亲生母亲。发怒时，又一脚踢死了身怀六甲的妻子。

尼禄是一个声名狼藉、丧心病狂的皇帝，偏偏有极重的名利心，为了修建罗马新城青史留名，居然下令纵火焚城。冲天的火光和熊熊的火焰包围了罗马，罗马市民一夜之间沦为无家可归的难民，面对着一片焦土和满地的残砖碎瓦，不由得痛哭失声。有的在逃跑过程中被火舌灼伤，身上挂了彩；有的头发被烧焦了，满脸都是灰土。尼禄望着破败的废墟和慌乱的人群，忽然有了灵感，即兴赋诗献曲，边弹琴边歌唱。罗马人民被这个没心没肺的皇帝激怒了，纷纷指责他是暴君。大火连续烧了六天六夜，数千人葬身于火海。侥幸活下来的市民家破人亡、妻离子散，对尼禄恨之入骨。

为了平息众怒，尼禄嫁祸于无辜者，把所谓的“纵火犯”驱赶到了斗兽场里，任由野兽撕咬、蹂躏、吞食，有的人被生生撕成了碎片，有的被绑在野牛后面活活拖死，还有的被捆在皇家火刑柱上被慢慢烧死。尼禄驾着豪华马车徐徐而行，近距离观赏犯人烈火焚身时的悲惨景象，一边唏嘘一边赞叹，邪恶地享受着恶魔才会有的快感。为了进一步惩罚“纵火犯”，尼禄临时发明了一种令人发指的酷刑，索性把人当蜡烛点。他下令往犯人身上凿洞，然后塞上易燃的棉灯芯，到了晚上，点“人炬”照明。由于人体富含脂肪，通常要燃烧很久，直至烧成灰烬，“人炬”才会熄灭。无数个月黑风高的夜晚，一束束“人炬”光焰灼人，伴随着人肉烧焦的恶臭和痛苦的抽搐，营造出火树银花般的奇景，照亮了罗马古城的夜空。这都是艺术家尼禄的杰作。

毫无疑问，尼禄是一个臭名昭著的魔王，一个富有艺术细胞的虐待狂，罗马人再也忍受不了他的残忍和变态了，纷纷揭竿而起。国内发生叛乱时，尼禄在希腊忙着举办各种演出。听到民变的消息，他一点也不紧张，满不在乎地说：“我只要回国轻歌一曲，就能安抚民众，平息叛乱。”返回罗马以后，他才发现自己太过乐观了，亲信弃他而去，近卫军不见了踪影，元老院向他下达了死刑判决书。他众叛亲离、走投无路，只能自刎了事，临死前喃喃地轻叹道：“一个伟大的艺术家就这么死了。”他坚定地认为，自己的死就是悲剧的顶峰，至死都执迷不悟，一如既往地疯癫、迷乱、无可救药。

曾几何时，小塔克文祸国殃民、为所欲为，遭到了罗马人民的驱逐，罗马顺应潮流进入了共和时代，民众不必担心再次遭受暴君的荼毒，大家不曾料想到，共和制会在未来的某一天瓦解，罗马还会前赴后继地出现无数个大权在握的皇帝。不可否认的是，罗马由共和制走向帝制，是一种历史的倒退，皇帝的权力不受限制，可以肆意对所有人生杀予夺，这才是一切混乱和罪孽的根源，人们只知道一味地指责和咒骂尼禄，无力去纠正畸形的政治体制，这便意味着罗马最辉煌最光明的时代即将结束了，国家前途未卜，未来是否会一片昏暗？

天幕坠落，大国盛极而衰

暴君尼禄绝望自杀之后，先后有四位野心家粉墨登场，拥兵自立，罗马陷入了短暂的内乱。好在四位野心家在短期内，相继死于非命，罗马政局又恢复了安定。经过弗拉维王朝的积累，到五贤帝时代，罗马帝国各方面的成就达到了全盛。在将近一个世纪的漫长岁月里，五位帝王励精图治，广施善政，努力发展经济，给罗马带来了和平和繁荣，把罗马帝国带入了黄金时代。这些贤王都没有直接血缘关系，权力交接比较平稳，保证了政治上的安定。最后一位贤王马可·奥里略违反常规，破坏了选贤任能的传位规则，把自己不成器的儿子康茂德推上了皇帝的宝座，间接把罗马帝国推向了万劫不复的深渊。

康茂德即位之初，对父亲留给自己的顾命大臣比较敬重，尚未作出什么逾矩的事情。自从遭遇了一场精心策划的暗杀之后，他性情大变，变得残忍、暴虐、多疑，瞬间堕落成了喜怒无常的暴君。事情发生在182年的一天，那日和往常并没有什么不同，年轻的康茂德大帝欣赏完一场经典的希腊音乐剧之后，步态从容地走出了剧场。剧场门口人潮涌动，纷乱不堪，年轻的皇帝不骄不躁，微笑着向他的子民颔首示意，显得风度翩翩。这时，一个身穿长袍的青年被人流挤到了康茂德面前。康茂德没有在意，心不在焉地看了对方一眼。孰料那个青年忽然扬起手，高叫道："元老院给你带来了这个——"说完，便握着明晃晃的匕首朝康茂德的要害部位刺去。

这种光天化日之下刺杀成功的概率很小，凶犯很快就被侍卫制伏了。经过追查，真相水落石出，幕后真凶竟是鲁琪拉公主和元老院贵族。康茂德做梦也没想到，父王一向信任的元老院会向自己动刀，自己的亲姐姐也牵涉其中，这让他顿时感到了茫然，从此不再相信元老院，不再相信手足亲情。所有参与谋逆计划的人都遭到了无情的处决，许多无辜者也遭到了血洗，鲁琪拉被流放到了卡普里岛，几年之后被处死。

生于深宫长于膏粱之中，并接受过良好教育的康茂德大帝，瞬间丢掉了所有的教养，露出了可怖的青面獠牙。除了权力和暴力，他不再有任何信仰。姐姐鲁琪拉联合元老院贵族谋害他，无非是想篡权，权力令人癫狂，为了得到它，人是什么事情都做得出来的。别人觊觎已久的皇位，他不费吹灰之力就得到了，所以必须为此付出代价。他认为巩固帝位唯一的方法就是不遗余力地使用暴力，威慑所有心怀鬼胎的人。

康茂德在位的12年里，大肆打压异己，杀死了无数政见不同的反对者，手上沾满了鲜血。他为树立权威，作恶累累，但却不愿意肩负起国家元首的责任，对政事感到无比厌烦，大部分时间都在观看马戏、摔跤、角斗比赛或是跟后宫女子淫乐，长年过着花天酒地、醉生梦死的糜烂生活，国家大事统统托付给宠臣和近卫军长官处理。有个叫克里安德的宠臣恃宠而骄、胡作非为，竟然在瘟疫肆虐、粮食紧缺的灾年，把救济粮拉到市场上高价售卖。罗马市民怨气沸腾，怒气冲天地冲向皇宫，要求皇帝交出克里安德。克里安德慌忙派兵镇压，出动骑兵部队对付手无寸铁的平民。平民抵挡不住，退回了街区，不停地朝骑兵扔石头瓦片泄愤。关键时刻，一支步兵军队加入了人民大军，临阵倒戈，协助愤怒的群众包围了皇宫。

康茂德这才意识到事态的严重性，为了稳定人心平息骚乱，杀死了克里安德，将人民公敌暴尸于广场，这才稍稍平息了民愤。由于长期委托亲信执政，罗马帝国的政坛腐败黑暗到了极点，卖官卖爵的事情时有发生，宠臣飞扬跋扈，把国家搅得鸡犬不宁、乌烟瘴气。好好的一个盛世王朝即将断送在康茂德手里，康茂德却依旧没有危机感，继续斗鸡走马、寻欢作乐，还兼职当起了角斗士，试图通过精彩刺激的血腥表演，重新赢得声誉与民望。

康茂德身强力壮，偏执而狂妄，自称是大力神转世，动辄以角斗士的面貌出现在竞技场，高调地向罗马市民展示自己的赫赫武功。据《罗马帝国衰亡史》记载，他曾经使用长矛杀死过上百只凶猛的狮子，参与角斗比赛的次数多得数不胜数，死在他剑下的奴隶不计其数。在此起彼伏的欢呼声中找到了自信，这种自信一度影响了他的从政风格，从此他不再优柔寡断，不再依赖任何势力，逐渐展露出了铁血手腕和独裁作风，越发高高在上，越发不可一世。他变得狂暴不安、不可捉摸，以致环绕在他身边的人都觉得自己不安全了。

这位从腥风血雨中走出来的皇帝，做了许多令人不安的事情，比如砍下鸵鸟的脑袋，意味深长地对着座席上的元老议员放声大笑，然后甩动着鸟头，做出威胁的表情，暗示议员们，下一个就轮到他们了，他们的下场绝不会比断头的鸵鸟更好。元老院议员们为了自保，决定先下手为强，于是找到了康茂德的情妇玛琪亚和近卫军长官莱图斯密谋除掉这个暴君。康茂德被下了毒，但没有立即死去，他把毒物全部呕吐了出来，暂时保住了性命。

192 年，康茂德迎来了自己生命中的最后一天，那日他像往常一样大汗淋漓地从竞技场回到了皇宫，正想痛痛快快地洗个热水澡，洗掉身上的汗渍和血污。这时力大无穷的摔跤手纳尔奇苏斯出现在了他的面前。康茂德不清楚对方想干什么，但是本能地嗅到了一股杀气。纳尔奇苏斯没有给他太多思考的时间，猛地冲了上去，死死地勒住了他的脖子，直到他断气才扬长而去。

纳尔奇苏斯是康茂德生前最喜欢的摔跤手，连他都参与了谋杀计划，说明康茂德有多么不得人心。康茂德唯一的可取之处就是力排众议，结束了第二次日耳曼战争，使罗马从战争泥潭中摆脱了出来，享受了长达六十年的和平。可是人们并没有记住这些，人们记住的是他给国家带来的灾难和前所未有的内乱。

不可否认的是，罗马帝国由盛转衰，康茂德确实难辞其咎。他去世后，罗马帝国陷入空前的混乱，先后出现了五位阴谋家和野心家抢夺王位，国家政局陷入了动荡。罗马帝国日薄西山，国力江河日下，不可避免地走向了衰败，后来的统治者大多不称职，要么昏庸无能、要么残暴不仁，更可笑的是，皇位居然被公开拍卖过，这说明帝国已经腐朽到了无可救药的程度。

由于叛乱时有发生，国家越来越依赖军队，手握雄兵的军人权力越来越大，直接威胁到了皇权。235～284年，罗马帝国危机四伏，内忧外患不断，皇帝像走马灯一样换了好几任，每任皇帝都是短命鬼，上任不久便死于军队暗杀，军人篡位自立的剧目屡屡上演。国内不安宁，边境烽烟再起，外族频频入侵，罗马政权处于风雨飘摇中，形势岌岌可危。这段时期被称为“三世纪危机”。

非常时期，国家急需一个能够恢复帝国秩序的强势人物上台，戴克里先皇帝顺势而为，收回了被外族侵占的土地，动用军事力量镇压了国内的起义，进一步加强了中央集权，削夺了元老院的实权，促使罗马走向了君主制。他把国家政权一分为四，设定了四帝共治的政治制度，两位正帝、两位副帝共同掌权，他本人担任正帝，为国家最高统治者。“四帝共治”的政策暂时稳定了局势，但并没有有效解决帝国的矛盾，也没有彻底消除内部的分歧，为帝国日后的分裂埋下了伏笔。

395年，罗马分裂成东罗马帝国和西罗马帝国，后者仍以罗马为首都，前者在君士坦丁堡建都，统一强盛的罗马帝国不复存在了，分裂后的罗马各自为政，实力大不如前。最先灭亡的是西罗马帝国。由于国力衰微，西罗马无力对外发动战争，俘获的奴隶数量急剧减少，奴隶主变本加厉地剥削和虐待奴隶，奴隶不堪忍受，要么消极怠工要么逃亡要么聚众造反。奴隶和奴隶主的矛盾日益尖锐，奴隶起义不断，帝国陷入长期的内乱，政局极度动荡。

这时日耳曼各部落乘虚而入，408年，日耳曼部落中的一支哥特人带领族人浩浩荡荡地向罗马挺进。元老院屈膝求和。两年后，哥特人攻入罗马城，城里的奴隶把这群攻城的异族人当成了自己的解放者，十分配合地打开了城门，任由这批不速之客在城市里抢劫放火。罗马宏伟壮观的殿宇和富丽堂皇的宫室在大火中化为焦土，金银器物被洗劫一空。455 年，日耳曼部落中的汪达尔人穿着兽皮、持着利剑，大肆洗劫罗马，罗马又经历了一场浩劫。外族的入侵给西罗马带来了灭顶之灾，西罗马的皇帝大权旁落，沦为外族首领的傀儡。476 年，罗马的幼帝罗慕洛斯被日耳曼雇佣军首领奥多亚克废黜，西罗马灭亡。

第四章
蛮荒中世纪

——长夜漫漫，血雨欲来风满楼

罗马帝国的灭亡并没有给欧洲大陆带来新生，相反，没有了罗马的欧洲，进入了空前野蛮黑暗的时代，史称中世纪。中世纪的封建君主建立了等级森严的社会制度，国王和贵族霸占了大多数的国家资源，无休止地搜刮民脂民膏，千方百计地威胁、恫吓、哄骗劳动人民，用陈旧的封建思想和神学理论麻痹人民，让百姓心甘情愿地供其役使。统治者榨干了国内财富，却依旧不满足，频频对外发动侵略战争，欧洲大陆烽烟弥漫、血染尘沙，陷入了长久的动荡和混乱。封建势力不断争权夺利，各大王国打得不可开交，骑士军团应运而生。

骑士、城堡、女巫，这些富有童话色彩的元素，在黑暗的中世纪却没有半点亮色，骑士只是包着铁皮的杀戮机器，城堡是封建领主的象征，而神秘的女巫则成为被迫害死的可怜人。中世纪的欧洲人非常迷信、愚昧，思维迷乱癫狂，很容易被蛊惑，经常卷入各种不义战争，参与各种迫害弱者的反人类活动，一味地摧毁和破坏，没有建设新世界的意识。他们的生存环境糟糕到了极点，城市污秽不堪，医疗水平低下，卫生条件差得离谱，最终导致黑死病蔓延，无数的生命在那场惊天浩劫中终结……

上帝之鞭阿提拉

西罗马宣告灭亡后，欧洲步入了长达一千年的中世纪。罗马帝国的崩溃，对欧洲文明产生了不可估量的影响。罗马的荣耀与光辉，以及与古希腊一脉相承的民主制度，统统成为泡影，欧洲被文化相对落后的外族占领，人类文明瞬间倒退到蛮荒时期。在罗马帝国的废墟上，出现了许多新生的力量，尚处在氏族部落时期的日耳曼人强势崛起，在广袤的欧洲大陆上建立了无数个大大小小的王国，把欧洲带入了一个全新时代。当时的日耳曼王国在经济、文化、政治、科技等诸多领域，与罗马均不可同日而语，想要奋起直追，在短时期内达到罗马帝国巅峰时期的水平简直是不可能的。

虽然古罗马的势力范围并没有到达欧洲大陆的各个角落，它统治的领地集中在环地中海一带，与现代的欧洲版图吻合度并不高，但是它的衰落和消亡，仍然深刻地影响了欧洲的历史进程。古罗马文明代表古代欧洲文明的顶峰，它的没落动摇了欧洲文明的基础，所以后人才会把西罗马的灭亡视为一个时代的终结，并把之后的时代称为黑暗的中世纪。

中世纪时期，整个欧洲都在面临一个严峻的考验，那就是外族势力的不断入侵。除了日耳曼人，对欧洲威胁最大的就是匈奴人。匈奴人虽然没有直接灭亡东罗马和西罗马，却在加速罗马帝国灭亡的进程中，起到了推波助澜的作用。欧洲步入中世纪，与匈奴人的军事征服行动，有着密切的关联。匈奴是马背上的民族，自古逐水草而居，他们是天生的战士，彪悍、骁勇、擅骑射，打起仗来奋不顾身，把战争当成莫大的乐趣，连高大魁梧的日耳曼人都不是他们的敌手，双方交战，屡有败绩。

据史料记载，匈奴人起源于东方，具有典型的游牧民族特征，他们短小精悍，体格健壮，肤色偏暗，鼻梁细长，留着奇特的发式，两侧的头发剃得精光，头顶留着一条短辫。他们鬼使神差地出现在西方的南俄大草原，给欧洲带来了极大的恐慌。日耳曼人携老带幼，举家奔逃，谈及匈奴而色变，仿佛追赶他们的不是强悍的外族，而是不可战胜的洪水猛兽。盎格鲁撒克逊人（日耳曼部落的一支）仓皇逃到了英伦三岛，斯拉夫人、芬兰人不敢与之抗衡，纷纷屈膝投降。匈奴首领阿提拉凭借铁骑和弯刀，横扫欧洲大陆，所过之处，留下一片片废墟，一堆堆白骨，欧洲人一听到他的鼎鼎大名即闻风丧胆，故而给他起了一个形象的名字——上帝之鞭。

阿提拉以凶残闻名于世，他既是英勇无敌的战神，又是冷酷无情、嗜血成性的死神，他扬起皮鞭，狠狠抽打着欧洲各部族，给欧洲人带来了难以言喻的痛苦和折磨。热衷于互相征服、鼓吹战争的欧洲人，遇到了更强大更凶蛮的对手，立刻变成了无助的羔羊，只能可怜巴巴地祈求对方手下留情，或者被动地挨打。阿提拉率领着猛虎饿狼般的草原兄弟，如旋风般而来，又如乌云般席卷而去，过境之地，生灵涂炭，除了枯骨和尸骸，什么也没留下。欧洲人从未见识过如此凶猛凌厉的攻势，也从未遇到过破坏力如此之大的敌人，因此把阿提拉当成了魔鬼一般的存在。阿提拉成了野蛮和毁灭的代名词，人们憎恨他、畏惧他，做噩梦的时候也会梦到他，每天都在祈祷，每天都在诅咒，希望阿提拉彻底消失。

阿提拉正当年，是不可能收回他征服欧洲的雄心壮志的。他不仅要让欧洲人胆寒、臣服，还要让他们跪倒在自己的脚下，永世不得翻身，曾经放出狂言："凡是被我的马蹄践踏过的地方，将永远寸草不生。"他征服一片土地，就会毁掉那里的一切。所以客观来说，他的军事行动对于东西文化的交流不具任何意义。当时的匈奴人武力非常强大，但在文化上比较落后。匈奴民风古朴，行为野蛮，不像罗马人那样骨子里强横霸道，身上却披了一层优雅的文明外衣。他们毫无顾忌地展露出草原民族特有的粗犷、豪放、骄悍的野性，一边享受着鲜食烈酒，一边肆无忌惮地挥刀砍人，粗暴地蹂躏着整个欧罗巴大陆，给脆弱不堪的西方文明带来了近乎毁灭性的打击。

阿提拉抵达多瑙河沿岸不久，即在中欧创建了匈奴帝国。当上匈奴大帝之后，第一个目标就是征服东罗马帝国。匈奴大军以锐不可当的攻势把东罗马军队打得落花流水，东罗马皇帝诚惶诚恐，连忙屈膝乞和，签订了割地赔款的协议，把多瑙河南岸大片肥沃的土地拱手送给匈奴人，每年还上缴两千一百磅黄金孝敬阿提拉。阿提拉仍然不满足，又征服了东哥特人（日耳曼的一支）和其他部族，把伏尔加河、莱茵河和多瑙河作为帝国的疆界，占领了大片土地，不久便逼迫东罗马上缴更多的金子，东罗马皇帝忌惮其淫威，对他俯首帖耳，从此每年加倍上贡。

制伏了东罗马以后，阿提拉率兵入侵高卢，武力讨伐巴尔干半岛。位于尼斯查瓦河畔的城市被彻底摧毁，若干年以后，尸臭味仍然没有完全散去，杂草丛生的岸边白骨森森，景象十分恐怖。高卢地区的许多城市都在战火中毁于一旦，城内除了建筑残骸就是腐尸，没有了活物的气息，变成了死气沉沉的鬼城。

阿提拉的胃口越来越大，他想荡平天下，把整个世界作为自己纵横驰骋的战场，可是征战了大半生，这个宏愿依然没有实现。他渐渐地老了，已经接近五十岁，长出了不少白发。他开始发福，再也不似当年那般英武，但浑圆肩膀依然很宽阔，短粗的脖子依然雄壮，头发又粗又硬，宛如钢丝一般，锐利的黑眼睛像草原上的苍鹰之眼一般阴鸷。尽管他上了年纪，仍然没有人敢小看他，因为他是带来死亡和厄运的“上帝之鞭”。

阿提拉多次勒索东罗马，几乎将东罗马帝国榨干，当他意识到东罗马已经财源枯竭，实在榨不出更多的油水时，就把目光瞄准了西方。为了对付强大的西哥特王国，他与西罗马结成了军事同盟。西罗马皇帝的妹妹霍诺利亚为了撕毁一段不如意的婚约，主动要求嫁给阿提拉。阿提拉欣然应允，趁机提出了一个过分的要求，希望西罗马皇帝献上一半的国土做嫁妆。这明摆着就是敲诈。西罗马皇帝断然拒绝了他的请求。阿提拉恼羞成怒，对西罗马发动了战争。西罗马情急之下倒向了西哥特王国，两国一同抵抗阿提拉的匈奴大军，阿提拉没有占到便宜，被迫撤军。

为了挽回面子，重振雄风，阿提拉计划进攻虚弱的东罗马帝国。出征之前，他迎娶了一个年轻漂亮的日耳曼姑娘。婚宴上他大吃大喝，纵情豪饮，喝得酩酊大醉，然后摇摇晃晃地进了新房，尽管已经神志不清，却依旧狂想着与日耳曼姑娘共度良宵。新娘名叫伊尔迪科，有着一头亮闪闪的披肩金发，褐色的眼眸深邃迷人，顾盼生辉，皮肤白皙娇嫩，有如冬日的初雪。阿提拉见到她便意乱情迷，迫不及待地想要一亲芳泽。没有人知道当晚发生了什么事，第二天阿提拉猝死在了床上，身体仰卧着，床铺上都是血。新娘吓得瑟瑟发抖。有人怀疑是她谋杀了阿提拉，但苦于找不到证据，只好不了了之。

阿提拉身上没有伤口，他死于血管爆裂，血水堵住了他的呼吸道，又顺着咽喉流向了他的肺部和胃部，换言之，他是被自己的血呛死的。至于他为何会忽然血管爆裂，人们不得而知，只知道阿提拉死了，死得很诡异很蹊跷。匈奴人按照习俗为阿提拉举办了葬礼，纷纷剪下头发，划破了脸颊，用鲜血来哀悼他们的草原之王。阿提拉的棺材很奢华，最内层是黄金打造，中层是银棺，最外层是铁棺。匈奴人抬着三层价值连城的棺椁，秘密安葬了他们的国君，所有参与挖坟的俘虏和奴隶都被无情地杀死了，至今没人能找到阿提拉的坟冢。

阿提拉死了，对于东、西罗马帝国无疑是一个天大的好消息，不过罗马帝国的统治者都高兴得太早了。西罗马被匈奴大军讨伐数次以后，被野蛮的异族吓破了胆，以至于没过多久就被日耳曼灭了。东罗马由于连年向匈奴上贡，财力损耗巨大，国力严重衰退，距离灭亡也不远了。阿提拉间接结束了一个文明时代，开启了一个黑暗而又落后的蛮荒时代，把整个欧洲推向了中世纪。从某种意义上说，阿提拉拉开了中世纪的帷幕，他是生是死不再重要了，欧洲局势已经尘埃落定，是不可能再发生扭转了。

君士坦丁堡陷落

东罗马帝国在匈奴的疯狂压榨下，国力大大损耗，已经无力应对各种挑战。其他势力纷纷趁势崛起，都在打东罗马帝国的主意。新兴起的奥斯曼帝国不断蚕食东罗马帝国的领土，东罗马帝国节节败退，国土面积越缩越小，最后只剩下国都君士坦丁堡和周围的城市了。

1453 年，奥斯曼帝国老国王辞世，他的儿子穆罕默德二世即位。

这个新上任的国家元首年仅 20 岁，却显露出了与年龄极不相称的老辣和世故。他城府极深，手段阴狠，上台不久，就干起了残害手足的勾当。一天，他拜访了父亲的一个宠妃，跟对方有一搭没一搭地亲切交谈了一番之后，那个可怜的女人惊讶地发现，自己尚在襁褓中的儿子，不知为什么忽然溺死在澡盆里了。

事后，穆罕默德果断地处死了凶手，并把那个刚刚失去孩子的女人送给了一个奴隶。穆罕默德二世之所以要这么做，是因为他的生母是一个地位卑微的女奴，他的弟弟出身比自己显贵，长大之后可能对自己的皇权构成威胁。他杀死了年幼的弟弟，等于把一切的可能扼杀在了萌芽状态中。

东罗马皇帝君士坦丁十一世听说新即位的国王是一个狠角色，开始忙着整备军队，凭借直觉他意识到穆罕默德二世一定会发兵攻打东罗马。东罗马国力太弱，根本不是敌方的对手，只好硬着头皮向欧洲各国求援。当穆罕默德二世的军队把君士坦丁堡重重围住的时候，城里的守军只有数千人，其中外国的志愿者占了相当一部分。来自意大利热内亚的战将乔万尼·朱斯提尼安带来的志愿军只有区区几百人，军队里既有希腊人也有拉丁人，是一支临时组成的杂牌军队。君士坦丁十一世在敌强我弱的情况下，被迫发出了求和的请求。

穆罕默德二世断然拒绝了对方的请求，态度强硬地说他只要君士坦丁堡，不肯献出这座城市一切都免谈。这个无理要求触碰到了东罗马人的底线。双方没有了讨价还价的余地，开始秣马厉兵，准备决一死战。当时奥斯曼帝国的武器已经很先进了，军队拥有领先于世界水平的巨炮，平均每两小时便可发射一次，被大炮轰击到的地方，墙倒楼塌，石块碎裂，沙土飞溅。用这种具有大规模杀伤性的武器攻城是再合适不过了。设计这种新式大炮的是一个匈牙利军火商，在面见穆罕默德二世之前，他曾经找过君士坦丁十一世。东罗马一穷二白，君士坦丁十一世没钱购买这种昂贵的新式武器，只好挥挥手让他走开了。这个军火商很快找到了识货的买主，把大炮献给了慷慨的穆罕默德二世，得到了三倍的酬金，赚得盆满钵满。

发起攻城行动不久，穆罕默德二世就把新买来的巨炮架到了君士坦丁堡城下。伴随着一阵阵隆隆的轰响，一枚枚重达半吨的石弹如陨石般从天而降，重重地砸到了城墙上，轰出了一个个缺口。在重型武器面前，君士坦丁堡不再无坚不摧，老城的城墙被一点点打烂，到处都是飞沙走砾，面对这种末日般的景象，守军依然很淡定，他们誓与城池共存亡，看见缺口，一点都不慌乱，赶忙用各种材料把残缺的部分堵住。

君士坦丁堡的主城城墙共有三层坚固的壁垒，若要用大炮把三层城墙全部轰烂，需要消耗不少时间。穆罕默德二世是一个好大喜功、急功近利的人，没有那么好的耐性，见巨炮不能顷刻将君士坦丁堡炸成齑粉，马上下令强攻。军队一拥而上。乔万尼·朱斯提尼带领守军积极应战，大家同仇敌忾，把希腊火（一种能在水上燃烧的液态燃烧剂）和沸油纷纷投向了敌军，多次打退敌人的进攻。一切都没有想象中那么顺利，穆罕默德二世不禁皱起了眉头。与此同时，奥斯曼帝国的海军又被东罗马的舰队打败了。穆罕默德二世这才意识到，东罗马帝国并非如人们所看到的那样虚弱，它是一只沉睡的雄狮，一旦被唤醒了，必将发出惊天的怒吼，重新抖擞自己的威风。

几天以后，三艘热那亚战舰突破了奥斯曼帝国军队的围剿和拦截，护送东罗马战船把宝贵的粮食运送到了金角湾。穆罕默德二世勃然大怒，狠狠地鞭打了麾下的将领。不久局势发生了扭转。战略要地金角湾失守了，罗马人失去了海上屏障，只能任由奥斯曼帝国的军队长驱直入。金角湾是一个盲肠状的狭长海湾，位于君士坦丁堡的一侧，拱卫着东罗马国都，对面是加拉太卫城。东罗马财政紧张的时候，把它卖给了热那亚人。热那亚政府表面上中立，其实心向东罗马，是不可能放穆罕默德二世的海军进入金角湾的。

穆罕默德二世想要把战舰开进金角湾水域困难重重，那个海湾不仅有热那亚人看守，而且被铁链完全封住了。关键时刻，穆罕默德二世灵机一动，想出了一个绝妙的冒险计划，他让军队把战舰放到圆木上，下面涂上润滑的油脂，凭借人力和畜力把成百艘的战船拖到高山上，然后越过山岭进入岬角地带。这是一个非常富有创造性的想法，堪称空前绝后。人们只知道战船是在水面上航行的，从来没听说过有人会扛着舰队翻越高山，历经曲折之后再进入海湾。穆罕默德二世颠覆了人们已知的认识，他的高明之处正在于此。

这种史无前例的军事行动是在悄无声息的情况下秘密进行的。为了转移罗马人的视线，穆罕默德二世下令每天晚上向拉太城以外的周边地区发射大炮，自己则带着大队人马在高山峻岭间转移舰队。罗马人误以为敌人会从陆上进攻君士坦丁堡，做梦也不会想到对方正在打金角湾的主意，更想不到对方会出其不意地把整支舰队从高山、陆地拖到海上，所以当他们看到奥斯曼帝国的战舰赫然出现在金角湾时，全都惊得目瞪口呆。

金角湾被占领后，东罗马危在旦夕，有人奉劝皇帝赶紧弃城逃跑，日后有机会再复兴国家。君士坦丁十一世说："大敌当前，我怎能抛弃我的国家和人民呢？无论如何，我不会离开你们，我决定和你们共赴国难。"说到动容处，他的双眼噙满了泪水，在场的人都被感动得落泪了。敌军发起第二次进攻前，君士坦丁十一世特地派出了一艘快船寻找援军的舰队，随后自己亲自登上城墙，与守城的士兵并肩作战。朱斯提尼安挥舞着刀剑，带领军民浴血奋战，一次又一次把疯狂扑上来的敌军砍下城墙。奥斯曼人在希腊火和利剑的攻击下，伤亡惨重，于是改变了策略，把战场转移到了地下，挖通了好几条地道。有个叫格兰特的工程师为了阻止敌军从地道入城，往下面投放了炸药、毒烟和冷水，奥斯曼人要么被炸死，要么被呛死毒死，要么被湍急的水流冲走，场面一片混乱。格兰特手持战斧，亲自砍杀敌人。

奥斯曼军队出师不利，军中谣言四起，传说不久将有一大批援兵支援君士坦丁堡。穆罕默德二世有了退兵之意。这时有人站出来说："欧洲世界不是铁板一块，而是四分五裂的状态，各国信仰不同，分歧比共识多，他们根本不可能团结起来对付我们。"听了这话，穆罕默德仿佛吃了定心丸一般，立时打消了班师回国的念头，下令发起第三次进攻，并慷慨激昂地许诺攻下城池以后，士兵可痛痛快快抢劫三日，抢到的金银珠宝及其他财物均归个人所有。奥斯曼人在贪欲的蛊惑下战斗力倍增，守军就快抵挡不住了。后来发生了月食，大家眼睁睁地看着一轮明亮的满月渐渐变成了镰刀状的弯月，认为这是不祥的征兆。次日，奉命搜寻援军的小船返航了，捎回一个不幸的消息，没有看到援军的踪影。守军几乎绝望了。

不久，奥斯曼人又发动了新一轮的总攻。几个奥斯曼士兵发现竞技场门有一个缺口，那里没有士兵把手，高兴地把这个好消息传达给了同伴，人群从缺口处乱哄哄地涌入了布兰其恩宫，一把扯下了罗马人的黄色双头鹰旗，升起了代表奥斯曼帝国的绿色新月旗。守军见敌人的战旗高高飘扬在城市的上空，瞬间崩溃了，不知谁喊了一声："城市被攻下了。"罗马人溃不成军，志愿军纷纷作鸟兽散。君士坦丁十一世横刀立马，继续沉着应战，战斗到了最后一息，最终英勇殉国。

城破之后，奥斯曼大军到处烧杀掠抢，君士坦丁堡血流成河，金银财宝被成批成批地运走，色彩缤纷的壁画被烧成了灰烬，栩栩如生的雕塑被砸得粉碎，珍藏在国家图书馆里的50多万册图书被统统焚毁。随着君士坦丁堡的陷落，东罗马灭亡了，罗马人从此退出了历史舞台，历史翻开了新的一页。

德法意前身——法兰克王国

罗马帝国覆灭，日耳曼人在欧洲大陆建立起了一个个封建王国，其中对欧洲历史影响最为深远的是法兰克王国。法拉克王国是日耳曼部落中的法兰克人创建的，开国皇帝名叫克洛维，原来是一个氏族部落的首领。486年，克洛维率军攻入高卢，占领了巴黎，以巴黎为国都，创建了墨洛温王朝。

中世纪的欧洲充满浓郁的血腥味，法兰克王国的开国史与希腊和古罗马不同，它没有任何神秘和浪漫之处，流传下来的不是虚无缥缈的神话传说，而是血淋淋的真实历史。相传，克洛维带着部族打败高卢人（即凯尔特人，属于日耳曼部族的一支）之后，把大军驻扎在了苏瓦松镇。镇上有座古老的教堂，教堂里珍藏着一只精美绝伦的广口大花瓶，花瓶做工细腻，成色一流，俨然就是巧夺天工的艺术品。士兵对这个花瓶垂涎三尺，于是就不管不顾地闯进教堂，把花瓶抢走了。教堂派人到军中讨要，克洛维保证一定会把赃物追讨回来，物归原主。

按照惯例，打仗得了战利品，谁都不能据为己有，而是要以抽签的方式决定战利品的归属。克洛维依照老规矩安排大家抽签，与此同时，摆出权威者的姿态暗示士兵，无论谁抽到了花瓶都别想把东西拿走，这件宝贝必须归还给主人。士兵们从他的眼神里读出了威胁的意味，均不敢造次，低着头，表示服从。

偏偏那名抽到签的士兵不肯妥协，他知道首领无论如何都不可能让他把花瓶带走，于是采取了一种极端的反抗方式，当着所有人的面，举起斧头把那只美丽的花瓶砸碎了，随后振振有词地说："即便你是首领，也不能公然违反部落的规矩，你没有抽中的东西，你无权来处置。我抽到的东西就是我的，我想怎么处置是我自己的事情，与你无关。"

看着满地的碎片，克洛维的自尊心也被击得粉碎，自出任首领以来，他从未被人驳斥过，如今一个普普通通的小兵就敢质疑他的决策，让他颜面尽失，这是他所不能容忍的。过了很长时间，他仍耿耿于怀，决定伺机报复。有一天军队集合出征时，克洛维微笑着走到打碎花瓶的那名小兵面前，提醒道："你的鞋带松了，这副样子怎么上前线打仗?"小兵不假思索俯下身去，正要绑鞋带。克洛维忽然抡起战斧，一斧劈开了他的头颅，霎时间鲜血脑浆四溅，旁边的士兵吓得闭上了眼睛。

克洛维望着小兵倒下的躯体和一分为二的脑袋，得意地挖苦道："你说的没错，你抽到的东西是你的，你有处置权，我没有权力干涉，但是你别忘了，你是我麾下的士兵，归我管，我有权力处置你。"在场的人全都吓呆了，谁都不敢吭声，不约而同地用怯生生的眼光望着首领，那神情就像老鼠见了猫一样充满了恐惧。通过这件事情，克洛维成功强化了自己的权威，顺利创建了法兰克王朝。

法兰克本来是自由的意思，寓意着人人平等、人人享有自由，靠抽签的方式决定财富的归属，谁都不能凭借特权破坏规矩。那是氏族部落才有的理念。克洛维采用杀人立威的方式，毁掉了朴素的价值观念，把族人带到了不平等的阶级社会，自己摇身一变，成了至高无上的国王，从此所有人都必须对他马首是瞻、卑躬屈膝，任何人胆敢挑战他的权威，都必须付出血的代价。克洛维生性野蛮，当了国王以后，仍然保留着身上的野性。他虽然嗜血残暴，但却是一个有头脑的人。他本人深受罗马文明影响，因此比其他日耳曼王国的国王更富韬略也更狡猾。凭借着精神感召、怀柔安抚、武力威胁等多种手段，他成功吞并了多个日耳曼部落，将法兰克王国的疆域逐渐扩大。

罗马人的土地观念，一度影响了克洛维的施政方针，他决定把土地这一宝贵的生产资料作为拉拢人心的重要资源，于是把日耳曼平民的土地划出一大部分，无偿地分封给贵族和军事领袖，并规定依附于贵族的贫苦农民要长年为贵族领主劳动，并附有纳税的义务。也就是说王侯将相可以凭借特权霸占大面积的土地，然后饱食终日、坐享其成，由劳苦大众来供养，劳动者要世世代代忍受剥削和压迫，侍奉他们的贵族老爷。这对广大平民来说当然不是件好事，但对于站在权力金字塔上层的人却是一个天大的好消息，凭借着这项政策，克洛维赢得了贵族阶层的支持，进一步巩固了封建专制制度。

克洛维在位期间，一边忙着对外征战征服其他的部落和王国，一边忙着铲除异己，采用铁血手腕铲除了一个又一个强劲的对手，甚至连自己的亲人都不放过。晚年他从战场上抽身出来，长期定居于巴黎，曾经不无感慨地说：“我孑然一身，就像一个来自异乡的过客，孤独地生活在一群陌生人中间，我的亲属全死了，没有一个人幸存下来。当我遭遇不测、身陷险境时，没有人能帮我。”说完哀叹连连。511 年，这位孤独的老国王死在了巴黎，但他开创的王朝却延续了下去。

当时法兰克人的头脑中，并没有清晰的国家概念，连国王本人都不会把自己统治的王国看成一个拥有独立主权的国家。克洛维的想法很简单，王国就是自己的家业，它是一份资产，父亲死了，这份资产理应由自己的儿子继承。他的儿子们也是这么想的。克洛维一死，他的四个儿子就开始忙着分家产，把法兰克王国平均分成了四份。国家分裂以后，变成了一个松散的组织，实力衰退，国王的权力也跟着下降，王权被大大地削弱了，宫相的权力越来越大。墨洛温王朝实际上已经名存实亡了。查理·马特出任宫相时，大权独揽，代行国王之职，已经成为法兰克王国的实际统治者。

执政期间，查理·马特大力推行采邑制，宣布国家不会再把土地无偿地分配给任何人，只会有条件地把土地封赏给有功之臣或效忠王室的贵族，确立了国王和贵族的臣属关系，使得封建领主变成了国王的附庸，巩固和加强了王权。封建领主在自己的领地范围内拥有军权、行政权和财权，可以将土地分封给其他臣子，这样就形成了一种新的从属关系。环环相扣、层层推进的效忠关系，使得所有的特权阶层都成了最高统治者的忠实奴仆，如此一来，国王不必花费太多的精力，只要给予臣子封妻荫子的待遇，就能轻松自如地掌控国家了。

查理·马特有国王之实，却没有国王的头衔，终其一生，他都是以宫相的身份统治国家的。由于他长期掌权，家族势力煊赫一时，墨洛温王朝的王族势力越发孱弱，国王形同虚设，只好浑浑噩噩混日子，而查理·马特的儿子个个雄心万丈，一心谋划着篡位自立。

查理・马特去世后，他的儿子卡罗曼和矮子丕平为了争权王位，反目成仇，最终卡罗曼落败，矮子丕平坐上了皇帝的宝座，废黜了墨洛温王朝最后一任国王，开创了加洛林王朝。

加洛林王朝国祚延续了上千年，查理大帝统治时期，加洛林王朝在欧洲的影响力达到了巅峰。查理大帝是查理・马特的孙子。他继承了祖父的尚武精神，12 岁就开始随军出征，自幼以来，一直在刀光剑影、血肉横飞的战场上奋力拼杀，表现出超凡的勇气和胆略，同时又显得极度嗜血。据史书记载，查理大帝身高八尺，高大魁梧、雄姿勃发、一幅军人的派头，目光十分敏锐。即位之后，每年他都要主持召开民众大会，发布对外征战的军事命令。在他的指挥下，法兰克大军整个夏天都在外地作战，到了万物凋零的秋天才迟迟归来，冬天稍事休养，准备来年再战。春去秋来，周而复始，仗似乎永远也打不完，血雨腥风的厮杀永远都没有尽头，法兰克人民早就忘记了和平的意义，他们习惯了战争的状态。

772 年，查理大帝率军渡过了莱茵河，没完没了地讨伐萨克森人(日耳曼的一支)，开启了长达 32 年之久的战争。出征时他风华正茂，刚过而立之年，到了白发苍苍的年纪，战争仍然没有结束。萨克森人数次遭到血洗和野蛮的屠杀，淋淋的鲜血浸红了莱茵河畔的土地，腐烂的尸体变成了天然肥料，滋养了那片养育自己的沃土。无数的年轻人在战火中失去了宝贵的生命，无数个家庭支离破碎，萨克森人日日以泪洗面。法兰克人没有半点悲悯之心，自入侵这片土地以来，除了征服和杀戮，再无追求，他们把活人变成了尸体，又把对方辛勤创造的财富源源不断地运往法兰克国库，将绝望和号啕留在了莱茵河的对岸。

杀了足够多的人，收缴了足够多的战利品以后，查理大帝春风满面，打算班师回国了。萨克森人在他们离开前发动了起义。查理大帝立马派兵血腥镇压，一日之内屠杀了数千名萨克森贵族。法兰克大兵杀红了眼，使用了许多虐杀的方式，比如像砍瓜切菜一样砍下萨克森人的头，或是用尖刀剜掉萨克森人的眼睛，让对方经历短暂的几分钟失明之后再挥刀宰杀，或者用利剑剖开萨克森人的腹部，看着对方肚破肠流而死。侥幸活下来的萨克森人沦为了法兰克的农奴，被迫接受仇人的奴役。

通过连年的战争，法兰克王国吞并了从莱茵河到易北河的广大土地，查理大帝对这个结果感到非常满意。他认为加洛林王朝会永远强盛下去，他的子孙将继续他未竟的事业，征服更多的土地，统治更多的臣民，获得更多的荣耀。事实证明，他笑得太早了。他的三个孙子在他逝世若干年以后，签订了凡尔登条约，将庞大的法兰克王国瓜分成了三份，莱茵河以东的地区为东法兰克王国，后来演变成了神圣罗马帝国，最后变成了德国；罗讷河、索恩河、默兹河以西的广大地区为西法兰克王国，成为法国的雏形；夹在中间的部分为中法兰克王国，后来演变成了今天的意大利。因为德法意三个欧洲国家的疆域都是查理大帝在马背上打下来的，所以征战一生、积极开疆拓土的查理大帝被后世尊称为“欧洲之父”。

盎格鲁一撒克逊的岛国——不列颠

中世纪早期，欧洲大陆的氏族部落渐渐发展成了国家的雏形，法兰克王国强势崛起之际，盎格鲁一撒克逊人漂洋过海，迁居到了不列颠岛，在英格兰一带先后建立起了七个大大小小的部落，以前不列颠岛是罗马帝国的一个行省，罗马帝国倒下以后，这里就成了盎格鲁一撒克逊人的地盘，政局由统一转为分裂，海岛进入了诸侯割据的七国时代。七国之间经常发生兼并战争，各国都想问鼎天下、完成统一大业。

在那个群雄逐鹿的时代，狼烟四起，烽火连绵，杀伐不断，战争给不列颠岛上的居民带来了无穷无尽的苦难。唯有统一才能终结由混战带来的所有磨难。统一是大势所趋。七国之中，威塞克斯王国实力最强，经过几任国王的不懈努力，基本统一了岛上的六国，各割据王国逐渐并入了英格兰的版图。英格兰王国诞生了。

威塞克斯王国实行的是王位世袭制度，英格兰建国后一直沿用这种传位制度。阿尔弗烈德登基即位时，国家面临着北欧海盗维京人的入侵。事实上，盎格鲁一撒克逊人长期受到维京人的骚扰。在阿尔弗烈德之前，盎格鲁一撒克逊人从来就没有打败过来自北方的维京人。这群来自冰雪世界的异族人，高大威猛，残酷坚韧，身体里奔涌着狂暴的血液，唯有杀戮才能让他们获得真正的平静。

其实他们并非天生的杀手，在从军之前，他们是勤劳的农夫，是淳朴的渔夫，是彪悍的猎人，终年靠渔猎和务农为生，曾经有过渔樵野渚、男耕女织的烂漫生活，怎奈家乡的土地太过贫瘠，养活不了日益增长的人口，所以业余时间，他们只能靠劫掠来补充生活物资。农忙之后，维京人纷纷拿起了劈柴伐薪的斧头、大刀以及狩猎时用的矛和箭，浩浩荡荡地挂帆远去，只要找到陆地或商船，便开始杀人越货，他们毫不留情地杀死痛哭流涕的受害者，然后带着丰厚的财物喜滋滋地扬长而去。因为长期以杀人为副业，他们把打家劫舍、杀人灭口的暴行当成了一种独特的冒险经历，回到家乡之后，会眉飞色舞地把这段惊险的经历分享给围坐在火炉旁的家人，显得无比得意和荣耀。

在盎格鲁一撒克逊人眼里，维京人就是一群未开化的野蛮人，他们穿着兽皮作战，如同野兽一样疯狂，力气大得惊人，肌肉如钢铁般坚硬，打起仗来个个争先恐后、欢欣雀跃、奋不顾身，有时甚至赤身相搏，和粗野愚昧的原始人没什么两样。盎格鲁一撒克逊人虽然打不过维京人，却有一种与生俱来的优越感，把双方的较量当成文明与野蛮的对抗。殊不知以前罗马人也是这么看待他们的。不管怎样，阿尔弗烈德大帝率领族人打败了维京人，粉碎了维京人不可战胜的神话，为英格兰赢得了和平。

阿尔弗烈德祖孙三代守卫住了国土，可惜到了 1016 年，来自北欧的维京人再次大举南下，占领了英格兰大部分地区，创建起了一个庞大的帝国，开始用自己的方式统治不列颠岛。直到最后一任维京国王去世，帝国统治土崩瓦解，政权才又回到威塞克斯王朝的手中，“忏悔者”爱德华继承了王位，他去世后没有留下子嗣，按照兄终弟及的原则，他的弟弟哈罗德伯爵被推举为新的英格兰国王，爱德华的表弟诺曼底公爵威廉闻讯，以先王生前曾经承诺传位于自己为由，率兵入侵英格兰，残酷地镇压了各地的反抗，踩着无数人的尸体登上了王位。

在位期间，威廉共做了两件大事：一是把各级封建领主变成自己的附庸，要求领主必须向他行臣服礼，这项举措赋予了自己至高无上的权威，提升了君主的政治地位；二是派人到全国各地清查臣民的土地和财产状况，确保臣民缴纳了足够多的赋税，为王室提供了足够可观的收入。由于宫廷派出的调查人员态度恶劣、粗暴蛮横，总是一副凶神恶煞的模样，调查的内容繁多又细致，接受调查者吓得脸色惨白，就像要接受末日审判一样，所以调查报告被当时的人称之为“末日审判书”。这说明盎格鲁一撒克逊人对官方的恐惧已经超过了面对维京海盗威胁时的恐惧。

威廉执政时，一边奴化领主，一边搜刮臣民，基本上没对英格兰做出什么贡献，倒像一个外来的打劫者，所以被冠以“征服者”的头衔。他的继任者威廉二世、亨利一世踩着他的脚印，继续强化君权，进一步巩固了君主专制制度。亨利一世去世后，英格兰陷入了混乱，王室成员为了登上宝座，开始同室操戈，几经周折以后，亨利一世的外孙短斗篷亨利 · 布兰特率兵攻入英格兰，成为新的国王，史称“亨利二世”。亨利二世的父亲若弗鲁瓦喜欢在帽子上插金雀花做装饰，因此金雀花便成了若弗鲁瓦家族的象征，亨利二世开创的王朝被称为金雀花王朝。

亨利二世执政的35年生涯里，把大部分精力都投放到了开疆拓土上，他接连对威尔士、爱尔兰、苏格兰发动规模巨大的侵略战争，给不同地区的人民带来了深重的苦难。他的曾孙爱德华一世同样好战，继续出兵讨伐苏格兰。威廉 · 华莱士带领苏格兰人民英勇抵抗。威廉 · 华莱士出身于贵族家庭，从小接受过系统的军事训练，如果不出意外的话，他可能会成长为一名骑士。作为家中的次子，他什么也继承不了，只能得到一把剑、一套笨重的盔甲和一匹瘦马，除了与骑士为伍之外，几乎没有更好的出路。因为英格兰人的入侵，他在成为骑士之前，变成了一位英勇的战士。在战场上，他表现得非常勇敢，总是奋不顾身地冲在最前面，迎头痛击侵略者，令敌人闻风丧胆。

威廉 · 华莱士是一个勇冠三军的猛将，经常冲锋陷阵、身先士卒，但他并非一个莽夫，他有勇有谋，知道如何在敌强我弱的情况下以智取胜。1297年9月，瓦伦那伯爵奉命率领先锋部队前往斯特林桥头作战，大军渡河至少要花费 11 个小时。威廉·华莱士看到了有利的战机，吩咐苏格兰人悄悄埋伏在河岸，待敌军渡河行动进行到一半、进退两难时，猛地杀出。英格兰人猝不及防，被杀得片甲不留，淹死战死者不计其数，几乎全军覆没。

爱德华一世出师不利，大为恼怒，他听说威廉·华莱士的主力部队最近出没于福尔柯克一带，亲自率兵讨伐。行军途中，不慎坠马，被马蹄踩断了两根肋骨，更加暴跳如雷，发誓一定要取威廉·华莱士的项上人头。次日清晨，双方都摆好了阵势，准备决一死战。英格兰的军队装备先进、盔甲鲜明，重型骑兵全副武装、严阵以待，步兵阵列中一排排弓弩手蓄势待发，随时准备用漫天的箭雨来招呼对面的敌人。相较之下，苏格兰的军队就显得落后寒酸多了，大部分士卒都没有配备盔甲，只有最前列的长枪兵穿了一身软质的铠甲，很容易被穿透，根本抵挡不了长矛利剑。战争的胜负其实是没有悬念的，装备简陋的苏格兰人不是英格兰人的对手，被打得一败涂地。威廉·华莱士奋力杀出重围，落荒而逃。

威廉·华莱士逃走之后，继续领导苏格兰人进行游击战争，后来因为叛徒的出卖，被英格兰人俘虏。法官以叛国罪的罪名判处他死刑。审判当天，苏格兰人在威廉·华莱士的头顶扣上了一顶橡皮做的王冠，以示羞辱，因为粗陋的假王冠寓意着他是乱臣贼子。对此威廉·华莱士十分不屑地说：“我从来没背叛过国家，因为爱德华一世不是我的国王，我也不是他的臣民。”行刑的日子很快到了，那天威廉·华莱士被押出了伦敦塔，手上脚上戴着沉重的镣铐，每走一步都叮当作响。为了进一步侮辱他，英格兰人剥掉了他身上的衣服，让他一丝不挂地跟在一匹马后面，到大街上游行。威廉·华莱士默默穿过了喧闹的人群，把嘲笑、谩骂和尖叫甩在了脑后。

作为贵族，他很想死得有尊严一些。但残忍的英格兰人是不可能满足他的愿望的，英格兰人希望他受尽折磨和屈辱之后再可耻地死去。不久，他就在众目睽睽之下被绞死了，死后头颅被砍下来，悬挂在伦敦桥上示众，身体被分割成四块，尸块被运送到不同的地方展示。这位受尽屈辱、死无全尸的英雄反侵略反暴政的光辉事迹，代代流传下来。遗憾的是最终苏格兰还是并入了英格兰的版图，1298 年，爱德华一世御驾亲征，血腥镇压了苏格兰的反抗，进一步控制了苏格兰的土地，使之成为英格兰王国的一部分。

以前盎格鲁－撒克逊人饱受维京人侵扰，为了抵御外族侵略，付出了巨大的代价，可是当他们强大起来以后，却又效法维京人侵略欺压比自己弱小的苏格兰人，行为之野蛮、手段之残忍，远远超出了人们的想象。也许这就是中世纪的特征，那个时代的人一味崇尚迷恋武力，任由自己的野心和欲望无限度地膨胀，把残暴征服当成一种至高的荣耀，在这种情形下，变态的杀戮就变成了一种常态。多数雄才大略的国王，手上都沾满了无辜人的血，可悲的是，世人还在为他们歌功颂德，为他们开疆拓土的军事行动以及所谓的丰功伟绩赞叹连连，而芸芸大众在历史的长河中所留下的血和泪始终是那么微不足道，细细想来，难免令人唏嘘。

英法百年恩怨纠葛

自诺曼底公爵威廉凭借强大的武力入住英格兰，夺得了英王的皇冠以后，英法两国的关系就变得微妙复杂起来。威廉的后代继承了法国的大片土地，法国人的领地流落到了英国人手中。后来英法王室时常联姻，皇族的血脉互相渗透，两国在亲上加亲的同时，利益关系变得越发盘根错节。由于英国国王爱德华三世是法国国王查理四世的外孙，他认为自己有资格继承法国的王位，但法国人民并没有选择他，毅然推选查理四世的侄子腓力六世为皇位接班人。爱德华三世恼羞成怒，愤然向法国宣战，开启了长达百年的战争。

英法开战不只是因为王位继承的问题，背后有错综复杂的利益纠葛，爱德华三世很想把法国的纺织业中心地区佛兰德尔据为己有，假如他能当上法国国王，就可以轻而易举地实现这个目标，取得佛兰德尔就如同探囊取物一般容易。法国人不愿看着本国的资源流入外国，因此非常排斥爱德华三世，即便如此，他们还要把英国的势力驱逐出法国。

长期以来，英国国王统御着法国大片的领土，法国土壤肥沃的地区被英国占据，这对法国的经济和政治都产生了不可估量的负面影响。两国的矛盾已然变得不可调和，在这种情形下，英国国王不但没有做出任何让步，反而咄咄逼人地逼迫法国人将自己的国家交给他来管理，并率先下了战书，法国人忍无可忍，两国开始兵戎相见。双方断断续续打了几十年的仗，法国节节败退，1415 年在阿金库尔战役中惨败，元气大伤，过了七年，巴黎沦陷，法国濒临亡国的厄运。法国国王查理六世神志不清，饱受精神疾患的折磨，在王后伊莎贝拉的哄骗下，糊里糊涂地签署了《特鲁瓦条约》，条约内容为：废黜王储查理的继承人身份，将公主凯瑟琳嫁给英国国王亨利五世，法国沦为英法联合王国的一部分，亨利五世出任英法联合王国的国王。

如果条约生效，英法两国将合并为一国，法国便不复存在，这对法国人来说无疑是灭顶之灾。孰料关键时刻，命运的天平发生了惊天逆转，英王亨利五世忽然得了痢疾，没来得及吞并法国，就撒手人寰了。他的独子亨利六世未满周岁，还是一个嗷嗷待哺的婴孩，便加冕登基了，成了英国有史以来年龄最小的君主。就这一把而言，新主年幼，必然引发政局的动荡。这次也不例外，英国各派势力为了争夺王位斗得不可开交，无暇顾忌法国，被废黜的法国王储查理趁机自立为王，史称“查理七世”。

英国人听到消息，强迫法国人遵从《特鲁瓦条约》，让亨利五世的子嗣亨利六世继承王位。亨利六世是查理五世的外孙，王储查理是查理六世的亲儿子，以血统的亲疏而论，王储查理才是第一顺序继承人。法国人于是以查理六世签署协议时精神恍惚、神志错乱为由，拒绝接受《特鲁瓦条约》，战火再度燃起。富庶繁荣的法国在战争的摧残下变得满目疮痍，经济遭到极大的破坏，国家再也无力支付巨大的军费开支了，更糟糕的是，在对英作战过程中屡战屡败，法国不断地丢城失地，塞纳河流域乃至整个北部沿海地区的广大土地都被敌国占领了，英国和法国境内亲英的勃艮第公国坐地分赃，瓜分了法国北境的土地，法国山河破碎，只剩下了半壁江山，勉强能继续苟延残喘。

战火很快烧到了贞德的家乡。贞德的故乡恰好处在法国和勃艮第的边境。由于勃艮第倒向英国，英法战争期间，法国和勃艮第之间互相仇视，边民经常越界互相砍杀。贞德就是在这种战火纷飞、兵荒马乱的混乱环境中长大的。她只是一个平凡的乡下女孩，天真无知，勤劳淳朴，日出而作日落而息，天天面对着黄土和羊群，与其他的农家少女毫无二致。由于家境贫寒，她没有条件读书，长到17岁，连最简单的字母都不认识，更不要说复杂的拼写了。平时没有人特别留意她，然而这个目不识丁的女孩身上潜藏着巨大的能量。

眼看着国土沦丧，国家被逼到了生死存亡的绝境，她产生了一种强烈而又神圣的使命感，毅然以柔弱之躯肩负起了救亡图存的艰巨任务，成了力挽狂澜的关键人物。

1429年，英国围困了法国的交通命脉奥尔良城，法国南方告急。贞德听到了这个不幸的消息，决定奔赴前线保卫国家。她一再恳求叔叔带她去见法军长官。叔叔拗不过她，只好把她领到了军官面前。军官打量了一下这个瘦弱质朴的农家姑娘，不相信她能经受住战争的严酷考验，撇撇嘴说："小姑娘，你连头盔都不会戴呢，凭什么上战场呢?"贞德不假思索地回答道："信心和勇气。"军官觉得好笑："打仗仅靠这些是不够的，你一个人怎么可能战胜强大的英国军队呢?"贞德说："我并非在孤军奋战，我身后有祖国和万万千千的法国人民，还有我们伟大的国王。我要带领大家解救奥尔良，让我们的国王正式加冕。"

听了这番话，军官不由得吃了一惊，他没有想到眼前这个平平无奇的小姑娘居然能说出如此有气魄的话来，料想对方必不是等闲之辈，遂不敢怠慢，连忙派士兵护送贞德面见国王。在查理七世面前，贞德侃侃而谈，丝毫也不怯场，声称自己有信心带领法国人民取得胜利。查理七世被她的一腔热忱和坚不可摧的信念感动了，于是拨给她一支军队，派她率兵解救奥尔良。贞德身穿甲胄，骑着高头大马，显得英姿飒爽，瞬间化身为英勇无畏的女战士。她抵达战场时，英军并未把她放在眼里，可是没过多久就对她刮目相看了。

贞德高举着法军的旗帜，引导军队朝敌人的薄弱处进攻，她总是冲锋在前，丝毫不顾及个人安危。她的旗帜出现在哪里，法军就扑向哪里。这种避实就虚的打法让英军吃尽了苦头，英国大兵抵挡不了法军猛烈的进攻，顿时军心大乱，开始四散奔逃。夜幕降临时，贞德带着人马来到了奥尔良城。守城的法军不肯开城门，不相信贞德的指挥能力。贞德什么也没有说，绕着城墙巡视了一番，指挥法军向英军最坚固的壁垒发动进攻。她第一个冲过深壕，顺着梯子奋不顾身地往上爬，不慎摔了下来。她来不及拍去身上的尘土，又不管不顾地冲了上去。守城的官兵分外感动，马上打开城门，配合贞德痛击敌军。全城的老百姓点着火炬迎接她。

贞德带领法国士兵接连攻下了圣罗普、奥古斯丁、托里斯三处军事要塞，打得敌人望风而逃。英军的官兵做梦也不会想到，他们会败在一个名不见经传的小姑娘手里。贞德创造了奇迹，法国军民重新燃起了信心，高喊她的名字，杀退了围城的敌军，为奥尔良解了围，全城一片欢腾。紧接着，贞德率领大军与英军展开了一系列战斗，收复了北境的许多失地。法国人对她的崇拜达到了极点，有的人把她看成了从天而降的天使，有的人把她视为法国最后的希望，有的人则尊称她为“圣女”。贞德的威望超过了国王和所有的贵族，引起了统治者的恐慌，他们不想让这个出身卑贱的农家女影响力继续扩大，心中便起了歹念。

1430年，贞德在战斗中负伤，被迫退到了康边城附近。居心叵测的封建领主故意不开城门，任由她自生自灭。后来贞德被勃艮第人俘虏，这些亲英派迫不及待地把她卖给了英国，既发了一笔小财，又进一步巩固了双方的同盟关系，可谓是一举两得。贞德身陷囹圄、命悬一线。依靠贞德的努力才得以加冕的查理七世，在关键时刻却选择了置身事外，丝毫没有营救她的意愿。贞德在暗无天日的监狱里度过了很多难熬的夜晚，她被要求脱下戎装换上女装，可是刚刚穿上女装，一名猥琐的英国军官就开始对她动手动脚，粗暴地脱掉了她的衣服，企图玷污她。她拼命反抗，总算保住了清白。看守趁机拿走了她的女装。贞德没有其他蔽体的衣物，只好重新穿上了男人的戎装。

这个再正常不过的举动，被道貌岸然的英国人斥责为异端，因为在当时的历史时期，女人是不可以穿男人衣服的，违反者通常会被视为离经叛道。贞德穿男装打仗，是因为女装太过繁复，行动不便，这是形势所迫，在监狱里换回男装，是因为她没有其他的衣服可穿。以卫道士自居的法官却不管这些，竟然添油加醋地把她描述成邪恶的女巫和可怕的异端分子，然后以正义的名义判处她火刑。

在中世纪，火刑是一种非常常见的死刑方式，人们对此早已司空见惯。然而贞德遭受的火刑却与其他犯人不同，她死得更惨烈更痛苦。为了延长受刑的时间，防止她在短时间内被烟呛死，英国人始终在小心翼翼地控制火势，不让柴薪燃烧得太快。柴堆刚被点燃不久，到处乱窜的火舌便烧烂了贞德单薄的囚服，贞德的短发也嗤嗤地烧了起来。

渐渐地，她的衣物全被烧尽了，皮肤上留下了一大片烧伤的痕迹，可是痛苦仍然没有结束。周围的木柴还在噼啪作响，可恶的刽子手冷笑着观察着人群的反应。他要让民众知道贞德并没有什么了不起，这个被视为奇迹的农家女孩不过是肉体凡胎，一样怕火，一样会被烧死。贞德唯一的与众不同之处在于，她死得更缓慢也更耻辱。贞德站在被刻意加高的火刑架面前，成了一种特别的展品。她不停地惨叫着、哭喊着，场面非常惊心，不知过了多久，她才真正得到解脱。待她发出最后一声气绝身亡时，在场的观众都不约而同地流下了泪水。刽子手却不相信她真的死了，又把柴薪向外拨了拨，希望她尽可能缓慢而艰难地死去。过了好一会儿，他才把那具烧得焦黑的尸体展示给大家看，为了避免人们搜集死者的骨灰，他又把尸体彻彻底底地焚烧了一遍，随后把剩余的灰烬抛向了波涛滚滚的塞纳河。

毫无疑问，贞德是一位巾帼英雄，可悲的是他被敌人迫害，又被自己的国人背叛和出卖，没有死在战场上，而是死在了各种阴谋诡计之中，沦为了各种政治势力博弈的牺牲品。可是不管怎样，她拯救了法国，如果不是她，法国早就被英国人从地图上抹去了，那将会让世上少了一个时尚浪漫的国度，从而将少了无数的可能，所以从某种意义上说，她的付出和牺牲是值得的。

徒有虚名的贵族骑士

绝大多数人都不喜欢中世纪，却唯独对骑士情有独钟。人们对骑士的冒险经历、骑士的传奇故事以及带有侠义色彩的骑士精神，夹杂着各种天真烂漫的幻想。在大家眼中，骑士是正义和勇气的化身，忠诚、威严、凛然不可侵犯，他们尊敬妇女、保护弱小，侠肝义胆，勇武不凡而又彬彬有礼，是穿着一身漂亮铠甲的绅士。那么事实果真如此吗？

实际上中世纪的骑士与我们想象中的英雄形象大相径庭。首先骑士都是重骑兵，每个人都要配备又厚又重的铠甲，用铁皮把自己包裹得严严实实，从牙齿一直武装到脚趾，乍一看去，就像密封在铁罐里一样，样子十分滑稽。盔甲密不透风，里面闷热得很，即使是汗腺最不发达的人，到了夏天也会出一身臭汗。要知道中世纪的人不爱洗澡，而且从不刷牙，普通人在炎炎夏日，即使穿得很轻薄，身上也有浓重的体味。骑士的状况更糟，由于铁甲加身，又长年在战场上打打杀杀，每天都大汗淋漓，体味自然要比其他人重好多倍。

在中世纪与骑士花前月下、漫步街头并不是一件浪漫的事，因为他们除了有难闻的汗味外，还有一口不堪入目的大黄牙。不过中世纪的审美和现在是不同的，熏人的汗味并不会引起异性的极度反感，反而能起到增强吸引力的作用。在古罗马时期，有人会专门收集角斗士流下的汗液，女人们看到它或是闻到它，就会浮想联翩，情不自禁地联想到一个肌肉健硕、雄性荷尔蒙旺盛的彪悍男子的形象，紧接着便神魂颠倒，不能自持。在中世纪，女人们可能具有同样的审美，不过绝不可能像罗马女人迷恋角斗士那样迷恋骑士。原因很简单，角斗士敢于以性命相搏，身手矫健，身材魁梧，肌肉结实，体态健美，而且英勇无畏，极富男子气概，而骑士只是一群藏在铁皮里的家伙，人们看不清他们的庐山真面目，即便目睹了他们创造的刀枪不入的神话，也只会赞叹他们装备精良，而不会夸赞其本人。

由于把自己保护得太严密，骑士通常不会遇到太大的危险，箭矢基本上穿不透他们的铠甲，即使出现意外，盔甲被击穿了，他们至多受点皮肉擦伤之类的轻伤，调养数日即可痊愈，身体并无大碍。骑士不但有无坚不摧的铠甲，还有坚硬的盾牌，如果集体作战，只要保持密集的队形，就能组成一道牢不可破的铜墙铁壁，敌人使用的廉价长矛是不可能冲散他们的。按照常理推断，这样一群全副武装的战士应该是攻无不克战无不胜的，可事实并非如此。就骑士团而言，劣势和优势一样明显，他们排兵布阵的方式过于刻板僵化，远不如轻骑兵机动灵活，因此与骁勇善战的轻骑兵短兵相接常有败绩。

战马矮小、轻装上阵的蒙古铁骑与浑身包着铁甲、骑着高头大马的骑士团狭路相逢，经常把后者打得溃不成军。可笑的是落败的骑士团无论多么狼狈，都不可能丢盔弃甲，因为他们脱下盔甲需要浪费太多的时间，穿盔甲也很费时费力，大部分时间都是人甲合一，脆弱的血肉之躯与硬邦邦的铁甲似乎融为了一体，即便如此，他们仍然未被打造成真正的钢铁战士。真正的钢铁战士需要铁的纪律、铁的意志和铁的灵魂，并不是每个骑士都具备这样的特征。防护功能一流的盔甲给了他们足够的安全感和无与伦比的优势，纵使外面箭矢如雨、长矛林立，他们依然可以稳妥地躲在铁罐般的装备里岿然不动，由于缺少惊心动魄的感觉和凶险的经历，他们对战争残酷性的认识往往不够，所以有时候会被装备不如自己的对手打败。

骑士只要不落马，就一直是安全的。在中世纪，没有什么武器能刺破他们身上那套无敌的盔甲，伤到他们的要害部位。和步兵交战，他们可以居高临下、倚强凌弱，毫不费力地把坚挺的长矛刺进对方的身体。不过他们也有失算的时候，聪明的步兵可以先攻击他们的马，只要他们翻身坠马，情况就大不相同了。骑士一旦从马上跌下来，那套沉重的盔甲立刻就变成累赘和负担，步兵可以操匕首或短剑刺向盔甲的缝隙。骑士的盔甲并不是无懈可击的，真要打造出无懈可击的盔甲，把每一寸皮肤都用钢铁包裹住，人就丧失活动能力了，所以盔甲的连接处必有空隙，而这些空隙就成了这套装备的薄弱环节，原理与阿喀琉斯之踵雷同，步兵只要找到它们，就能轻而易举地战胜这些铁皮骑士。

骑士落马战败，通常不用为自己的处境担忧。因为在中世纪，国王和贵族老爷们发动战争，目的无非有两个：一是扩张领土，二是掠夺更多的财富。各个王国基本上都推行以战养战的政策，把战场上抢来的财富再投入新一轮的战斗中，如此循环下去，打一百年仗也不用担心国库会被榨干，当然前提是胜多败少。军队攻破城池以后，除了缴获金银财宝外，还能从战俘身上获得额外的一笔财富。俘虏一名骑士，通常能换来大笔的赎金。大多数骑士都是贵族子弟或是高职军人的后代，也有一部分是高级军事将领的扈从。训练和培养一个合格的骑士并不容易，投入很高，所以他们效忠的对象，都会花钱把他们赎回来。

负责训练骑士的是资格较老的上级骑士，上级骑士有权势有城堡，他们会把立志成为骑士的孩子带到自己的城堡中训练，尽可能地与小家伙建立起袍泽之情，把骑士制度一代代推广下去。每年春天，小城堡和塔楼都会迎来一群六七岁的孩子，上级骑士总是忙得不可开交，有时一人需要同时教授好几个孩子，只有少数出类拔萃的孩子长大之后才能成为骑士，有的孩子由于老师的漠视和疏忽半途而废，成人后只好弃武从文。成为骑士其实并不是特别幸运的事，正所谓养兵千日用兵一时，每有战事，他们都得冲锋在前，为国王和领主卖命，从来不考虑战争的正义性。他们为战而战，有时难免为虎作伥、助纣为虐。

骑士是被精心培育的杀戮机器，他们不是哲学家也不是智者，通常不具备独立思考的能力，容易被蛊惑和操纵。他们有极强的荣誉感，是因为主子不断向他们灌输效忠的概念。所谓的谦卑、顺从、牺牲、奉献等美德都是建立在忠君的基础上的。诡计多端的国王和狡猾的封建主，知道该怎么控制骑士，使之成为自己最忠实的奴仆。国王通常不会让骑士拥有太多的资产和闲钱，这样才能刺激骑士建立军功。骑士们冲上战场，都想满载而归，所以攻克敌城以后，往往会大肆劫掠。在中世纪，每一个垂危的城市都会成为封建领主眼里的香饽饽，各方领主一声令下，骑士如同潮水般从四面八方涌来，用不了多久，这座城市就被踏平了。劫难过后，城里所有值钱的东西都会不翼而飞，部分进了封建领主的腰包，部分归了亲自参与抢劫行动的骑士。

骑士的收入包括洗劫城市、打家劫舍和军功所得，这一切都有赖于战争，因此从某种意义上说，他们的钱是用生命和鲜血换来的，不过不是用自己的，而是用别人的，杀戮越重，杀人越多，军功越大，缴获的战利品越多，得到的封赏也越多。骑士被吹捧得神乎其神，主要是因为他们代表了封建君主和地主阶级的利益，封建君主和地主阶级掌控了绝对的话语权，自然会不遗余力地包装和美化他们的仆人。

在中世纪的欧洲，骑士是一群非常特殊的群体，他们介于王者和平民之间，有贵族封号，身份比庶民显贵，有军人头衔，比一般军人更受尊重。他们口口声声说为荣誉而战，可荣誉的概念是什么，恐怕连他们自己也不十分清楚。所谓的荣誉既包含着为君主誓死效忠的愚忠思想，又包含着尚武精神，同时夹杂着为自己谋福利的私心，因为在当时，屡立奇功的骑士，往往能得到更多的土地、财富和更高的社会地位。有谁会为高尚的理想或纯粹的正义而战呢？中世纪的人都是很现实的，骑士也不例外。客观而言，人是环境的产物，其行为和思想很难超越时代的限制，骑士是中世纪所有的一部分，自然会被打上那个时代的烙印，这没有什么好奇怪的。

席卷欧洲的猎巫风潮

在科技不发达、信息不畅通的古代，由于认知上的局限，人们对周围的神秘现象解释不了，为了自圆其说，编造了各种荒诞不经的故事，女巫便应运而生。顾名思义女巫就是女性巫师的意思。早在原始社会，巫师就存在了，他们是一群拥有特别技能的人，有的知道怎么使用草药医病，有的通过观望云气能提前预知天气的晴雨，有的装神弄鬼，执迷于占卜。其实这些人与普通人无异，只不过是比别人多掌握了一些自然知识罢了，当时的人并不知道，都认为他们掌握了神奇的魔法，具有某种通天的法力。

在相当漫长的时间段里，人们对巫师又敬又怕。到了中世纪时期，人们对巫师的态度，尤其是对女巫的态度发生了根本性的变化，几乎所有人都认为女巫是邪恶的化身。在大家口口相传的故事中，女巫散播疾病，制造冰雹和灾难，用白嫩的婴孩炼成“魔鬼油”护养皮肤，并蛊惑妇女淫荡。总之，天灾人祸、饥饿、疾病、死亡、淫乱等所有负面的东西都是女巫造成的。女巫罪大恶极，必须被铲除。掌控话语权的卫道士们斩钉截铁地说，行邪术的女人不可以存留在这个世界上，怂恿人们迫害女巫，无数的良家妇女莫名其妙地被扣上了女巫的帽子，有的惨遭斩首，有的被处以火刑。不久一本名为《女巫之锤》的书籍出版了，这本书一经问世就成了最流行的畅销书，一版再版，历经二百年畅销不衰，引发了一场又一场的猎巫狂潮。

《女巫之锤》详细描述了甄辨女巫的方法以及该怎样审讯女巫。

按照书中的理论，女巫中了魔法，和魔鬼结盟，沦落成了妖魔鬼怪的化身，因此人们不必怜悯她们，可以无所顾忌地对她们施加各种酷刑。假如某个妇女被控告为女巫，最直接的测试方法就是先用烧红的铁块烙她的手，或者让她赤脚从烧红的犁头上慢慢走过去，三天以后查看手脚，有伤说明有罪，毫发无伤说明无罪；也可以逼迫她徒手从滚烫的沸水里捞取一枚戒指，然后在她手上缠上绷带，打上封印，时隔三日后，皮肤完好无损，说明无罪，留下烫伤印记，说明有罪。

在当时比较常用的鉴定方法是水淹鉴定法，具体做法为用绳子捆住被告的手脚，把人直接扔进湖里或池塘里，如果被告直接沉入水底，说明她不是女巫，如果漂浮在水面上，那她就一定是女巫。原因在于，女巫身轻如云，这样才能骑着扫把满天飞。漂在水上的妇女，体重轻于常人，那就必定是女巫了。

除了上述几种方法外，还可以通过对方的表情和反应来鉴别某个妇女是不是女巫，无论她是承认还是否认，是皱眉、叹息还是做出其他表情，都能证明她就是女巫。书中把人类所有的正常反应统统囊括其中，如此一来，无论被告怎么做都是死路一条。许多妇女受到诬告后，为了保护自己，故意面无表情、沉默不语，可惜仍然不能逃脱惩罚，体重较轻的人全被当成女巫烧死了。

一名女子一旦被指控为女巫，就要受到一系列的致命摧残。她们即使没有做任何违法的事，也会遭到逮捕。有的被强行拖到法庭。法庭设有吊人捆人用的柱子、阴森森的拷问台和可怕的铁枷。受审讯的女子不允许穿任何衣物，必须坦然地站在拷问者面前，让对方一目了然，以便对方仔细查验身上有没有黑痣或斑点，在当时的人看来，皮肤上的黑痣和斑点是魔鬼附身留下的标记。查看完了全身每一寸皮肤，拷问者会把女子用铁丝牢牢捆在拷问台上，用针尖往她身上刺，继续寻找恶魔留下的印记。假如她始终没有痛苦的反应，那么她就不是女巫，如果她感到疼痛，那么就可以判定她有罪。

审判者审讯女巫时，所作所为与巫师做法如出一辙，他们口中念念有词，时而祈祷时而念咒语，一直喃喃自语、喋喋不休，显得十分神经质，一会儿往女巫口中猛灌“圣水”，一会儿往女巫光溜溜的身体上粘带子，认为这样做，魔鬼将束手无策，再也不能帮助女巫打开镣铐了。

在猎巫风潮愈演愈烈的时期，如果妒忌、讨厌某个女子，最有效的报复方法就是诬告对方是女巫。有的女孩因为长得太过漂亮遭人嫉妒，或者因为婉言拒绝了自己不喜欢的求爱者，一封不怀好意的告密信，很快就会把她们送到地狱。告密之风越来越盛行，因别人告密而惨遭厄运的妇女不计其数，一时间人心惶惶，女子几乎人人自危。法庭鼓励告密，鼓励严刑拷打女巫，只要被指控的女子罪名落实，其私人财产将全部划归到拷问者的名下。

在物质利益的巨大诱惑下，拷问者绝不会手软，绝不可能放过任何一次侮辱、残害、蹂躏无辜女子的机会。审判官和拷问者可以对那些年轻娇美、手无缚鸡之力的可怜女子为所欲为，一边宣泄暴力，一边发泄兽性。在审判记录中，留下了不少淫词秽语，有的记录居然说受审讯的女巫长得很美，酮体丰满圆润、妙不可言。

在那个时期，人们对女巫是没有同情心的。每每处死女巫，大家都会幸灾乐祸地跑来观看，每次行刑，都能制造出万人空巷的效果。男人通常会挤到队伍的前面，好色之徒则会霸占视线最佳的位置。有一次，有五位女巫被执行水刑，酿酒商的儿子骑着高头大马前往刑场观看。五名可怜的受刑女子身无寸缕、春光乍泄，酿酒商的儿子在大饱眼福之后不由得心神荡漾、意乱情迷，由于过于痴迷眼前的秀色，精神恍惚迷离，开了小差，不慎从马上摔了下来，当场把脖子摔断了。这个龌龊下作的色鬼为了掩盖自己的失态，躺在地上破口大骂，恶狠狠地咒骂那五名女子，说她们给马施了魔法。

有个叫克拉拉的妇女，已经是一个年过花甲的老妪了，居然也被推上了审判席，罪名非常可笑，有人控告她和三个魔鬼姘居。起初，克拉拉很倔强，拒不认罪，拷问者用铁钳狠狠地夹她的脚趾，她痛得死去活来，仍然不肯招供。审判者说："是魔鬼给了她反抗的力量，帮助她挺过了刑罚的折磨。"于是下令对她加重处罚，逼迫她承认和许多魔鬼淫乱，并强迫她为城市里发生的大小火灾负责。克拉拉铁骨铮铮，结果被活活打死了。审判官随后拿起笔写下了最后的判词："魔鬼控制了她的嘴巴，不想让她说太多了，所以勒紧了她的脖子。"

女巫和巫术都是人们自己意创出来的东西，人们想要烧死或淹死某个人的时候，就会编造谎话，虚构有关女巫的故事。在 300 多年的时间里，无数的妙龄女孩被愚昧、迷信和无耻谰言杀死，人们只是以看客的心态看待身边发生的事情，没有人替她们出头，没有人为她们伸张正义，一群暴民被煽动着、蛊惑着，乐吟吟地欣赏女人的受难，仿佛从中找到了莫大的乐趣。

在女人饱受迫害的同时，猫也跟着遭了殃。这些安全无害的温柔小动物，被斥为女巫的帮凶。人们疯了一样到处扑杀猫。有的城市，猫几乎被杀到绝迹。猫濒临灭绝，老鼠泛滥成灾，鼠疫开始流行起来，数以千万计的人口因此丧生。当时人们没有什么知识，根本不知道鼠疫和猫的灭绝有什么关系，杀起猫来仍然是眼也不眨。有的人把小猫装在口袋里，用尖利的刀子猛戳，直到把猫杀死才肯罢休。有的人把虐猫变成了一种特别的享受，爱上了猫垂死时发出的哀鸣声，还有的人把猫投到烈火中，伴随着猫的惨叫大声祈祷，更有人把猫从钟楼上抛下，看着它自由落体，摔成一朵血色莲花。

猫是脆弱敏感的生灵，女人也是，可是在中世纪，人们都喜欢向弱者下手，美丽脆弱的女人、温柔可爱的小猫全都成了牺牲品，这实在是匪夷所思。世人常以为之所以会发生这样的悲剧，是因为中世纪的人愚昧无知。其实愚昧只是一部分原因。看到玲珑剔透、流光溢彩的玻璃杯，有人想好好呵护，有人却想把它打碎，这是人性使然。人本身就是天使与魔鬼的结合体，既有向善的一面，也有邪恶的一面，法治和道德可以约束人的行为，引导人们弃恶扬善，在法治和道德健全的环境里，人能明辨是非，与人为善；反之，在法治和道德都缺失的社会，恶无限膨胀，善没有了立锥之地，恶行暴行大行其道，人自然会肆意发泄邪欲。这足以说明，真正可怕的不是传说中的撒旦，而是人类本身。

污秽不堪的城市和催命医疗

提起古老的欧洲，我们首先想到的是童话般的城堡、美丽的公主、英俊的王子以及花园般美丽的城市，那么中世纪的欧洲是这个样子吗？不是。罗马帝国崩溃后的欧洲，再也看不到繁华绮丽的景象，城堡阴暗狭小，街区混乱不堪，街道脏得无法下脚，居民每次出门都得带伞，即使是大晴天也不例外，因为楼上的住户特别喜欢往窗外倾倒排泄物，一不小心中招，被淋成落汤鸡，满身污秽，臭气熏天，实在是晦气，一整天的好心情都被毁了。好心的住户会提醒下面的行人，待行人躲开后再痛快淋漓地倾倒排泄物，这样就不会发生纠纷了，因为在当时没有人会介意街道是否整洁，只要不把赃物倒在人身上，随便倒在哪里都可以。

中世纪的街道脏到不堪入目的地步，道路坑坑洼洼，到处都是污水、垃圾以及人畜的粪便。由于统治者安于个人享乐，没有心思实惠于民，街上看不到公共厕所，行人只好随地方便。逢上雨天，水坑里积满雨水、污水和粪水，臭不可闻，人们经过时，都得捏着鼻子匆匆离去。那时人们很喜欢养动物，动物可以像人一样在大街上随便行走，猪马牛羊经常外出散步，等到蹄子沾满污秽物再兴尽而归。人和动物的关系非常和谐，偶尔也会发生不愉快的事情，有时还会发生惨剧。

法国王储有一次骑着马上街，遇到了一只到处乱窜的肥猪。这只猪肆无忌惮地在大街上横冲直撞，围着王储的坐骑跑来跑去。马受惊了，把法国王储从背上甩了下来，尊贵的王位继承人就这样殒命了。胖子路易（即路易六世）登基后，为了避免同样的噩运发生在自己身上，规定从此以后猪不可以在大街上随便乱走。人们只好把猪圈养了起来。家畜因此进入了圈养时代。14 世纪，法国又通过了一条法律，王公贵族看到猪在大街上乱窜，必须把它杀死，违令者要承担法律责任。动物不能自由上街以后，城市街道的卫生环境略有改善，但空气中仍然充斥着各种刺鼻的怪味。

中世纪的城市宛如一个巨大的垃圾场，到处都是腐败恶臭的气息，满眼都是肮脏的污秽物。人们早已习以为常。由于卫生条件太差，人们很容易感染各种疾病。那时的人并不知道细菌为何物，竟然误以为身体生病是因为洗澡所致。他们坚信罗马大面积地暴发传染病，是因为大家都喜欢到公共澡堂洗澡。人们在沐浴的过程中感染和传播了疾病。中世纪的人普遍认为洗澡是堕落的根源，热水可使全身毛孔扩张，让各种病毒更快更容易地侵入身体。所以上至王公贵族，下至平民百姓都不爱洗澡。优雅的绅士和高贵的淑女以终年不洗澡为荣，身上有了臭味，就大量施用香粉，香粉的奇异香味和浓郁的体味融合到一起，形成了一种古怪复杂的味道，那种味道比大街上的霉味、臭味还要难闻。

在长达一千年的时间里，欧洲人都不爱洗澡，因此便有了“千年不洗的欧洲”之说。正常人要时隔好几年才会洗一次澡。人只有在一种情况下，才会被迫接受沐浴，即在生病的时候。有的人做了有愧的事，惶惶不可终日，就会接受冷水浴惩罚自己。身体健康、精神也健康的人不允许随便沐浴。曾经有一个妇人，逢人便炫耀自己已经整整 18 年没有洗过脸了，这在当时是一件非常了不起的事，这说明她的灵魂纯洁无瑕，不需要洗涤。

中世纪的人不仅不爱洗澡，而且不爱理发，头发又长又乱又脏。

穷苦的百姓没条件打理自己的形象，时常蓬头垢面。贵族尽管有锦衣华服可穿，身上镶嵌着珍珠宝石，看起来雍容华贵，但身上的气味并不比衣衫褴褛的百姓好多少。可是不管怎样，贵族生活得相对体面，可以居住在装修豪华的王宫、城堡里，百姓则生活在垃圾成堆、苍蝇漫天飞舞的街区，有的居住条件非常差，人和动物共享一个空间，长期人畜共居。

由于生存环境太过恶劣，各种疾病经常找上门来。很多疾病都不能不治而愈，所以医生的角色就显得极为重要。问题是中世纪的医生基本上都不具备医疗知识，他们治病的方法无外乎这么四种：祈祷、放血、灌肠、催吐。大多数疾病，医生是治不了的，所以只能祈求神明保佑，得了病之后，最好赶快虔诚祈祷。祈祷不管用，可以试试放血疗法。中世纪的欧洲人认为，人生病多半是体液不平衡所致，只要把“污血”排出，就能百病全消。因此无论得了什么病，都可以尝试这种简单适用的疗法。

放血是很有讲究的，医生要根据患者的年龄、发病症状来决定在身体的什么部位放血，还要考虑季节、气候、星象等因素。当时的很多医生都是业余的天文学家，半夜三更经常爬上屋顶观测星象。放血疗法被看成是一种包治百病的万能疗法，人们认为，它不仅能治疗身体上的疾病，还能治疗精神上或心理上的疾病。如果某人害了相思病，茶不思饭不想，或者近期有点抑郁，成天无精打采，只要把血管划开，放点血就行了。有些人甚至相信，放血在调节人的体液时，能改变人的性情，它可以使水性杨花、放浪形骸的女子变成贤良淑德、忠贞不渝的好女人，改变轻佻放荡的品性。在禁欲主义大行其道的中世纪，女人被强迫放血的事时有发生，卫道士们口口声声地说，这样有助于消除她们心中的淫邪之念。

不可否认的是，放血在某些情况下，对病人的身体是有益的，所以在很漫长的时间里，欧洲人都坚持用放血治病，刀子和水蛭常常能派上用场。在文艺复兴以前，欧洲各国的医生都是一副黑衣黑帽的打扮，几乎每天都要带刀上班。乍一看去，一点也不像悬壶济世的医生，倒是很像外出执行特殊任务的杀手。他们的主要工作任务就是给人放血，刀子是必备工具，在当时的环境下，很多内科疾病都得用外科微创的治疗方式治疗。伤风感冒、头痛眼花、失眠多梦、口干舌燥、拉肚子，一律放血。

医生对放血的剂量是没有把握的，有的病人本来只是得了无关痛痒的小病，结果因为放血过多、过勤，莫名其妙地送了命。放血疗法有时会演变成一种变相的谋杀，死于失血过多的病人数不胜数。比放血更痛苦的疗法是灌肠，在某些国家灌肠是一种酷刑，医生却把它合法化了，使之成为一种特别的治疗方法，不少病人在治疗过程中饱受摧残，最后因为虚脱而一命呜呼。更糟糕的是，有的医生过于急功近利，为了让病人早点痊愈，彰显自己医术高明，会把看家本领全部拿出来，多种方法一起使用，病人痛苦不堪，境况可想而知。

英国国王查理二世 55 岁那年得了中风，症状不是很严重，身体并无大碍。不过皇帝陛下圣体尊贵，即使得了小病也必须予以重视。所以没过多久，12 名经验丰富的御医便应召入宫，给皇帝陛下看病了。按照惯例，他们给查理二世放了一个半品脱的血（约 1000 毫升）。查理二世的脸色瞬间变得苍白如纸，这是典型的失血过多的征兆。御医们丝毫不以为意，紧接着给这位年老的病患灌催吐药。查理二世服下后，呕吐不止，几乎把胃里的东西全吐出来了，吐完东西，吐黄疸水，恨不能把五脏六腑也吐出来。一剂猛药下去，把查理二世折磨得不轻。但医生丝毫没有罢手的意思。他们又用各种草药和香料配制出了一种神奇的药水，每隔两小时给这位可怜的老国王进行一次灌肠治疗。查理二世的脸色越来越难看，身体越来越虚弱，挺了五天之后，病情急转直下，眼看就要咽气了。

老国王的身体本来是不错的，在短短五天之内，忽然气若悬丝、生命垂危，御医难辞其咎。他们看着病床上奄奄一息的老国王，顿时慌了手脚。就在叫天天不应叫地地不灵的时候，有人灵机一动，又想出了一种全新的疗法。御医们抱着死马当活马医的态度，开始改用新式疗法治疗。他们把老国王稀稀疏疏的头发全部剃掉了，然后将烧红的烙铁搁在对方光光的头皮上，在上面烫了一个燎泡。把燎泡挤破后，老国王似乎精神一点了。其实这是人的正常反应。任何一个有知觉的活物，被烙铁烙，痛不可支，当然会马上精神抖擞了。

御医们见昏昏沉沉的老国王似乎恢复了一点生气，心中欢喜，顿时有了干劲儿，又对老国王实施了一系列的治疗。他们用鸽子粪涂抹老国王的双脚，又在泻药里掺了一点死人颅骨磨制成的细粉，小心地给老国王灌下。查理二世吃完之后，上吐下泻，没过多久一命归西了。这位被庸医活活治死的老国王非常深明大义，临死前丝毫没有责怪御医们的意思，认为他们的治疗方法很得当。这并不奇怪，中世纪的医疗技术水平很低，人们对医学的认识也很肤浅，御医们该用的招数都用上了，其他医生不见得比他们更高明，大家也只是五十步笑百步而已。

总之，生活在中世纪是一件非常痛苦的事情，肮脏的城市、恶劣的卫生条件、差劲儿的医疗水平，让人分分秒秒都有一种想逃离的冲动，可是中世纪的人却要长年累月地面对这种恶劣的环境和窘迫的现实，他们是何其不幸啊！

病毒侵袭，黑死病肆虐成灾

在中世纪，最为神秘最为可怕的疾病莫过于黑死病。这种致命的传染病曾经在整个欧洲大陆蔓延，夺取了无数鲜活的生命，比普通的瘟疫要可怕一百倍。薄伽丘曾经在他的鸿篇巨著《十日谈》中谈到了黑死病肆虐时期，佛罗伦萨地区的疫情。城市里常看到这样惊悚的一幕：某个外出的市民忽然倒地不起、一命呜呼，前一秒钟还在呼吸，还在行走，后一秒钟就硬挺挺地扑倒在路面上，变成了一具死尸。有的人染了病之后尽量闭门不出，以免死在大街上，躲在家里静静地等待死神的降临。由于杜绝了社交，尸体腐烂了都没人知道，直到尸臭味撒播到了邻居家，邻居才晓得发生了什么事情。

黑死病制造了世界末日才有的景象。有的城镇千里无人烟，田园荒草众生，酒窖洞开，无人理会，成群的奶牛在街市上走来走去，整个城区杳无人踪，居民仿佛人间蒸发了一样。被黑死病覆盖的地区，留下了一座座空城，城区屋舍林立，街道纵横，到处都有人类活动留下的痕迹，偏偏找不到一个活人，置身其中，不禁毛骨悚然，仿佛见到了恐怖片里才有的奇景。

人们常说战争是淘汰人口最快捷的方式，其实黑死病也是。黑死病淘汰人口的速度比战争还要快。患上这种病的人腹股沟或腋下会出现肿块，局部皮肤有青黑色的疱疹，不出 3 日，便会被死神带走。它是一种比癌症更可怕的疾病，能迅速地杀人于无形，极少有人能幸免于难。第一个爆发黑死病的城市位于中亚，那时人们对这种疾病没有什么了解，只是把它看成一种流行性瘟疫。没过多久病毒扩散到了印度，然后沿着商道进入了东欧俄罗斯，之后蔓延到了地中海地区，由最大的贸易城市君士坦丁堡散播到了意大利、希腊、法国、西班牙等西欧国家。

欧洲成了黑死病的重灾区，法国的马赛人口密集，病菌传播速度快，在极短的时间内，就有数万人感染；佩皮尼昂变成了一座死城，仅有 8 名幸运儿逃过了黑死病的魔掌。阿维尼翁一瞬间变得冷冷清清，到处都是一幅人去楼空的景象，空荡荡的屋宇随处可见，无论走到哪里，都听不到人语的响动。在比利时，丧钟天天哀鸣，因为每天都有新人死去。

黑死病蹂躏完了欧洲大陆，又随着海上的航道越过英吉利海峡，入侵了英国。英国的城市和村落遭到了毁灭性的打击。乡村劳动力锐减，人们接二连三地死去，许多庄园无人打理，因为佃农全部死光了。城镇的情况也同样糟糕，由于建筑物密度太高，人口密度太大，生活垃圾太多，城里的卫生情况堪忧，室内垃圾堆积如山，污水横流，为病菌的传播提供了条件。许多活人变成了尸体，尸体得不到妥善处理，助长了病菌的蔓延，导致更多的活人相继地死去。可悲的是人们搞不清其中的因果关系，也拿不出像样的治疗方案，每天活在死亡阴影的笼罩下，过着提心吊胆、朝不保夕的日子。

为了打败死神，艰难地活下来，人们搜肠刮肚，想出了各种各样的办法，比如每天祷告、虔诚地祈求上帝保佑、严格控制饮食、食用做工精细的肉食、不乱喝东西、坚持饮用上乘的好酒。但这些全都无济于事，锦衣玉食、生活讲究的贵族、有钱人仍然一批接一批地死去。病魔是不长眼睛的，它在大批杀死穷人的同时，也在杀害富人。人们的恐惧与日俱增，在那样一种特殊时刻，贫富贵贱已经不重要了，因为在死亡面前人人平等。只要感染上黑死病，就等于被判了死刑。为了尽可能地多活几天，人们把所有的医疗手段都用上了，催吐、通便的药剂风靡一时，放血疗法时时都能派上用场。除了这些常规的疗法外，人们还发明了其他防治黑死病的方法，比如待在被烟熏过的房间里，忍痛灼烧肿起的淋巴块，或者将一只蛤蟆放在患处。有的人异想天开，居然开始用尿沐浴，天真地认为尿液有防治疾病的疗效。

人们使出了浑身解数抵抗疾病，已经黔驴技穷了，实在想不出更好的点子，可是死神仍然没有停下脚步，越来越多的人被带离了人间。很多人绝望了，他们无法解释发生在自己身边的事情，认为人类做虐太多，太过堕落，所以才会遭致这样的惩罚，解除魔咒唯一的方式，就是洁净灵魂、反躬自省。他们对自己的观点深信不疑，为了让同类早点认清这点，他们走遍了欧洲的大小城镇，每到一处，都要献上一段精彩的演讲，演讲完毕，便挥舞着带铁尖的鞭子互相鞭挞，边打边忏悔，嘴里不停地说着“我有罪，我有罪”。

这群苦修的怪人误以为心甘情愿地接受肉体上的惩罚，就能让自己的灵魂变得更纯净，如此一来，病魔就不会上身了。他们一路忍受着同伴无情的鞭打，任由铁尖刮取自己的皮肉，背上布满鞭痕、血肉模糊，看起来异常狰狞可怖。有时候一鞭下去，鲜血四溅，挨打的人痛得浑身哆嗦，却丝毫没有回避的意思，非常自觉地把自己脆弱的肉体暴露在皮鞭的威胁之下，继续咬牙坚持着。

把黑死病归结为人类的堕落虽然不可取，但鞭挞运动风靡一时，说明那个时期的人确实心中有愧。不可否认的是，中世纪的人比较好战，多数攻城略地的军事行动，都伴随着屠城的恶行，参与的官兵烧杀掠抢、无恶不作，手上沾满了血污，这群贪婪凶残的危险分子如同瘟疫一般可怕，本质比恶魔好不了多少，看到周围的人大批量大面积地病死，自然会联想到人类遭到了天谴。

普通的老百姓真正问心无愧的人也不多，毕竟人类是不完美的，人之一生，难免会犯下各种各样的错误，比如脑海中偶尔闪现一丝恶念，暴露了自己鄙俗阴暗的一面；或者嫉妒别人长得漂亮，看不惯别人比自己过得更好，一旦对方遭难便幸灾乐祸；抑或是为了掩盖过失撒下弥天大谎，把罪责推给了无辜的人。人们犯的普遍错误在于缺乏同情心和悲悯心，过于冷酷，过于自私自利，所以良家妇女被当成女巫大批大批烧死、淹死的时候，围观的人不仅表现得非常冷漠，而且抱着欣赏的态度乐不可支地观看整个行刑过程。这些饶有兴味的看客和罗马斗兽场里那群嗜血麻木的观众又有什么区别呢？由于受刑的女子多半肌肤光洁、身姿曼妙，行刑的画面多了几分香艳的色彩，因此她们的屈辱惨死在大众眼里便成了一种例行的娱乐节目。这难道不是一种罪恶吗？

人们在大难临头之际，意识到自己的罪恶，说明人类的灵魂并未真正死去，但那并不意味着他们的肉体就能得到救赎。治愈灵魂需要漫长的时间，防治疾病却是迫在眉睫的事。在黑死病疯狂蔓延的时期，最重要的是快点找到疾病传播的源头，祈祷、忏悔、彼此鞭挞，并不能帮助人们抵御病魔的入侵。多数人因为过于恐慌失去了理智，只有少数人依旧保持着清醒的头脑，他们撇开了各种荒诞的推断，开始用一种冷静的眼光看待疾病的传播，最后把目标锁定在了动物身上。猫、狗、猪、羊等家畜被大批量宰杀，一时间大街上到处都是死猫死狗，空气中弥漫着腐尸的味道，人们捂着口鼻从动物的尸体上跳过，神色淡然，没有人为这些弱小生灵的逝去感到难过，因为它们被当成了疾病的传播者，罪该万死。有的动物不甘引颈就戮，为了活命疯狂奔逃，主人提着木棍在后面穷追不舍。

黑死病流行的年代，劳工数量越来越少，按照一般的经济学规律，劳动力市场供严重小于求，劳动力的身价应该上涨。国王担心原有的社会秩序、经济秩序被破坏，于是严令雇主给劳工涨价，违者将予以重罚。劳工置若罔闻，要求雇主支付更高的价钱，否则就拒绝收割庄稼、采摘果实，任由粮食蔬果烂在田园里。庄园主、地主被迫答应了他们的条件。国王得知自己的命令没有得到执行，勃然大怒，对所有违反命令的有产者予以罚款，并处罚了农林业工人，把不少雇工关进了监狱。没有落网的雇工纷纷躲到深山老林里避难去了。封建主找不到人打理农田和果园，产业统统荒废了。

英格兰人饱受瘟疫困扰，不断有人病死，苏格兰人听说了，以为他们的诅咒应验了，于是接着诅咒："让英格兰人下地狱吧，统统都得瘟疫吧。"不久，瘟疫从英格兰席卷到了苏格兰，苏格兰人纷纷死去。空前的灾难，并没有教会人们彼此关爱，人们仍然互相仇视、互相嫌弃。尚未死去的人只想保全自身，亲情、友情、爱情均被视为牵绊和累赘。任何人一旦出现了黑死病的征兆，马上会被迅速隔离。这些病人通常会被关进暗无天日的密闭房间里，完全与世隔绝。即便如此，人们仍然感觉不安全，于是用木板把门窗钉得死死的，试图以此阻断病菌的传播。病人在不见光不透风的密室里，熬不过多久便死去了，因为没有人给他们送水送食物。

黑死病在制造恐惧的同时，也在加深人与人之间的隔阂，在病魔面前，所有的情感都经不起考验，从小一起玩耍长大的兄弟姐妹不顾手足之情彼此抛弃；恩爱有加的夫妻立时分道扬镳，大难临头各自飞；原本慈祥的父母不肯照料生病的孩子，任由自己的子女自生自灭。所以大多数患者都是孤零零死去的，临死之前俨然变成了人民公敌，所有人都憎恨他们，连亲密的伴侣、血缘关系最近的亲人、情投意合的好朋友也是如此。所有与他们亲近的人都希望他们早点咽气，不要连累自己。

精明的人会带上好酒和最好的食物躲到尚未被感染的街区里，长期过着深居简出的生活，尽量避免与其他人接触。有些人则恰好相反，他们认为抵御疾病最好的方法就是打起精神、纵情享乐，于是天天到酒馆里喝得酩酊大醉，然后带着一身酒气冒冒失失地往别人家里闯，以此寻求刺激。黑死病让欧洲人变得癫狂，好在大灾大难过后，人们又恢复了理智，人类的文明并未因此中断，经历了漫长的黑夜之后，辽远的地平线上终于现出了一丝曙光，崭新的时代来临了。

第五章
文艺复兴时期

——文化天空，迎来世纪曙光

随着生产力的提高和商品经济的发展，欧洲出现了资本主义萌芽，新的生产关系在旧的体制内孕育成长。新兴的资产阶级渴望打破各种有形和无形的枷锁，摆脱旧体制、旧势力、旧思想的束缚，于是向封建文化发起了挑战，揭开了文艺复兴运动的序幕。文艺复兴以意大利的佛罗伦萨为策源地，迅速席卷欧洲各国，对传统的政治、哲学、文学、艺术产生了重大的冲击。

人文主义者高举着反禁锢反封建的旗帜，主张兴复古希腊、古罗马时期的先进文明，歌颂美好的人性，赞颂人的智慧和力量，使迷茫的欧洲人从各种精神压迫中解放了出来。人们终于意识到，人作为有思想有情感、血肉饱满的独立个体，是一种宝贵的存在，人的自由意志为自己所独有，与统治者强调的国家意志完全是两码事。人有独立思考的能力，有自己的判断，对美的感受和追求也是独特的。在这种思想浪潮的推动下，涌现出了一大批杰出的艺术家、文学家、哲学家、科学家，一时间精英荟萃、群星璀璨，欧洲大陆的上空终于迎来了新世纪的曙光。

意大利文坛三杰

经历了漫长黑暗的中世纪，欧洲人的情感和思想压抑到了极点，迫切需要找到一个发泄的出口，于是文艺复兴出现了。文艺复兴如同宇宙大爆炸一般，在它之前，欧洲文明乏善可陈，各国处在迷信、愚昧、极度无知的状态中，人们精神无比空乏，心灵极度扭曲，行为错乱癫狂，歪风邪气大行其道，掌握话语权的统治者和道貌岸然的卫道士不遗余力地推行愚民政策，使得欧洲千年举步不前，一直保持着落后蛮荒的原始面貌。

好在黑暗无论多么漫长，黎明终会到来。文艺复兴喷薄而出，发出了石破天惊的巨响，它横空出世以后，立刻化作了闪耀在夜空中的璀璨星河，形成了数以千万计的美丽星系，给黑暗中前行的人带来了光明和希望，给苦闷彷徨的人带来了信心和勇气，给迷惘无助的人带来温暖和力量。它的出现意味着欧洲大陆的历史进入了新纪元。欧洲人自此睁开了眼睛，看到了黑暗以外的事物，心灵打开了，感受到了美与和谐。这样的变革在人类历史上屈指可数。所以欧洲人是极其幸运的。

文艺复兴的策源地在意大利。在文化传承上，意大利和古罗马是薪火相传的关系，意大利人很好地保留了古罗马的文化，而古罗马又吸收了古希腊的先进文明成果，所以从某种意义上说，意大利人就成了古希腊、古罗马艺术文化的继承者。从经济角度讲，意大利最早出现资本主义萌芽，商品经济发展迅速，新兴的资产阶级渴望摆脱封建教条的束缚，大力发展资本主义经济，于是便打着恢复古典艺术、弘扬人文主义理念的旗号，掀起了轰轰烈烈的文艺复兴运动。许多的艺术家、哲学家、思想家、科学家投身其中，给这场非比寻常的复古运动注入了不朽的活力，使之呈现出与时俱进的特点。

意大利著名诗人波特拉克公然与权威的教条思想叫板，竭力反对以神学为中心、蔑视人权、人性的封建教义，发出了第一声铿锵有力的怒吼，因此被誉为“人文主义之父”。与波特拉克同时期的意大利民族诗人但丁在他的旷世杰作《神曲》中，充分表达了反对中世纪时期残留的蒙昧主义，提倡人性自由、人性解放的进步思想。

《神曲》描绘的是一个又一个光怪陆离的梦幻景象，表面上看，它非常魔幻，距离现实非常遥远，仔细品读方才发现书中有关天堂地狱的描摹折射的都是人间万象，地狱指的是被腐朽势力和卫道士统治着的社会，这些卑鄙无耻的反动势力私下里竟干一些见不得人的勾当，人前却满口的金玉良言，大众受到愚弄，世世代代忍受着压迫，生活无比凄惨。炼狱指的是走向天堂的必经之路。天堂代表着光明美好的理想世界。人类要想摆脱地狱的折磨，找到一个天堂般美好的世界，任重而道远，其间必然要经历许多挣扎与痛苦。也就是说欧洲人若要扫除中世纪留下的余毒，从千年的精神枷锁中解放出来，必将经历一个无比痛苦难熬的过程。

意大利作家薄伽丘创造了现实主义巨著《十日谈》，以佛罗伦萨瘟疫肆虐的时代为背景，讲述的是瘟疫流行期间，10 名男女为了躲避传染病的侵害，迁往乡间的别墅生活。他们抱着今朝有酒今朝醉的态度，把及时行乐的猪栏式理想当成了生活的最高追求，终日欢饮游乐。为了打发寂寞无聊的时光，每人每天给大家讲一个动听的故事解闷。他们在别墅里一共居住了十天，讲了一百个离奇有趣的故事。这些故事带有鲜明的批判色彩，矛头直指腐朽堕落的封建贵族和压制舆论、钳制人类思想的卫道士，抨击了禁欲主义，体现了人文主义精神。

波特拉克、但丁、薄伽丘三位带动历史潮流的先驱人物被誉为文艺复兴中的三颗巨星，又被称为“文坛三杰”。在世人眼里，文采斐然的革命家、改革家都是正襟危坐、一脸严肃的，他们以笔作枪，向旧世界、旧势力宣战，永远都是一副苦大仇深的模样。其实这是人们的误解，以但丁为例，在平时的生活里，他是一个幽默风趣又十分可爱的人。他的为人和他的作品一样非同凡响，给人以如沐春风之感。

有一天，但丁应邀参加了一场特别盛大的豪华宴会。几乎所有宾客的餐盘上都放着一条肥美的大煎鱼，看起来色香味俱佳，令人垂涎欲滴。唯有但丁受到了冷落，盘里只有几条不起眼的小鱼，让人一看即失去了食欲。但丁兴味索然，却没有说什么，坐在座位上无动于衷，迟迟不动那几条小鱼。别人都吃得很愉快。他盯着小鱼看了一会儿，忽然把小鱼一条条拎起来凑近自己的耳朵，做出侧耳倾听的动作，然后把鱼挨个放回餐盘里。

宴会的主人威尼斯执政官对但丁的行为大惑不解，便问他刚才在干什么。但丁回答说：“几年前，我的一位好友不幸过世了，家人按照他的意愿为他举办了海葬，我不知道他是不是埋入海底里，所以刚才就向这些小鱼打听，问它们有没有见到我的老朋友。”执政官觉得很好笑，并没有责怪但丁胡编乱造，而是带着好奇的眼光问：“那么小鱼都对你说了些什么？”但丁笑笑说：“它们说它们太小了，对很多年前发生的事一无所知，叫我最好问问同桌的大鱼。”执政官听罢，被逗得捧腹大笑，这才发现自己礼数不周，马上吩咐下人端上一条大煎鱼来供但丁享用。

但丁是一个非常爱观察的人，无论是满天斑斓的星辉还是看似千篇一律实则时刻变化流动的街景，对他来说都有一种说不出的魅惑力。年轻的时候，他时常坐在佛罗伦萨广场上看风景。到了晚上，尤其是美丽的仲夏之夜，他常常仰望夜空，对着闪烁的繁星发呆，有时会枯坐到天亮。毫无疑问，作为一名年轻的诗人，他是敏感而又浪漫的，但从来不装腔作势。有一天晚上，有个陌生人来到了但丁身旁，用敬畏的口吻彬彬有礼地问："您是佛罗伦萨闻名遐迩的诗人，才学渊博。我可不可以向你请教一个问题？"

"当然可以。"但丁不假思索地说。那人没有谈论诗歌、艺术、哲学，而是问了一个非常生活化的问题："在这个世界上最好吃的食物是什么？""鸡蛋。"但丁十分爽快地回答道。那人听后，满意地点点头，高高兴兴地走了。转眼许多年过去了，但丁仍然没有改变多年的老习惯，晚上时常坐在广场上仰望天边的星辰，对着满天星斗沉思默想。那个陌生人再一次出现了，两人重逢的情景一如多年以前。陌生人看见但丁，就像见到久违的老朋友一样，继续讨论数年前的话题："鸡蛋如何烹调味道更佳呢？""加点盐。"但丁的回答直截了当、简洁精辟，丝毫没有卖弄的意思。这一幕的场景仿佛发生在昨天。时间流逝、世事变迁，佛罗伦萨的人或事物都在悄然改变，只有但丁一如从前，简单、纯粹、真实、率性、可爱，从不故作高深，与封建统治者及道貌岸然的卫道士截然不同。

中世纪倡导的文化理念及道德标准与真实的人性是背道而驰的，所以才孕育出了一大批表里不一、人面兽心的伪君子。在那种社会环境中，人性受到摧残和禁锢，人们都不敢表达内心真实的声音，被迫戴着虚伪的假面具生活。"文坛三杰"撕下了伪君子的面具，让世人认识到了假丑恶，知道了什么是真善美，帮助人们建立了新的审美情趣和道德标准，这在当时具有划时代的意义。

旷世奇才达·芬奇

继文坛三杰之后，文艺复兴时期又涌现出了美术三杰，他们分别是达·芬奇、米开朗基罗、拉斐尔。达·芬奇不仅是一名杰出的艺术巨匠，还是一名了不起的学者，具有画家、科学家、哲学家、发明家等多重身份，涉猎极为广泛，在多个领域都取得了丰硕的成果。他是世人公认的旷世奇才，代表作《蒙娜丽莎》嘴角那抹若有若无的动人微笑，至今无人能解读，他留下的那些包罗万象的神秘手稿，令人叹为观止。他的智慧、他的才华迄今无人能超越，他是一座难以逾越的丰碑，是一个不朽的传奇，再多的赞誉加到他身上都不过分。那么达·芬奇是怎么成长为一代大师的呢？

1452 年 4 月 15 日，达·芬奇降生于佛罗伦萨附近的安奇亚诺村镇，父亲是家世显赫的公证人，母亲是一名普通的乡下女孩，由于双方的社会地位比较悬殊，所以直到达·芬奇出生，他们都没有结婚。达·芬奇是以私生子的身份降临到这个世界上的。按照规定，私生子不可以学习希腊文和拉丁文，这就意味着达·芬奇不能接受正规的教育，因为当时几乎所有的书籍都是用这两种文字写成的。

达·芬奇的童年是很晦暗的，私生子的特殊身份给他幼小的心灵带来了莫大的伤害。在一个人口稀疏的小镇上，居民彼此都非常熟悉，想要保留隐私是非常困难的，但凡有什么新鲜事，就会一传十十传百，招来一大堆流言蜚语。年幼的达·芬奇经常被人指指点点，被看成异类。他那尊贵的父亲生活在大城市里，拥有美满的婚姻和锦绣前程，一直过着体面光鲜的日子，根本就不想跟他这个卑微的私生子扯上关系。达·芬奇只能和母亲相依为命。母亲生活无着，被迫嫁给了一个农民，不久便去世了。继父虽然愿意继续抚养达·芬奇，但由于不是自己的亲生骨肉，不可能给予他太多的关爱。没有阳光、雨露和爱的滋养，幼小的达·芬奇像郊外的野草一样寂寞生长，没有人知道这个满脸忧伤的孩子心里都在想些什么。

十三岁那年，他的父亲终于现身了。原来这位佛罗伦萨的公证人婚后一直没有儿子，这才想起了乡下的达·芬奇。达·芬奇怀着无比复杂的心情跟着父亲离开了凋敝衰败的村镇，来到了繁华明媚的大都市佛罗伦萨，命运从此改变。由于出身的限制，父亲不可能把他培养成公证人或律师，只好把他送进画室，让他当学徒。画室的老师是佛罗伦萨赫赫有名的大画家韦罗基奥，达·芬奇如果能深得他的真传，将来一定能成长为出类拔萃的艺术大师。不过当时的画家、艺术家地位等同于能工巧匠，根本不能跟体面的公证人同日而语。好在少年达·芬奇并不介意，他热爱绘画，走进画室的一刹那就被那个色彩斑斓的世界深深吸引了，狂热地迷恋上了颜色和光影。

此后，韦罗基奥的工作室就成了达·芬奇的家，达·芬奇在这里吃、住、学习、工作，与其他的学徒一起生活，每天忙得不亦乐乎。他孜孜不倦地研习绘画，渐渐展露出了惊人的绘画天赋，很快就从众学徒中脱颖而出。达·芬奇不仅画画得好，而且长得一表人才，据说他相貌俊美，英姿挺拔，生得眉清目秀，堪称是一个偏偏美少年。老师韦罗基奥在塑造青铜大卫像的时候，苦于找不到完美的模特，有一天无意中瞥了达·芬奇一眼，立刻就决定以他为原型铸造大卫，后来又把达·芬奇的形象安排在了大型绘画作品中，达·芬奇化身成了俊秀可爱的小天使。

韦罗基奥完成画作以后，忽然发现以达·芬奇为原型的小天使从画面里消失了，眼看交稿日期到了，雇主已经催了好几次了，孰料关键时刻却出了岔子。这究竟是怎么回事呢？原来是工作室里的学徒妒忌达·芬奇，不想让他出现在老师的画作中，故意把以他为模板的小天使擦掉了。时间紧迫，必须赶快把小天使补上。韦罗基奥把这个艰巨的任务交给了达·芬奇。达·芬奇下笔如神，寥寥数笔就把小天使画好了。他笔下的小天使栩栩如生、光辉动人，焕发着典雅优美的神韵，成了整幅画最大的亮点。韦罗基奥一看惊呆了，觉得达·芬奇青出于蓝而胜于蓝，画技远远超过了自己，不禁感到汗颜，于是放下了画笔，离开了绘画界，改行做雕刻家了。

达·芬奇二十岁时，有了自己的工作室。由于自幼缺失母爱，他的内心深处始终潜藏着巨大的阴影，这使得他无法和女性正常交往。工作室里的学徒、模特都是年轻俊美的男子，平时大家一块探讨艺术、互相启发，形影不离、亲密无间。由于他交往的名单中没有女性角色，别人总是对他的私生活浮想联翩，各种不利于他的传闻在佛罗伦萨散播开来。他甚至受到了有关同性恋的指控。案件撤销以后，影响并没有淡去。达·芬奇一度紧张，一口气设计出了好几款实用的逃亡工具，整天琢磨着越狱。他摆脱了牢狱之灾，心灵却被困住了，于是创作了《肉身天使》，绘制了一幅雌雄同体的人体形象。此后又画了不少男性、女性的解剖图，着重于表现不同性别之间形貌的差别和魅力。

不知从什么时候开始，达·芬奇对人体本身产生了浓厚的兴趣，他公然违反禁令，亲自动手解剖了三十具尸体。他之所以敢于冒天下之大不韪触犯禁忌，触碰前人不敢涉及的领域，是源于对艺术的执着。一个顶级画家，如果不清楚人体的构造，弄不清肌肉工作的原理，是不可能画出逼真的质感和呼之欲出的立体感的。达·芬奇为了让画作更传神，兼职做起了法医的工作。

他熟练地拿起刀具，将一具具尸体剥皮拆骨，仔细研究每一个部位的比例、结构以及肌肉、血管的分布情况，沉迷于只属于自己的世界中，乐此不疲、忘乎所以。他用锋利的解剖刀抽丝剥茧地层层切开人体组织的时候，发现了许多诡异神奇的构造。他解剖的尸体有稚嫩的婴儿，也有白发苍苍的老人；有健硕的男子，也有纤细的女人。他把看到的画面详细记录下来，作为研究的手稿。他经常和死尸睡在一起，忘记了时间和空间，忽略了生与死的界限，时刻都在跟死人交流，仿佛走火入魔了一般。有时没来得及做解剖记录，尸体就开始腐烂发臭了。他不得不忍受着恶臭，围着落满苍蝇的尸块走来走去，认真绘制每一个细节。

他剥开了尸体的胸腔、腹腔，发现了五脏六腑和人的整个消化系统及血液循环系统。他切开了心脏，弄清了心脏供血的原理。他切开了人脑，试图从迂回复杂的褶皱及柔软的组织中，探求人类思维的奥秘。他切开了一只眼球，想弄清视觉成像的原理。他怀着极大的热情和强烈的好奇心，以严谨的科学态度做着一项令人头皮发麻的工作，这在当时简直就是一种奇闻。可对他来说，整个过程充满了无限乐趣。那一具具冰冷僵硬的尸体，在他的眼里，不仅有了血肉有了生命，而且有了灵性有了情感，他从死人的脸上看到了喜怒哀乐的变化，从死人眼睛里看到了焦灼的渴望。他仿佛听到了对方有力的心跳声和均匀的呼吸声，这种感觉异常美妙。

从解剖学中，达·芬奇找到了无穷无尽的灵感，后来他在创作世纪名画《蒙娜丽莎》的时候，充分运用到了解剖学方面的知识。蒙娜丽莎的手鲜妍饱满，有着细腻柔软的质感，比照片还要逼真。她那端秀的面庞、颀长优美的脖颈、略微丰腴的体态，无不体现出了一种真实的美感，每一处细节都处理得异常完美。尤其是她嘴角流露出的倾倒众生的迷人微笑，乍一看去，有一种温馨柔和的感觉，与人物端庄美丽的形象相得益彰。走近画像时，又觉得那抹淡淡的微笑包含着万千的内容，是忧伤是哀愁是嘲讽还是不经意的莞尔一笑，没有人能说得清楚。一千个人眼里有一千个蒙娜丽莎，每个见到她的人都会浮想联翩、遐思不已，这幅名画因此被赋予了不朽的艺术生命力。

创作《蒙娜丽莎》期间，达·芬奇一直在观察鸟类和设计各式各样的飞行器，他对飞行非常着迷。早在婴儿时期，他就与鸟类结下了不解之缘。当时他还是一个嗷嗷待哺的婴孩，舒服地躺在摇篮里，睁着天真的大眼睛，用无比好奇的眼光观察着周围的世界。忽然有一只老鹰朝他飞了过来，尾巴触碰到了他的嘴唇。长大之后，达·芬奇每每回忆起这段梦幻般的经历，就会思绪万千。他不厌其烦地观察着各种常见的鸟类，不断研究它们拍打翅膀的动作，观察它们在起飞、下降、保持身体平衡时的反应，想要弄清这个过程究竟符不符合空气动力学原理。他反反复复做着飞行试验，创造了好几架模拟鸟类飞翔的飞行器。

最令人惊奇的是，达·芬奇留下的7500多页的手稿中，出现了直升机、降落伞、螺旋桨、脚踏车、救生圈、潜水衣、潜水艇、蒸馏器等图形，这些都是现代社会才有的东西。达·芬奇超越时代的眼光和智慧，的确十分令人叹服。他的奇思妙想比他的天才画作更令人惊讶。他在天文学和物理学方面的成就同样可圈可点，在哥白尼提出日心说之前，他就已经得出了相同的结论，并提出了利用太阳能造福人类的构想。在苹果砸到牛顿以前，他就已经发现了重力学原理。假如他的科学成果在当时能及时发表的话，那么人类社会的科技将会出现跨越性的发展。达・芬奇留给后世太多的惊叹，他本人就是一个传奇，至今没有人能参透。

孤独的巨匠米开朗基罗

米开朗基罗是与达・芬奇齐名的艺术大师，两人的创作风格截然不同，秉性脾气也不一样。达・芬奇多才多艺、学识渊博，兼具艺术家和学者的气质；米开朗基罗才华横溢，纵横雕塑、绘画、建筑等多个领域，作品大气磅礴、美轮美奂，充满朝气和旺盛的生命力，给人以无可比拟的心灵震撼。米开朗基罗是一个纯粹的艺术大师，他的眼中、心中只有艺术、只有审美，除此之外，别无他物。那么米开朗基罗是怎么和艺术结缘的呢？这还得从他的身世说起。

1475 年，米开朗基罗出生于佛罗伦萨的卡普莱斯镇。父亲是镇上的官员，性格暴烈如火。母亲体弱多病、温柔庄重，怀他的时候不小心从马上摔了下来。后世人认为，这次惊险的经历给尚在子宫中发育的米开朗基罗带来了永久性的影响，造就了他敏感、孤僻、优柔寡断的性格以及癫狂任性的坏脾气。其实这种看法多少有点偏颇。米开朗基罗遗传了父亲的部分性格特征，早年生活比较不幸，所以才会变成大众眼里的怪人。他六岁的时候，母亲就去世了。童年被寄养在塞提雷诺镇一个石匠家里。他管石匠的妻子叫奶妈。奶妈很疼爱他，对他视若己出，不过仍然弥补不了他幼年丧母的遗憾。

童年时代的米开朗基罗最大的乐趣就是观察石匠叮叮当当地凿石，对他来说那清脆悦耳富有节奏感的捶打声比世上最美的音乐还要好听。小镇空气清新、林木茂密，布满岩石和山毛榉，许多石匠、雕塑家都来这里挖掘、采集大理石。由于从小耳濡目染，看惯了大人采石、凿石，米开朗基罗对石头产生了特别的感情，整天梦想着把没有生命的石头加工成会呼吸的艺术品，立志要成为一名真正的艺术家。

10 岁那年，米开朗基罗跟随父亲搬到了佛罗伦萨，开始入校读书，接受正规教育。父亲想把他培养成一个有学识有教养的绅士，但他另有所求。佛罗伦萨是艺术的天堂，到处充斥着多姿多彩的艺术元素，米开朗基罗感到目不暇接，深深地爱上了这座富有浪漫气息的老城，坚定了成为艺术家的梦想。父亲知道后，非常生气，视他为家族的耻辱，每次看到他的涂鸦作品都会大发脾气，对他非打即骂。在父亲看来，搞艺术是一件非常不体面的事，只有走投无路的穷人或是头脑发昏的另类才会从事这种行当，所以无论如何，都不允许儿子继续胡思乱想。

米开朗基罗非常倔强，经历了无数次体罚和打骂，仍然矢志不渝地坚持最初的梦想。他的父亲拿他没办法，既然歇斯底里的咆哮和劈头盖脸的毒打不能让他屈服，那么就只好成全他了。13 岁那年，米开朗基罗被送到多梅尼科・吉兰达的画室学习绘画。多梅尼科・吉兰达是佛罗伦萨具有鼎鼎大名的绘画大师，在他的引荐下，米开朗基罗结识了名门望族子弟洛伦佐・美第奇。洛伦佐・美第奇很欣赏米开朗基罗，把他带到了“美第奇学院”雕塑学院，并安排他进入王宫学习。米开朗基罗这才知道自己结交的是佛罗伦萨的最高统治者。

米开朗基罗和洛伦佐的家人生活在一起，接受最优质的教育，这段不同寻常的经历对他的艺术生涯产生了至关重要的影响。王宫里收藏的艺术珍品比比皆是，令米开朗基罗大开眼界。那段时间他灵感喷涌，创作了《马人与拉庇泰人之战》的一组雕像，展露出了非凡的艺术天分。1492 年，洛伦佐去世，他的儿子皮耶罗继承了大位。皮耶罗不喜欢米开朗基罗，米开朗基罗遭到了恶意驱逐。

两年后法国对意大利发动了战争，战火很快就要蔓延到佛罗伦萨了。米开朗基罗十分不安，悄悄地逃离了那个危机四伏的是非之地。他刚刚离开一个月，佛罗伦萨便爆发了起义，美第奇家族被赶下了台。米开朗基罗在博洛尼亚艰难地度过了一整个冬天，每天都在思念着那个充满艺术气息的希望之都，终于忍不住回到了佛罗伦萨。新上任的萨伏那洛拉，十分仇视艺术，把艺术品当成了伤风败俗的文化垃圾，将所有的创作视为奇淫巧技，在他的统治下，佛罗伦萨陷入空前的浩劫，精美的书籍、名贵的绘画统统被付之一炬，惟妙惟肖的雕塑作品一律被销毁。米开朗基罗无比失望，再次仓皇逃离，怀揣着忐忑不安的心情来到了罗马。

在罗马他创作了《酒神巴库斯》《圣殇》两部伟大的雕塑作品，凭借鬼斧神工般的精湛技艺在艺术界声名鹊起。26 岁那年，他开始着手创作《大卫》，接过了那块无人敢问津的巨型大理石。米开朗基罗目不转睛地观察着石头上的裂缝和纹脉，陷入了痴迷状态。渐渐地，他从硬邦邦的石头中看到了丰满生动的血肉和模糊的人像，恍惚中，似乎有一具健美的躯体破石而出。米开朗基罗惊呆了，赶忙拿起工具雕凿。

1504 年，《大卫》完工了，它一经问世即惊艳四座。米开朗基罗颠覆了传统的艺术处理手法，把英雄大卫塑造成了一个肌肉发达、体态雄伟健美的年轻战士形象，他傲然挺立，头微微偏向左侧，专注而又紧张地目视着前方，仿佛是在搜索远处的敌人，时刻准备投入激烈的战斗。人物的面部表情非常生动，双眼炯炯有神，身体上的每一根线条、每一个起承转合的细节，都处理得如同行云流水般自然流畅，每一块肌肉都结实紧绷，富有浓郁的青春气息，并潜藏着一股爆发力。大卫身上的青筋、血管清晰可见，这一细节的处理，使人物更加传神逼真，同时赋予了少年大卫英气勃勃、阳刚健美的气质。无论从哪个角度观赏，大卫像都显得挺拔有力，堪称是力与美完美结合的典范。

大卫像的竣工在雕塑界引起了不小的轰动，它伫立在佛罗伦萨市政议会大厦前，供川流不息的人群瞻仰。这幅巨型雕像象征着欧洲人已经从中世纪的精神桎梏中解脱了出来，凭借自身的力量战胜了一切的险恶。米开朗基罗创作了《大卫》以后，名气越来越大，连年过半百的达·芬奇也不得不对这位年轻的雕刻家刮目相看。达·芬奇刚刚完成了旷世名画《蒙娜丽莎》，盛名远播欧洲，事业如日中天。米开朗基罗暗暗较劲，默默筹备《比萨战役》。两个重量级的艺术大师之间展开了奇特的较量。佛罗伦萨的人分成了两派，有的支持达·芬奇，有的支持米开朗基罗。不久，两人有了同台竞技的机会，每人负责为议会厅绘制一幅以佛罗伦萨历史故事为背景的画作。

米开朗基罗年轻气盛，对老前辈达·芬奇一点也不客气，经常出言不逊，毫不掩饰对达·芬奇的不屑和厌恶。面对挑衅，达·芬奇失去了风度，频频反唇相讥，两人的交流火花四溅，场面热闹非凡。非常有趣的是，米开朗基罗的得意之作《大卫》在一定程度上参考了韦罗基奥的大卫青铜像，而那幅作品是以少年时代的达·芬奇为原型的。看到那张熟悉的面孔，米开朗基罗厌恶感顿生，但不得不承认年轻时的达·芬奇清秀俊朗、英气逼人，最符合理想中的大卫形象，为了艺术他抛开了偏见，毅然以自己最不喜欢的人为创作蓝本。

米开朗基罗讨厌达·芬奇可能是因为彼此不投缘，也可能是因为艺术理念不同，还有可能是彼此嫉妒。生活中的米开朗基罗并不是一个随和可亲的人，他性情乖戾、多愁善感，富有攻击性，整天闷闷不乐，总是一副苦行僧的样子。他有一双敏锐深邃的小眼睛，目光忧伤且深不可测，头发蓬乱卷曲，薄薄的嘴唇显得很刻薄。由于劳累过度，面颊塌陷得很厉害，整个人看起来瘦弱不堪。米开朗基罗一辈子离群索居，一生未娶。后人认为他对自己的相貌极度自卑，没有勇气正常恋爱、结婚。他真实的想法我们不得而知。我们知道的是他没有美的外表，却留下了美的作品，毕生都在呕心沥血地诠释美，他留给世人的艺术瑰宝价值连城、无与伦比，单凭这一点，他就应该被后世永远铭记。

1505 年，米开朗基罗离开了佛罗伦萨，应邀去了罗马，负责为尤里乌斯二世建造陵墓。艺术总监勃拉曼妒忌米开朗基罗的才华，于是就向尤里乌斯二世进献谗言，暂时废止了陵墓工程，给了米开朗基罗另一项差事，让他为西斯廷教堂绘制穹顶壁画。米开朗基罗并不擅长画壁画，他接到的任务俨然就是一个烫手的山芋。如果有什么差池，他必将声名扫地。他想推辞，却又不敢违背尤里乌斯二世的命令，只好硬着头皮创作。出于谨慎起见，他把勃拉曼派来的助手打发走了，决心凭一己之力完成穹顶壁画创作。这是一项浩大的工程，整整花费了他四年零五个月。

米开朗基罗夜以继日地站在脚手架上工作，长久保持着一个姿势，一连数小时仰着脸、曲着身，脖子又酸又痛，浑身疲累，体能透支巨大。艰苦繁重的劳动给他的健康带来了极其恶劣的影响，他的身体渐渐地变形了，视力越来越差，阅读信件的时候必须把信高高地举过头顶才能看清，双腿肿胀得厉害，脱靴子非常吃力，以致必须把靴子割破才能将腿解放出来。

为了艺术，他吃尽了苦头，献出了一切，终于完成了惊世骇俗的伟大作品《创世纪》。这是一部史诗级的大作，整体气势恢宏、波澜壮阔，场面宏大，人物众多，给人以排山倒海、气贯长虹之感。最为难得的是 300 多个人物，每个人物都惟妙惟肖、入木三分，表情、动作、姿态无一雷同。在他的笔下，亚当是一个体格强健匀称、肌肉发达的美男子，如大卫一般年轻、迷人、俊美，背景空无一物，象征着广阔无边、茫茫无际的宇宙，表明亚当才是整个宇宙的主宰，可以随心所欲地创造一切美好的事物，充分表达出了人文主义思想。

米开朗基罗用他咄咄逼人的才华征服了所有看到这幅作品的人，当年拉斐尔站在穹顶之下仰望观赏时，激动地说了一句话："幸适逢米开朗基罗时代!"这是一位天才画家对他的由衷赞美，意思是是米开朗基罗使那个独特的时代熠熠生辉，的确，文艺复兴时期因为有了米开朗基罗而变得更加伟大，他用生花妙笔和一双巧手为我们缔造了一个光彩夺目的世界。

拉斐尔——短暂而璀璨的一生

拉斐尔是文艺复兴三杰中最年轻的艺术大师。虽然他的生命定格在了37岁，永远不曾老去；虽然他只在人世间逗留了短短37载春秋，却在有限的年华里，将艺术创作推向了顶峰。他的作品色彩和谐、格调明朗，风格典雅，用笔精致细腻，俨然就是美的典范，影响后世画坛400余年。直到今天，他的画风仍然为世界各地的伟大画家所推崇，他的艺术风格仍然为艺术界所称道，那么他是怎样捕捉美和诠释美的呢？又有着怎样独特的人生经历呢？

1483年，拉斐尔出生在意大利的乌尔比诺镇，他是家中的第三个孩子，两个哥哥刚出世不久就夭折了。父母希望他能平安成长，因此给他取了个天使的名字——拉斐尔。拉斐尔的父亲是一名才气纵横的宫廷画师，精通绘画和建筑学，在当地小有名气，深受公爵器重赏识。

在父亲的熏陶下，拉斐尔从小就充满灵气。7岁那年，他的母亲去世了，父亲工作繁忙，没空照顾他，只好天天带着他到公爵府作画。拉斐尔聪明乖巧，不仅能帮助父亲传递颜料、画具，干些力所能及的杂活，还能像模像样地画上几笔，是一个非常难得的小助手。父子俩合作得很愉快。可惜好景不长，11岁那年，父亲身染重病，猝然离世。一夜之间，拉斐尔成了无依无靠的孤儿。公爵夫妇见他如此招人怜爱，又如此不幸，不禁产生了恻隐之心，索性收他为养子。

拉斐尔受到了无微不至的关怀和照顾，公爵夫妇对他疼爱有加，让他和自己的儿子一块吃住和学习。可是少爷和仆人看不起他，认为他不过是个画师的儿子，不配居住在公爵府。拉斐尔受够了寄人篱下的生活，厌倦了拉丁文和希腊文，希望能重拾画笔，做一个肆意挥洒色彩的画家，于是就恳求舅舅把自己带到画室学习。舅舅答应了，把他安排到了画家佩鲁吉诺工作室当学徒。

佩鲁吉诺是著名绘画大师韦罗基奥的学生，与达·芬奇师出同门。他最擅长风景画和人物画，笔触细腻柔软，色调柔和，色彩清丽而又不失庄重。他的画作在当时非常受欢迎，订单像雪片一般源源不断地飞向工作室，学徒们忙得不亦乐乎。拉斐尔是众学徒中年龄最小的一个，当时他只有 12 岁，打杂之余，边学习边帮着作画。春去秋来，一晃八年过去了，拉斐尔的画技日臻成熟，对色彩、光影的运用已经达到了无可挑剔的地步，他笔下的女性形象恬静柔美、娴雅端庄，气度高贵又可爱可亲，极富感染力。部分画作比老师的作品还受欢迎。拉斐尔虽是一个孤儿，但内心十分明朗，在他的作品中看不到任何阴郁的色彩，在生活中他也是一个非常和善的人，待人彬彬有礼，对待同行始终保持谦恭的态度，故而能不断成长不断进步。

1504 年，年轻的拉斐尔来到了向往已久的艺术之都佛罗伦萨，看到了美轮美奂的大卫像和米开朗基罗创作的气魄宏大、精彩纷呈的绘画，看到了达·芬奇的名作《蒙娜丽莎》，不禁被两位艺术大师的才华所折服。在赞叹之余，他深知达·芬奇已经把构图技法运用到了极致，其画作庄严神秘，无不透漏出博大精深的智慧，自己永远无法企及，而米开朗基罗的绘画如同雕塑一般宏伟壮观，具备一种荡气回肠的史诗韵味，这一点也是自己无法超越的。他必须另辟蹊径，找到自己的风格，才能脱颖而出。

作为一个艺术家，他满怀激情、灵感喷涌，内心热烈的情感像火焰一样灼人，像火山一样狂暴，但是从笔端流出，却如春水般柔软、甜美、静谧，这就是他的独到之处。他把所有的激情融化在柔软里，用秀美和谐的画面诠释对生活、对艺术、对美的理解，开创了独特的画风，仅用短短两三年的时间，就从一个名气不大的青年画师跻身到了顶级画家的行列。拉斐尔很崇拜米开朗基罗，但是遗憾的是两人的交集并不多。米开朗基罗不好相处，与周围的环境格格不入，拉斐尔自然也入不了他的法眼。

拉斐尔个性开朗，性情随和，人缘很好，总有形形色色的人环绕在他身边。有一天，米开朗基罗孤独地走在路上，拉斐尔被一大群助手簇拥着走过。米开朗基罗十分不悦地挖苦道："阁下真像一位统领千军万马的大将军。"拉斐尔笑笑说："阁下形单影只、独来独往，倒是很像一个赶赴刑场行刑的刽子手。"

拉斐尔在佛罗伦萨很出名，在罗马也极受欢迎，每次出门上街都会迎来一大群人围观求画。拉斐尔没有一点架子，现场作画随手送人，分文不取，从来不以名家自居。30 岁时，他的绘画事业达到了顶峰，无论是王公贵族还是平民百姓都喜爱他的作品。他笔下的人物血肉丰满，有思想有情感，非常契合人文主义精神，女性形象纯真甜美、楚楚动人，是和谐美的典范。那么他为何能把女性画得那么美呢？生前他曾经说过："佳人难寻，我只好靠想象创造一个完美的理想的女神。"事实并非如此。画中的美女并非都是源于凭空想象，有的在生活中确有其人，比如《弗纳利娜》的灵感就来源于他深爱过的一名女子，他的许多画作都有该女子的影子，那么这个美丽的女孩，与拉斐尔之间究竟有着一段怎样的情缘呢？

拉斐尔是一个温柔多情的男子，他听说罗马市区的洛提亚街住着一个倾国倾城的美丽女子，不禁遐想万千。有一天他正打算前往朋友的别墅作画，走到半路上忽然产生了一个大胆的想法，决定躲在暗处偷偷观察美女，心想只要能看她一眼，就心满意足了，这辈子再无所求。他探头探脑地往洛提亚街 20 号的方向张望，迫切地想要一睹女神的芳容，心跳得非常厉害，生怕被人发现。

为了避免打草惊蛇，他小心翼翼地退到了一家面包店前，顺着矮墙向花木扶疏的庭院望去，发现了一个在温泉旁濯足的清纯少女，那不经意间的惊鸿一瞥，改变了拉斐尔的一生。他被女孩纯真的眼神和清秀可人的容貌深深吸引了，瞬间坠入了爱河。那个女孩就是面包师的女儿——弗纳利娜。她不是贵妇，不是名媛，没有千娇百媚的倾世容颜，只是一个寻常的平民女子，然而拉斐尔却对她情有独钟、痴迷不已。初次的邂逅，她就占据了拉斐尔的整个身心，成了拉斐尔生命中最重要的女人。

拉斐尔执着地爱着弗纳利娜，却没有勇气娶她，两人之间隔着不可逾越的鸿沟。拉斐尔习惯了宫廷的贵族生活，他自幼出入豪门大户的府邸，曾被公爵收为养子，成名后一直被达官显贵们奉为座上宾，渐渐地也沾染上了上流社会的习气。他穿着考究，谈吐优雅，彬彬有礼，在众人眼里，他也是一位贵族，理应娶大家闺秀为妻。好友伯纳多·佗维把自己出身名门的侄女玛丽娅介绍给了拉斐尔，极力撮合两人的婚事，拉斐尔答应了，和玛丽娅订了婚。

到了履行婚约的时候，拉斐尔仍然对弗纳利娜念念不忘，一次又一次地将婚期向后拖延，玛丽娅伤心不已，最终心碎而死。拉斐尔为情所困，不久抑郁而终，临死前立下遗嘱，把自己的一份财产留给了他一生最爱的女人弗纳利娜，希望这笔钱能帮助她改善生活处境。葬礼上，弗纳利娜扑倒在拉斐尔的遗体上，哭得梨花带雨，没人理会她的悲恸，反而责备她间接害死了拉斐尔，把她赶出了送葬的队伍。后来，拉斐尔和玛丽娅合葬在了一起，弗纳利娜进入了修道院，成了一名修女。她和拉斐尔的爱情埋葬在了无数幅画作中，也留给后世无尽的唏嘘叹惋和许多风花雪月的美好想象。

莎士比亚——人生是一部永不谢幕的悲喜剧

文艺复兴的东风从意大利吹过之后，意大利的文化动土迅速复苏，不久，这场强劲的文化东风便席卷了欧洲各国，给死气沉沉的欧洲大陆带来了生机与活力。16 世纪末，文艺复兴传入了英国，英国掀起人文主义思潮，涌现出了一大批了不起的人文主义学者和才华横溢的艺术家，其中成就最高的当属戏剧大师莎士比亚。

莎士比亚是欧洲文学史上的一朵奇葩，他既是享誉全球的戏剧家，又是出口成章、文辞华美的杰出诗人，创作了大量脍炙人口的优秀作品，在多部作品中批判旧思想对人性的摧残和毒害，以热情洋溢的笔触赞颂了纯粹伟大的爱情和一切真挚美好的情感，并对人物的内心世界进行了细致入微的解读和剖析，让观众在感动之余，对人类的精神活动和微妙的心理活动有了更深刻的理解，对于人情和人性有了更深入的认识。那么莎士比亚是怎样练就如此深刻的洞察力的呢？这还得从他的生平事迹说起。

1564 年 4 月 23 日，莎士比亚出生在英国斯特拉福镇的一个商人家庭。父亲头脑活络、生财有道，生意蒸蒸日上，在业界混得风生水起，为家人创造了良好的物质条件。莎士比亚 4 岁时，父亲当选为小镇镇长，社会地位进一步提升。由于家境优渥，莎士比亚的童年是在无忧无虑中度过的。那时经常有剧团来到他的家乡巡回演出。莎士比亚最大的乐趣就是坐在台下静静地欣赏各种各样的戏剧节目。在他看来，那个布置简陋的小小舞台，仿佛被施了魔法一般，它聚集了灯光、色彩、声音，是一种梦幻般的存在，为数不多的几个演员，简简单单的几句台词，就能把生活中悲悲喜喜的故事完美地呈现出来，这实在是太神奇太有趣了。不知从什么时候起，莎士比亚迷上了戏剧，时常和小伙伴们聚在一块演戏，他煞有介事地模仿演员的腔调念诵台词，利用各种肢体动作表达人物内心的情感，学得惟妙惟肖，展露出了惊人的表演才华。

莎士比亚从小立志投身戏剧行业，满脑子都是天真烂漫的幻想，从来没有为现实生活发过愁。直到父亲经商失利，家境败落下来，他才从虚无缥缈的美梦中惊醒过来。他默默地收拾好了书包、文具，黯然离开了学校，早早地走上了社会，成了父亲的帮手，那一年他只有 14 岁。他在社会上默默无闻地度过了几年时光，交了一个比自己大八岁的女朋友。女友安妮·海瑟薇是农民的女儿，她勤俭朴实、单纯可爱，身上具有很多可贵的品质，莎士比亚曾一度迷恋她。

两人交往了一段时间，安妮·海瑟薇怀孕了，莎士比亚既意外又惊喜，同时感到分外惶恐，当时他年仅 18 岁，还没有做好当父亲的准备，他认为自己太年轻，不想早早建立家庭。眼睁睁地看着女友的肚子一天天大起来，他急得像热锅上的蚂蚁，苦闷得不得了。经过无数次思想挣扎之后，他决定迎娶安妮·海瑟薇，做一个有担当的男人。就这样，青涩的莎士比亚迎娶了比自己成熟许多的新娘，婚礼举办得格外仓促。

莎士比亚是因为责任感太重，才匆匆忙忙走进婚姻的，他甚至没有考虑过两人是否真的性情相投，能否一辈子携手到老。由于年龄差距太大，两人缺少共同语言，很难产生琴瑟和鸣、心有灵犀一点通的默契。对于这段并不理想的婚姻，莎士比亚时常感慨连连，曾经毫不隐讳地在作品中这样写道："女人应该选择比自己大的男人结婚。"并在剧本里，反复警告年轻的男子，千万不能娶比自己年长太多的女人为妻。

安妮·海瑟薇虽然不是莎士比亚眼中的完美伴侣，但能够勤俭持家，算得上是一个合格的贤妻良母。婚后两人育有一儿两女，可儿女的相继出世，并没有拉近夫妻之间的距离。莎士比亚不想被家庭牵绊住，他一心想着在戏剧的舞台上崭露头角，于是丢下了妻儿，只身去了伦敦。1586 年，他在剧院找到了一份打杂的差事，负责替观众照料马匹。工作之余，自学了历史、哲学等课程以及希腊文、拉丁文的拼写，积累了丰富的知识，提升了自己的文学素养。剧团渐渐发现了他的价值，每每需要临时演员，都会第一时间找他来客串。

起初，莎士比亚演的都是一些不重要的小角色，由于表现抢眼，渐渐晋升为配角，演配角时，他比主角还投入，演技水平也超越了主角，结果在舞台上大放异彩，赢得了剧团的认可，不久就被聘请为正式演员。莎士比亚无比珍惜这个机会，一边表演一边磨砺演技，业余时间不间断地阅读书籍，以便加深对人物的理解，同时尝试着写剧本。27 岁那年，他创作了一部名为《亨利六世》的大型历史剧，该剧被搬上舞台后，好评如潮。莎士比亚声名鹊起，成功地在戏剧界站稳了脚跟。

1595 年，莎士比亚创作了《罗密欧与朱丽叶》，该剧上演后，在伦敦引起了巨大的轰动，观众争先恐后地买票看戏，被剧中至死不渝的爱情感动得泪流满面。《罗密欧与朱丽叶》成为莎士比亚最受欢迎的代表作之一。这部剧讲述的是一对贵族男女抛开家族世仇的羁绊，大胆追求爱情，最终双双殉情的故事，是一部具有反封建色彩的爱情颂歌，随着时间的推移，逐渐演变成了歌咏爱情的千古绝唱。

1596 年，莎士比亚的儿子哈姆尼特夭折。莎士比亚伤心欲绝。他很后悔没有陪伴在儿子身边。自从赴伦敦以来，他和妻儿聚少离多，每年至多回乡一次，他没有尽到一个父亲的责任。儿子的死让他非常歉疚和难过。三年后，他开始着手创作《哈姆雷特》。很多人认为，这部剧是他献给儿子的，因为哈姆雷特和哈姆尼特无论拼写还是发音都极其相似。当时他已经成了环球剧院的股东，变得十分富有，在家乡购置了房产和田产，打算归隐后回乡和妻女团聚。

不久，莎士比亚的两个好朋友因为政治原因纷纷遭难，一个上了绞刑架，另一个进了监狱。莎士比亚愤恨难当，怀着无比悲愤的心情写下了《哈姆雷特》，全力刻画了一个忧郁敏感而又略带神经质的悲情王子形象，经典台词："生存还是死亡，这是个难题?"流传千古，引发了无数人的思考。

该剧围绕着哈姆雷特王子和叔叔克劳狄斯宫廷斗争展开，表面上看讲述的是一个惊心动魄的复仇故事，实际上反映的是新兴的资产阶级和封建贵族的权力之争，在某种程度上折射出了英国社会黑暗的现实，有力地批判和鞭挞了罪恶的王权势力。莎士比亚亲自参与了该剧的演出，在剧中扮演幽灵。这部剧问世后，火爆剧场，剧院座无虚席，时隔多年以后，提起这部剧，人们依然记忆犹新。

随后的几年里，莎士比亚又创作出了《奥赛罗》《李尔王》《麦克白》三部发人深省的悲剧，这三部剧和《哈姆雷特》并称为四大悲剧。1610 年，46 岁的莎士比亚离开了伦敦，回到了妻女的身边。6 年后，莎士比亚辞世，去世前夕拟写了一份遗嘱，让长女苏珊娜继承了自己的全部家产，小女儿只得到了一只镀金的银碗。他之所以如此厚此薄彼，是因为小女儿朱迪思所爱非人，即将嫁给一个比自己小的男人，那个男人风流成性，居然还让别的女人怀了孩子。遥想当年，莎士比亚未成年（古代英国，19 岁才算成年）便迎娶了有孕在身的安妮・海瑟薇，是何其有担当啊，所以他有权看不起那个花心而又没有责任感的女婿。尽管如此，他仍然准备出一笔钱为朱迪思筹备婚礼。

妻子安妮・海瑟薇得到了一张床和床上用品。莎士比亚口口声声强调它是第二好的床。后人觉得莎士比亚太过刻薄，居然舍不得把最好的床留给妻子。其实这是一种误解。莎士比亚这样写是为了让冷冰冰硬邦邦的遗嘱读起来更富人情味，丝毫没有冒犯妻子的意思，最好的床已经摆放在他们家的居室里了，其他的床也只能算第二好的床了。

安妮・海瑟薇并不是莎士比亚的真爱，却是他一生唯一的妻子。莎士比亚虽是一个多情的才子，被无数的女孩子恋慕，寂寞时有过情人，但从未产生过抛弃糟糠之妻的念头，晚年选择了回归家庭，与妻女度过了一段非常和美的时光，这种平静和快乐也许才是他人生最大的收获。

塞万提斯——惊险奇遇胜过唐・吉诃德

16 世纪后期至 17 世纪，西班牙文艺复兴运动达到了巅峰，出现了伟大的现实主义作家塞万提斯，其代表作《唐・吉诃德》风格幽默，语言诙谐，笔调辛辣，是世界文学史上第一部具有现代小说元素的畅销作品，为后世的文学奠定了基础，影响力巨大。因此塞万提斯被尊称为“现代小说之父”。

《唐·吉诃德》的主人公是一个穷困潦倒的落魄乡绅，非常痴迷骑士小说，渐渐走火入魔，把自己当成了中世纪的骑士，于是穿上了一副破破烂烂的盔甲，跨上一匹瘦马，拉上邻居桑丘，到处历险。他同磨坊风车作战，把风车想象成力大无穷的邪恶巨人，又披坚执锐挑战羊群，把羊群当成了排列密集的敌兵，做出了一系列令人啼笑皆非的疯狂举动。

唐·吉诃德是一个荒诞不经、可笑又可怜的人物，极富漫画色彩，塞万提斯从他的视角观察西班牙社会，旨在批判封建社会的阴暗和丑陋，以及各种光怪陆离的社会现象。这是一部令人捧腹大笑的作品，背后却有一段极为心酸的故事，它是血与泪的结晶，是苦难催生的智慧之花，代表着塞万提斯对人生的终极思考，那么塞万提斯究竟经历过什么，才创造出了这部伟大的作品呢？

1547 年 10 月 9 日，塞万提斯出生在西班牙马德里附近的阿尔卡拉·德·阿纳雷斯镇。他的祖父是一个落魄的贵族，做过法官和律师，一辈子忙着打官司。父亲罗德里戈是一个理发师兼游医，薪资微薄，郁郁不得志，长年带着剃头刀和手术刀东奔四走，过着动荡不安的生活，塞万提斯从小跟着父亲到处辗转，受尽了颠沛流离之苦。家里共有七个孩子，日常开销很大。罗德里戈的收入不足以养家糊口，全家人只能靠贷款生活，因为无力还清贷款，罗德里戈受到放高利贷者的指控，不幸入狱，家产被查封抄没，屋里只留下了三把椅子和两张板凳，可谓是家徒四壁。

罗德里戈出狱后，全家人搬到了马德里。当时西班牙帝国正处在高速发展时期，外表金光灿烂，内部却腐朽不堪，官僚主义盛行，政治昏暗，司法腐败，海盗活动猖獗，到处都能看到沿街乞讨的乞丐。马德里尤其如此，贫富差距巨大，权贵们过着纸醉金迷、醉生梦死的堕落生活，广大平民饥寒交迫、衣食无着，每天辛辛苦苦劳动，赚来的面包却不足以养活妻儿。罗德里戈一家在马德里过得相当窘迫。

虽然日子过得穷困潦倒，罗德里戈却一直非常重视子女的教育，每次给藏书丰富的患者看病时，都会把塞万提斯带上，以便让塞万提斯多读点好书。塞万提斯酷爱阅读，经常手不释卷，对知识的渴求已经达到了如饥似渴的程度，上街时看到一张烂报纸也要捡起来津津有味地阅读，所有印着铅字的纸片对他来说，都似乎有一种异乎寻常的吸引力。他看书飞快，能一目十行，但凡读过的内容都能铭记于心，常常令人大为惊讶。他没有受过完整系统的教育，读到中学就被迫辍学了，即便如此，仍然成了同龄人中最博学的人。

1568 年，博闻强识的塞万提斯受到校长胡安·洛佩斯·德奥约斯的赏识，就职于马德里的一所学校。次年他与人发生了纠纷，在决斗中刺伤了对方，遭到了警方的通缉。塞万提斯逃之夭夭。司法部门气急败坏地宣布他犯有叛逆罪，一旦抓捕归案，就要对他处以砍掉右手的惩罚。塞万提斯逃到了西班牙官方触及不到的地方——罗马，在主教那谋到了一个差事，成为一名侍从。20 岁出头的塞万提斯血气方刚、年轻气盛，不甘心永远做无名小卒，一心想要赤手空拳打出一片天下，于是就报名加入了为西班牙作战的军队。

1571 年，在勒班多战役中，塞万提斯表现得格外英勇，当时他正发着高烧，全身像火炉一般滚烫，他不顾身体上的不适，拼死奋战，带着 12 名枪手奋勇地冲上了敌人的战舰，双方展开了激烈的厮杀。塞万提斯胸部连挨两枪，左手的神经被嗖嗖飞来的弹片割断，失去了活动功能。从此塞万提斯成了残疾人。他虽然在战斗中失去了左手，却赢得了英雄的美名，经过四年出生入死的征战，终于得到了高层的重视和赏识。1575年，两位高官写信向西班牙斐力普国王举荐他。一条康庄大道正向他徐徐展开。

塞万提斯怀揣着那两封决定自己命运前途的重要信件，在弟弟的陪同下乘坐“太阳号”启程回国。驶入法国的马赛海岸时，“太阳号”碰上了海盗。海盗洗劫了“太阳号”，船长惨遭杀害，塞万提斯和船员被掳掠到了阿尔及尔。海盗从塞万提斯身上搜到了推荐信，这才知道眼前的这个俘虏绝非等闲之辈，而是一个前途无量的贵人，不禁大喜过望，准备勒索一大笔赎金。自从被看成移动的金库，塞万提斯就受到了特别的照顾，手上脚上戴上了沉重的镣铐，海盗可不想让到手的钱飞走。由于海盗狮子大开口，赎金迟迟筹措不到位，海盗失去了耐心，把塞万提斯贩卖到了非洲，使他沦为了奴隶。好在他的弟弟顺利逃脱了。

塞万提斯被奴役了整整五年，他不甘忍受虐待，为奴期间，多次策划逃跑，所有的尝试均以失败告终。被抓回后，受到了无情的鞭挞。塞万提斯浑身是伤，被折磨得奄奄一息，他始终三缄其口，不肯出卖一起出逃的难友，独自承担责任。尽管受尽了非人的折磨，塞万提斯始终不肯屈服，连奴役他的土耳其人也对他都佩服得五体投地。后来塞万提斯被押到一艘前往君士坦丁堡的航船上当苦工。之前登船服役的奴隶全都死于非命，没有一个人能侥幸苟活下来。所以自从踏上甲板的那一刻，塞万提斯就步入了死亡之旅。幸运的是灾难从天而降时，他遇到一个叫胡安·希尔的好心人，胡安·希尔筹集了五百古金币，为他赎了身。塞万提斯以自由人的身份回到了西班牙，那时他已经34岁了。

贵族子弟的青春都是围绕着美酒鲜花度过的，不是在享受花前月下的浪漫，就是沉迷于各种新鲜刺激的娱乐游戏，他呢，除了烈日的烤晒和皮鞭的抽打，什么也没有。白天浑汗如雨地劳作，累得腰酸背痛、全身瘫软，晚上带着一身臭汗疲倦地躺下，心情无比绝望，不知这样的日子何时才是尽头。更要命的是，被榨干了血汗，还要忍受没完没了的呵斥、辱骂和粗暴的虐打，自尊心被践踏得粉碎，皮肉开裂又愈合，皮肤上留下无数深深浅浅、大大小小的疤痕，或许有一天它们会渐渐淡去，但心灵上的伤疤却再也不能痊愈了。

塞万提斯或许是落魄贵族中最倒霉的一个，他最好的年华是在屈辱中度过的，回国之后，西班牙人早已将他遗忘。没有人记得这位在海战中负伤致残的英雄，也没有人关注他目前的处境。他处处受到冷遇，处处碰壁。因为身体残疾的缘故，他无法从事繁重的体力劳动，只好挥起笔杆子，尝试着写点什么。塞万提斯结婚后，无力养活妻子，只好给政府写信求援，最终得到了一份军需员的职务。因为秉公办事，坚持向权贵阶层征收粮食受到了小人的诬告，不幸含冤入狱。他不仅失去了公职，而且沦为了囚犯，出狱后受到了公众的唾弃，到处遭人白眼。塞万提斯不在乎，他已变得铁骨铮铮，不会被任何苦难打倒，在最艰难的日子里，他沿街卖过布，给衣衫褴褛的乞丐编过乞讨卖艺的歌词，一边走街串巷一边为自己辩白。

1594 年，塞万提斯终于沉冤得雪，当上了格拉纳达税吏。他把税款存入银行，孰料那家银行由于经营不善倒闭了，银行家携款潜逃。塞万提斯被扣上私吞税款的帽子，再次锒铛入狱。从监狱里走出来以后，他一贫如洗。全家人住在贫民窟的简陋屋中，楼上是莺歌燕舞、嘈杂不堪的妓院，楼下是吵闹喧天的酒馆。有一天，酒馆里发生了打架斗殴的恶性事件，一人身负重伤，倒地不起。塞万提斯出于同情，把伤者背到了家里，尽了最大的努力施救。怎奈那人伤得太重，在塞万提斯的家里断了气。塞万提斯百口莫辩，因涉嫌谋杀再次被投入监狱。坐牢期间，他的妻子去世了，女儿也受到了法庭的传唤。

接二连三的苦难并未把塞万提斯打倒，他愈挫愈勇，把痛苦化作了奋发图强的动力，终于完成了鸿篇巨著《唐·吉诃德》的创作。这本书一经出版，即轰动了文坛，长期畅销不衰，许多国家都出现了盗版书。盛名之下的塞万提斯依旧很贫困。1616 年，他在一张简陋的破床上完成了《贝雪莱斯与吉西斯蒙达历险记》。同年四月，抱病去世，被葬在了修道院的墓地里，至此结束了他那多舛而传奇的一生。

第六章
大航海时代

——浪花淘不尽的辉煌与罪恶

长期以来，哥伦布和麦哲伦都被当成改变人类历史进程的航海英雄，一个发现了新大陆，一个完成了环球航行的壮举，他们的探险活动促成了新航路的开辟，进而开启了一个崭新的时代——大航海时代。一批又一批欧洲人沿着他们走过的航线，抵达了美洲、非洲以及所有能到达的地方，运走了一船又一船的黄金白银，留下了一个又一个殖民据点。在疯狂掠夺海外资源的同时，欧洲各国都在不遗余力地推行血腥的殖民统治，并干起了贩卖人口的行当，经营起了罪恶的黑奴贸易。

大航海时代，各大陆孤绝的状态被打破，美洲、非洲的原住民不可避免地受到了外来民族的侵扰，无论是哥伦布、麦哲伦，还是其他的殖民者、探险家，对他们来说都是噩梦一般的存在，那些不速之客全都是不折不扣的强盗和掠夺者，登陆之后，所作所为与杀人越货的江洋大盗没有任何区别。新大陆并非一块新鲜的肥肉，也不是未开垦的无主之地，那里早就有了居民，欧洲人发现了它，便将那里的一切资源据为己有，不断地巧取豪夺，这确实是一种强盗式的行为。殖民主义的先驱们头顶英雄的光环，从事的却是臭名昭著的罪恶活动，实在有负英雄的美名。那条波光闪烁的黄金航路，其实也是鲜血铺成的，金银可以沉入波涛或者挥霍殆尽，鲜血却是洗濯不尽的。大航海时代的罪恶，正如它的辉煌一样，不能被浪花淘尽，注定被永远铭记。

误打误撞发现新大陆

新航路开辟之前，世界各地彼此隔绝，各大洲孤立发展，相互之间的联系和交流很少，东西方之间隔着汪洋大海和无数难以逾越的障碍，居住在不同大陆的人们世世代代生活在同一片天空下，对于视线以外的世界，一无所知，习惯靠道听途说来揣测地球另一端的同类。欧洲长期处在封闭落后、抱残守缺的状态，高高隆起的围墙人为地制造了阻隔，阴森森的城堡把阳光和新鲜空气挡在了外面，严肃刻板的卫道士编造了一大堆牵强附会的道德理论，阻止人们进步，一味地因循守旧，盔甲加身的骑士军团，为维护腐朽没落的封建制度，披坚执锐，血战到底。整个欧洲大陆万马齐喑，文明进程异常缓慢。

直到十五、十六世纪之交，西欧国家历经艰险，从海上探索出了一条通向遥远东方的航线，发现了美洲新大陆和东半球的许多国家，欧洲才打破了孤绝的状态，加强了与世界各地的联系。所以从某种意义上说，新航路的开辟在航海史上是一项伟大的壮举，新大陆的发现对于人类历史的发展具有里程碑的意义。

第一个发现新大陆的人是哥伦布，他是意大利热那亚人，出身于一个贫困的工匠家庭，从小喜欢看马可·波罗写的游记，对物产富饶、盛产黄金的东方无比向往。《马可·波罗游记》中说东方古国的宫殿是用价值连城的黄金打造的，四通八达的道路铺满了金子。这些绘声绘色的描写，深深地吸引了身无分文的哥伦布，每当看到商船来来往往地穿梭于地中海之上，他就满怀期待地幻想着，有朝一日，自己扬帆远航，到遥远神秘的东方去掘金。

25 岁那年，哥伦布经历了人生第一次冒险，他辗转来到了葡萄牙，站在异国的海岸上不停地胡思乱想，心想假如眼前的这片海比旅行家马可·波罗踏足过的大陆窄一些，他就能驾着小船漂洋过海到达东方，带着大批的黄金和香料满载而归。他错误地认为地球表面七分之六被陆地覆盖，海洋只占区区七分之一的面积，因此得出一个不那么靠谱的结论——走海路要比走陆路划算。他听说常有长相奇特的浮尸顺着洋流和海风漂向岸边，由此坚信大洋彼岸一定生活着别样的人类。做梦都想乘风破浪到达远方，收获满船的黄金和显赫的社会地位。

哥伦布沉迷于金灿灿的美梦中，可他并不是一个空想家，而是一个踏踏实实的实干家。他先是从水手做起，渐渐掌握了航海仪器的使用方法，学会了看地图，积累了丰富的航海经验。26 岁那年，他远涉重洋，参加了冰岛探险的行动，征服了波涛翻滚的大西洋，信心倍增。不久，他开始努力地游说葡萄牙王室，声称只要给他足够的财力物力支持，他就能驾着船找到传说中的黄金国。

这个诱人的冒险计划引起了葡萄牙王室的浓厚兴趣。哥伦布趁机提出了一大堆无理要求，比如授予他至尊无上的贵族头衔，册封他为新开辟的殖民地的总督，任期为终身制，从新航线掠夺来的财富必须分给他十分之一作为奖赏。葡萄牙王室犹豫了四年，最终没有答应他的请求。四年的时间里发生了很多事情，哥伦布的妻子在贫病交加中去世了，儿子长高长大了。他带着儿子风尘仆仆地来到了西班牙，父子俩出现在巴洛斯港口时，衣衫褴褛，蓬头垢面，乍一看去跟街上的叫花子没什么两样。哥伦布穿着破衣烂衫，带着满身的尘土和满脸的疲倦，兴致勃勃地向西班牙国王讲述他脑海中的世界地图，试图说服对方支持自己到东方探秘寻宝。国王挥挥手把他打发走了，让他回去等消息。

哥伦布悻悻离去，默默地度过了六年的时光，其间一直靠别人的施舍和卖报艰难度日。王后伊莎贝拉派人给了他一笔钱，叫他穿得体面些进宫面见国王，重提航海计划。哥伦布再次得到了机会，凭借他不停地游说，说服王室组建了一支舰队，并提出了一系列条件，要求晋升为贵族、总督，与王室一起分享从殖民地搜刮来的巨额财富。西班牙国王觉得很好笑，把哥伦布看成了一个穷疯了的乞丐，冷笑着把他赶出了王宫。哥伦布无比失望，打算离开西班牙，到其他国家碰碰运气。伊莎贝拉的使者在他离开之前，追上了他，把他带回了王宫。在伊莎贝拉的支持下，王室与哥伦布签订了协议，同意给哥伦布封官封爵，并同他瓜分殖民地的财富。

历经周折，哥伦布终于带着一支船队起航了。船上装了足够多的淡水和食物，还有醇香甜美的葡萄酒。起初，旅程非常愉快，水手们一边啜饮着美酒，一边欣赏着海天一色的美丽景色，不由得神思飞扬。时间一长，开始烦闷起来，茫茫的大海一眼望不到边，目力所及之处，除了水还是水，什么时候才能看到陆地呢？船员们忍不住嘀嘀咕咕抱怨，坏情绪就像传染病一样在整个船队中传播开来。不知航行了多久，人们惊喜地发现了几只绕船飞行的水鸟，冥冥之中感觉陆地就在附近，日落之前，瞭望员发现了陆地，高兴得大喊大叫。整个船队欢腾起来。天亮以后，大家才发现昨天看到的陆地不过是海市蜃楼般的幻影，它其实是从远方地平线上飘来的一片暗灰色的云彩，远远看去，很像是一块陆地。

希望化为了泡影，偏偏在这个时候罗盘又失灵了，船队漫无目的地在大海上漂漂荡荡，不知要驶向何方。水手们的耐心耗光了，强迫哥伦布调转船头，把船开回西班牙。哥伦布为稳定人心，承诺说假如三天后还找不到陆地，就返航回家。到了第二天晚上，哥伦布看到了对面闪烁的灯火，似乎有人高举着火把。走近一看，前方果然是一片陆地。水手们把船泊靠在岸边，等候天明登陆。上岸后发现了许多赤裸的土著人。土著人用茫然的眼神打量着这群远道而来的客人。哥伦布激动万分，缓缓俯下身来，热烈地亲吻了脚下的土地，然后升起了西班牙国旗。

哥伦布认为自己已经到达了印度，所以管这里的土著居民叫印度人。他看到有的土著人身上佩戴着亮闪闪的黄金饰品，不由得两眼放光，到处打听黄金的出处。当地人用手势告诉他，这些发光的金属来自南方。哥伦布一路向南航行，陆续发现了好几个岛屿，最后登上了一座大岛。他想也许岛上住着一个腰缠万贯的契丹贵族。结果令他大失所望，这里没有富丽堂皇的宫殿和黄金搭建的琼楼玉宇，没有穿着绫罗绸缎的尊贵绅士，没有满身珠光宝气的贵族小姐，除了参天的大树、叽叽喳喳的飞鸟和几处渔人搭建的小窝棚外，他看不到别的东西。显然，这里不是马可・波罗笔下的中国。那么这里是哪里呢？哥伦布茫然了。

回到西班牙以后，他极力鼓吹海外世界潜藏着一大笔财富，西班牙王室又慷慨地拿出了一大笔钱，资助他进行第二次航行。这次，哥伦布仍然没有带回黄金。但他的航海行动刺激了葡萄牙，葡萄牙也开始组织船队到海外寻找黄金。西班牙王室心灰意冷，当哥伦布提出要第三次出海航行时，王室只给了他 6 艘小船和一批水性好的囚犯。

1499 年，葡萄牙航海家达伽马从东方带回来一批名贵的香料，为葡萄牙带来了巨大的财富，葡萄牙人架起了大炮，垄断了海上香料贸易。相比之下，哥伦布的航海行动并没有给西班牙带来多少实惠。他在“印度”作威作福，用残暴的手段统治管理原住民，后来受到指控，被关进了监狱。吃了不到两个月的牢饭，就获释了。51岁时，哥伦布仍然一事无成，苦苦哀求西班牙王室再给他一次机会。这次航行他仍然无功而返，没有找到金矿。1506年，哥伦布在默默无闻中去世，人们已经忘记了这个二流的失败航海家，不曾意识到人类的历史已经悄然改变。

哥伦布误打误撞发现了新大陆，开辟了新航路，当时他满脑子想的都是金子，并不关心人类历史的发展。然而这个孤注一掷的冒险家以他对财富梦寐以求的追求已不知不觉地改变了人类历史的进程，他的行动使各大洲变成了相互关联的统一整体，拉开了大航海时代的序幕。美洲大陆的发现和新航路的开辟，为欧洲新兴资产阶级开辟了新空间、新市场，资本家通过罪恶的殖民活动和掠夺式贸易，完成了早期的原始资本积累，加速了封建社会的解体。

对于美洲的印第安人来说，这是一场空前的灾难。毫无疑问，外来者血腥的殖民统治和惨无人道的种族灭绝政策，给当地原住民带来了永久的梦魇，这段血淋淋的历史是不应该被大航海时代的辉煌遮盖的，欧洲文明的崛起和美洲文明的陷落是同时进行的，两者具有直接因果关系，这一史事应该被永远铭记。

麦哲伦首次环球航行

哥伦布发现了美洲新大陆，代表西班牙王室完成了航海壮举，葡萄牙人毫不示弱，开辟了通往印度的航道，把大批大批的香料运回国内，赚得盆满钵满。有个叫麦哲伦的年轻人，被哥伦布和达伽马的冒险故事深深吸引，决定投身于航海事业，于是游说葡萄牙国王资助自己进行环球航行活动。国王认为，葡萄牙已经垄断了东方的香料贸易，没有必要劳民伤财继续开辟新航路，于是毫不犹豫地拒绝了麦哲伦。麦哲伦不死心，转而游说西班牙，塞维利亚的长官十分赏识他，不仅把自己的掌上明珠嫁给了他，还屡次在国王面前举荐他。在岳父的鼎力帮助下，麦哲伦得到了西班牙王室的支持，如愿建立起了一支舰队。

葡萄牙国王听说西班牙人支持麦哲伦环球探险，担心麦哲伦发掘更多的海外财富，促使崛起的西班牙国力超越葡萄牙，于是暗中作梗，密谋刺杀麦哲伦。麦哲伦对此一无所知，出发时踌躇满志、无所顾虑，胸中热血澎湃，陡然生出一种壮怀激烈的豪情。长期以来，麦哲伦都非常信任王室，并且忠于王室。他出身于破落的骑士家庭，是一个地地道道的贵族子弟。10 岁开始出入王宫，为王室服务。16 岁在航海事务厅工作，从那时起迷上了航海。25 岁以后，多次参与殖民战争，忠心为皇家效力，以武力威胁压迫殖民地的土著人。有一次他乘坐的航船在归途中触礁搁浅，他和船员被困在了一座荒无人烟的孤岛上。等待救援的过程中，他表现得沉着自若，受到了上级的赏识，不久即晋升为船长。

1511 年，麦哲伦追随葡属印度殖民地总督阿尔布克尔克前往东南亚开展殖民活动，参加了攻占马六甲的军事行动。他发现香料群岛以东，仍旧是无边无际的汪洋大海，由此推断大海东岸便是美洲。不禁对美洲大陆浮想联翩。他相信地球是圆的，只要沿着一个方向不停地航行，就能回到最初的原点。从那时起，他便产生了环球航行的想法。

33 岁那年，他回到了葡萄牙，游说国王组织船队环球探险，被国王断然拒绝。他转而向西班牙国王兜售自己的航海计划，并献上了一个别致的彩色地球仪，边转动地球仪边眉飞色舞地讲述环球航行的伟大意义，西班牙国王听得津津有味，加之塞维利亚官员极力进谏，遂十分爽快地答应了他的请求。葡萄牙国王闻讯，派人到塞维利亚散布谣言，竭力诋毁麦哲伦，阻挠其出行，还派奸细混入了麦哲伦的船队，准备暗杀麦哲伦。

1519 年 8 月，麦哲伦带着五艘大船浩浩荡荡地离开了塞维利亚，开启了他的环球之旅。作为舰队队长，大小事务麦哲伦都亲力亲为，并详细地做了记录，船上有多少海员多少食物、多少枚铁钉多少备用风帆，他全都了如指掌。他特地准备了许多甘洌醇美的好酒，以便船员们在感到苦闷无聊的时候，能痛痛快快地喝上一杯。他还购入了一大批吸引土著人的货物，比如能让对方一睹自己真容的镜子和叮当作响、清脆悦耳的铃铛。他想用这些货物跟土著人换些实用的东西，譬如食物、淡水或者其他必备的生活用品。

麦哲伦招募的船员来自世界各地，有来自沿海国家的西班牙人和意大利人，也有来自内陆国的德国人和法国人。不同国籍、不同文化背景的人临时凑在一起，很难在短时间内培养出默契。更令人担忧的是，这批人形形色色、鱼目混杂，有的来历不明，可靠的人并不多，其中还混杂了奸细，值得信赖的人寥寥无几。麦哲伦花了不少心思和他们沟通，希望大家能消除隔阂和偏见，在以后的日子里同舟共济、肝胆相照。

麦哲伦率领船队抵达了西属加纳利群岛，打算稍事休息之后再继续航行。这时他得到了一个坏消息，岳父托人捎信告诉他，西班牙船长们暗中策划发动叛乱，叫他小心行事。幕后主使很有可能是西班牙国王查理五世。查理五世对这次环球探险非常重视，因为统领舰队的麦哲伦是葡萄牙人，他难免会生出“非我族类，其心必异”的想法，所以才会暗中唆使西班牙船长夺权。其中的利害，麦哲伦很清楚，但他不甘心将权柄拱手让人，这次航海行动是由他来主导的，他不能容忍自己的指令得不到贯彻执行。

为了树立权威，麦哲伦故意用不容置疑的语气发布简短有力的命令，从不加以详细说明，西班牙船长们觉得他刚愎自用、不可理喻，对指令更加抵触了。双方的矛盾变得不可调和。有一天一位西班牙船长公然与麦哲伦叫板，当着所有人的面挑战舰队队长的权威，麦哲伦怒不可遏，下令逮捕了那名反叛的船长。这次纷争以麦哲伦胜利告终，但危机仍然没有消除。同年 12 月，舰队抵达了巴西里约热内卢湾。麦哲伦和土著人开始做交易。船队带来的小物品在当地大受欢迎。一把普普通通的梳子换来了两只大肥鹅，一枚小小的鱼钩换来了六只家禽，一面平常无奇的镜子换来了十只色彩缤纷的漂亮鹦鹉，一把剪刀换来了好几条大鱼，足够十二个人饱餐一顿了。至于那些外观玲珑、声音清脆悠扬的小铃铛，需要一整篮土豆才能换一个。

麦哲伦做了一桩非常划算的买卖，补充了不少物资，休息片刻便直奔拉普拉塔河口。河口水面非常开阔，乍一看去，恰似一条通往大洋的海峡。麦哲伦感到十分困惑，于是命令船员驾驶小船前去探明情况。小船很快返回了，结果令人大失所望，它只是一个淡水河的河水，根本就不是海峡。麦哲伦认为也许往南行驶一点，就能找到海峡。船队继续南行，又发现了一处水域宽阔的河口，形状酷似海峡，事实上它只是一个封闭的港湾。航行了这么久，麦哲伦依旧一无所获，没有找到通向太平洋的海峡。他感到无比失落，船员们的心情也很低落。时值冬日，天气越来越冷，船员叫苦连天，情绪很不稳定。

西班牙船长们趁机煽动大家，共同抵制麦哲伦。船队发生了哗变，其中有三艘船的船员宣布不再听令于麦哲伦，叛乱者控制了舰队里最大的船只，杀掉了二副，把船长囚禁了起来，并虎视眈眈地监视着葡萄牙人。一切都是在夜里静悄悄地进行的，天亮以后，麦哲伦才发现事态失控了，他只剩下旗舰和一艘小船了，其他的航船都脱离了他的掌控。面对突如其来的变故，麦哲伦十分冷静，他沉着应对并写了一封信派人给维多利亚船长门多萨送去。递信的一刹那，信使趁门多萨不备，掏出凶器将其刺死，轻而易举地夺回了维多利亚号，成功平息了哗变。麦哲伦指挥三艘船追击叛乱者，堵住了他们的逃跑路线，叛乱者们被强行拦下，只好乖乖投降。

麦哲伦果断处死了杀害船员的西班牙船长，流放了另外一名煽动叛乱的船长，其他参与叛乱的人都受到了宽大处理，被无条件地赦免了。他们熬过了漫长寒冷的冬季，继续往南航行。在探险途中发现了一个奇特的人种。那些土著人身材魁梧，长得人高马大，肌肉无比发达，行动迅捷如风，最有趣的是，他们的脚板非常宽大。麦哲伦啧啧称奇，仿佛看到了外星人一般，于是就派船员抓住了几个，准备把他们当成特别的礼物敬献给国王。其实他们捕获的是巴塔哥尼亚人，属亚美人种。巴塔哥尼亚人是殖民者取的名字，直译就是大脚汉的意思。

船队载着几个大脚汉继续航行，其中有一艘船不幸沉没了，好在船员水性很好，无人罹难。剩下的四艘船继续朝一个方向航行，不知过了多久，船员们终于看到了海峡。大家兴奋异常，高兴得欢呼起来。部分船员想要返回西班牙，日后再出来探险，麦哲伦不同意，执意向前航行。圣安东尼奥号忽然毫无征兆地消失了，原来一批船员偷偷地驾着船率先回了西班牙，带走了一大批物资。他们很有可能向国王进献谗言，指控麦哲伦独断专行、打击异己，残害西班牙船长，凭借强权控制船队。

麦哲伦的处境非常不妙，船上的物资极度匮乏，食品极度短缺，连干净的饮用水都没有了。船员们只能以发霉的饼干和生蛆的面包充饥，喝又脏又臭的污水。由于饮食不洁、营养不良，很多人得了坏血病。在长达三个月的时间里，他们没有吃过一顿像样的饱饭，饿得面黄肌瘦，吃光了船上的老鼠，他们又开始吃木屑和盖在船桁上的牛皮，但凡能吃的东西全都吞下了肚，假如再找不到新鲜的食物，只能活活饿死了。好在悲剧发生前，他们陆续登上了三个有人烟的海岛。皮肤黝黑、头戴棕榈叶的岛民用新鲜的蔬果款待他们，还给了他们一些粮食，帮助他们渡过了难关。船员们对这些热情好客的土著人非常感激。双方相处得十分融洽。

岛民们对这群高鼻深目的外来人感到分外好奇，对于船上的东西更加感兴趣，其实那些都是极其平常的物品，但在土著人眼里却成了稀奇古怪的宝贝。他们实在忍不住诱惑，悄悄地偷走了一些物品。船员发现后，哇哇大叫起来，大声咒骂他们是强盗，并把小岛改名叫"强盗岛"。麦哲伦发现一只救生艇不见了，带着一队人马气冲冲地找当地土著人算账，举起火枪见人便杀，一口气打死了七个岛民，并一把火烧毁了一排茅草屋和数十条渔船。教训完土著人之后，麦哲伦大摇大摆地扬长而去，丝毫没有半点愧疚。善良的土著人好心接待了一群饿得半死的文明人，结果落得家破人亡、无处栖身的下场，这是他们做梦也想不到的。

不久，麦哲伦到达了菲律宾群岛，成功横渡了太平洋，在棉兰老岛北部的小岛停泊了下来，当地的土著人告诉麦哲伦，香料群岛近在咫尺，这就意味着他们很快就要完成环球航行的航海壮举了。麦哲伦很激动，试图凭借个人的感召力控制附近的小岛，推行殖民统治，开始摆出高姿态插手小岛首领之间的争斗。他吩咐船员用子弹和枪炮对付不听话的岛民，双方发生了激烈的械斗，岛民们冒着枪林弹雨猛扑过来，船员且战且退，仓皇败退。麦哲伦恼羞成怒，下令焚毁村庄。岛民见家园被毁，火冒三丈，决定以牙还牙以眼还眼，向恶毒的殖民者投来密集的箭雨和石块。船员抱头鼠窜。混乱中，麦哲伦被标枪刺伤，跌跌撞撞地跑了几步之后，被愤怒的岛民砍死。

麦哲伦没有死在葡萄牙国王精心策划的阴谋上，也没有死在强风骇浪中，而是死在了土著人手里，算不上死得其所，他的死完全是咎由自取。客观来说，麦哲伦是一个非凡的人物，他凭借过人的勇气和坚定不移的信念完成了首次环球航行的航海壮举，不失为一个了不起的航海家，但他对土著居民的所作所为，充分暴露出了殖民者残忍、自私、阴险、狠毒的恶劣本性，单凭这一点，他便不可能流芳百世，只能作为一个毁誉参半的人物，供后人评说。

铁血刀枪下的征服与掠夺

大航海时代，成就了葡萄牙和西班牙。这两个原本微不足道的小国通过海上贸易和殖民掠夺，迅速崛起，一跃跻身于强国之列。西班牙的掠夺对象主要集中在美洲。

令人唏嘘的是这个雄踞南美洲、人口超过六百万人的庞大帝国，是被一个叫皮萨罗的文盲征服的，皮萨罗麾下的士兵不足 200 人，那么皮萨罗是何许人呢？他又是凭借什么手段征服印加帝国的呢？

皮萨罗是一名风流的西班牙军官和女佣的儿子，是一个不被认可的私生子，作为一段露水情缘的产物，他没有资格继承任何财产，自幼在底层社会挣扎，没有受过任何教育。别的孩子捧着课本大声朗读的时候，他在替人家牧猪，对此他引以为耻，把所有的坏情绪都发泄在猪身上，动辄虐待动物。外出牧猪的时候，他总是心不在焉，任由肥猪到处乱跑。有一次把猪弄丢了，担心被主人责罚，便畏罪而逃，结束了屈辱的牧猪生涯。

窘困的处境和私生子的身份，造就了皮萨罗古怪敏感的性格。小小年纪他就一身暮气，如成年人一般阴暗深沉。长大之后，他顺理成章地变成了一个危险的投机分子和亡命徒。哥伦布发现新大陆不久，西班牙的殖民者便蠢蠢欲动，把贪婪的魔爪伸向了盛产金银的美洲。许多狂热的冒险家和走投无路的穷人，纷纷把目光投向了新大陆，西班牙国内掀起了一轮淘金热。皮萨罗同样做着一夜暴富的美梦，于是便兴高采烈地加入了殖民者的队伍，搭乘航船，漂洋过海来到了美洲。

当时皮萨罗手下只有 169 人。他们登上南美大陆以后，发现了密密麻麻的帐篷，不由得心生恐惧。印第安人的数量之多，远远超出他们的想象。他听说印加帝国的精锐之师至少有 8 万人。作为殖民者，他心里一点胜算都没有，但是愿意豁出性命赌一把。不久，印加帝国和西班牙开始通信，皮萨罗对来使十分客气地说：“请向贵国国王传达我最诚挚的问候，我们西班牙人随时欢迎他大驾光临。我们会把他当作亲切的老朋友看待，绝不会有任何失礼行为。我们热切地盼望能尽快和他见上一面，表达我们的友善之意。”

信使刚刚离开，皮萨罗马上紧锣密鼓地部署兵力，在卡哈马卡广场的隐秘角落埋伏了步兵和骑兵，准备来一次瓮中捉鳖的行动，就等着印加帝国的国王自投罗网。印加帝国虽然军事实力强大，但印第安人不会驯马，部队中没有骑兵。这样身穿盔甲的西班牙骑兵就可以横冲直撞地砍杀印第安人，利用居高临下的优势克敌制胜。皮萨罗把所有的赌注都压在了数量有限的骑兵上，他和士兵们事先约好了暗号，得到行动信号之后，两翼的骑兵将迅速杀出，全力围剿印加军队。

中午时分，印加国王阿塔瓦尔帕现身了。这次会面场面十分隆重。这位养尊处优的国王，威风凛凛地坐在肩舆上，以傲然的姿态扫视着黑压压的人群。走在最前面的是一群地位卑微的清路者，他们穿着五颜六色的鲜艳衣服，不停地俯身拾捡路面上大大小小的石头，态度极为谦恭。紧随其后的是一批能歌善舞的艺人，他们身着炫丽缤纷的彩衣，一路载歌载舞，后面跟着一大批横眉怒目的武士，扛着许多贵重的金银制品。阿塔瓦尔帕头顶亮闪闪的王冠，衣着光鲜华丽，身上佩戴着价值连城的绿宝石，气派十足。在人群的簇拥下，更加显得高不可攀。西班牙伏兵见状，尚未开战，便兀自腿软了。

皮萨罗派文森特·德巴尔维德与印加国王阿塔瓦尔帕交涉，文森特·德巴尔维德不怀好意地拿出一本小册子给印加国王看，阿塔瓦尔帕没见过书籍，不知怎么把书翻开，文森特·德巴尔维德投去了一瞥蔑视的目光。阿塔瓦尔帕认为自己遭到了冒犯，一气之下把书狠狠地摔在了地上。皮萨罗趁机发出了暗号，埋伏在广场周围的伏兵气势汹汹地从两翼杀出。西班牙士兵的先进武器给处在冷兵器时代的印第安人留下了深刻印象。那些会喷火的阴森森的枪膛俨然就是索命机器，只要一拉动就能杀人于无形。印加武士虽然身强力壮，可装备实在太落后了，仅有几样简陋的木石工具，对于全副武装、骑着高头大马的西班牙士兵根本构不成威胁。

一场厮杀过后，印加大军死伤无数，立时兵败如山倒。皮萨罗如入无人之境，很快冲到了印加国王的身边，把抬肩舆的印第安人全部砍杀殆尽，活捉了阿塔瓦尔帕。国王被俘，印加大军军心大乱，纷纷溃逃，西班牙骑兵穷追不舍，一路追杀，山谷中血流满地，哀鸿遍野。皮萨罗认为印加帝国是一个高度集权的专制国家，皇权至高无上，在印加人眼里，国王就是神的化身，因此控制了他们的国王，就等于牢牢控制了整个印加帝国，于是便和印第安人谈条件，强迫对方上缴巨额赎金，缴纳的金子一定要填满关押国王的石室。印第安人为了营救国王，不惜动用一切力量从全国各地运送黄金填充皇帝的囚室。孰料皮萨罗得到了满屋黄金之后，并没有遵守承诺，还是杀死了阿塔瓦尔帕。印加帝国灭亡。

不久，皮萨罗兵不血刃地攻下了印加首都库斯科，扶植了一个傀儡皇帝，大肆洗劫皇宫。紧接着，又在全城展开掠夺行动，城里的贵重物品被洗劫一空，金银制品全进了殖民者的私人小金库。皮萨罗把抢夺来的财富就地分赃，与部下瓜分了大部分黄金，将其中的五分之一上缴给了西班牙国王。

皮萨罗巧取豪夺的一生是千千万万个西班牙殖民者的缩影。正是因为有无数个与皮萨罗类似的投机分子投身于如火如荼的海外殖民活动中，南美洲的财富才会如流水般源源不断地涌入了西班牙。西班牙的殖民地遍布南美大陆和北美中部，每年都要派两支舰队到新大陆运送金银，掠夺的财富数不胜数。

西班牙人带走了大批大批的金银，带来了两大最具杀伤性的武器——火器和传染病。印第安人遭受了血与火的洗礼，又受到了致命病菌的侵袭，大批大批地死去。在欧洲人到来之前，美洲大陆一直处在与世隔绝的状态，欧洲的病菌不曾玷染这片纯净的土地，印第安人身强体健，从来没得过天花、麻疹和黄热病。欧洲殖民者登上这片莽莽苍苍的大陆时，把各种各样的细菌也带来了，他们自身已经产生了免疫力，不会发病，却变成了移动的病原体，走到哪里，就把致命的病毒散播到哪里，印第安人在病菌和刀枪的夹击下，渐渐走投无路，人口锐减，几乎濒临种族灭绝。

长期以来，新大陆被视为未开垦的处女地，西班牙人直接把它当成了无主之地，他们在内达华发现了世界上最大的银矿，直接把白花花的银子整船整船地运回国内，一夜跻身为大国之列，一时间富得流油。原住民只能眼睁睁地看着本国的财富大量流失海外，稍加抗议，便会被杀。即使默不作声，也会惨遭屠戮。许多矿产资源丰富的国家，由于殖民者的疯狂掠夺，长期处于贫穷落后的状态，不少国家因此成了坐在金矿银矿上的乞丐王国，这着实是一种莫大的讽刺。

对于美洲人来说，金银不是上帝赐给他们的礼物，而是一切祸难的根源，殖民者正是因为盯上了他们的金矿、银矿，才会走上血腥殖民之路，美洲大陆才有了数百年被殖民的屈辱历史。数百年间，无数的生命灰飞烟灭，被鲜血浸泡过的大地，万物欣欣向荣，人间却是物是人非。

亨利王子种下罪恶之花

大航海时代，是一个激情燃烧的时代，也是一个罪恶的时代，那时千千万万的欧洲人都怀揣着扬帆远航，到大洋彼岸建功立业的梦想。航海并非单纯的冒险行动，因为海洋的另一边是取之不竭用之不尽的宝藏，有无数的金山银矿，有肥沃的土地和富饶的物产，欧洲人是很难拒绝这种诱惑的。为了财富与荣耀，为了满足自己的贪欲，欧洲人开启了强盗式的掠夺，建立了血腥罪恶的殖民统治，给亚非拉人民带来了深重的苦难。

大航海初期，最大的受益者是西班牙，其次是葡萄牙。葡萄牙通过海外掠夺，一跃成为称霸世界的海洋帝国。在建立海上霸权之前，它只是个不起眼的欧洲小国，地域狭小，土地贫瘠，资源匮乏，人口密集，人地矛盾突出。由于国界线全部与强国西班牙接壤，陆上几乎没有任何发展空间，除了向海洋进军以外，几乎找不到其他的出路。

“葡萄牙”在拉丁语的语境里，是温暖的港口的意思。由于受大西洋暖流的影响，葡萄牙气候温暖湿润，海产品比较丰富，港口区贸易鼎盛。这就决定了葡萄牙只有向海上发展，才能赢得更大的生存空间。在大航海时代，欧洲人普遍认为，大海是慷慨的，但不是对所有人都开放的，海上的资源以及大洋彼岸的财富只属于它的发现者。西班牙人先下手为强，建立了庞大的海上帝国，把殖民地的财富统统收入囊中，葡萄牙紧随其后，也想从中分一杯羹，结果切到了一大块蛋糕，瞬间跻身为第二大海上强国。

葡萄牙的崛起与亨利王子大力推行海外扩张政策是分不开的。亨利王子是葡萄牙国王若奥一世的儿子，少年时代曾经追随父亲参加休达城之战，因为表现出色而一战成名。休达城位于直布罗陀南岸，具有极高的战略价值，它是连接大西洋和地中海的交通枢纽，属于要冲之地，所以葡萄牙人才会不惜一切代价拿下这座城。这次战役，让亨利王子熟悉了陆战，他本可以成长为一个横刀跃马的陆战名将，可是从休达城班师回国之后，他毅然放弃了陆战生涯，把目光投向了茫茫无际的海洋，整天幻想着到未知的远方探险。

亨利王子创办航海学校，到处网罗人才，拿出一大笔资金创建远航探险队，积极筹备到非洲西北部探险。这是一项野心勃勃的计划，在当时引起了不小的争议。古代的欧洲贵族，大多都是一副鲜衣怒马的形象，他们以纵横疆场、骑马冲锋为荣，醉心于海战或者航海探险的人并不多。达官显贵很少参与海上探险活动，通常情况下，他们会花钱组织一群不知天高地厚、唯利是图的亡命徒冒险，把航海事业当成是一场赌博或是一项风险极大的投资，鲜有人付出心血和精力。

亨利王子则不同，他把毕生的精力都投入到了航海事业上，为了实现进军海洋的宏伟目标，他舍弃了奢华无度的宫廷生活，迁居到了荒凉僻静的萨格雷斯，长年守着他的航海学校和天文台。他从国外聘请了大量的航海专家和一流的天文学家，搜集了第一手宝贵的航海资料，并升级了造船技术，使船体的质量有了保障，经得起惊涛骇浪的考验。经过数年的准备，亨利王子信心满满，于是派出的第一批探险船队。所有参与航海计划的船员都是他百里挑一遴选出来的，全是意志坚韧、经验丰富的水手和冒险家，这批人对皇家忠心耿耿，对海上探险事业极度热爱，他们历尽千辛万苦，先后发现了马德群岛、桑托斯港岛等物产丰富的岛屿，给葡萄牙带来了许多惊喜。

在当时的年代，航海并不是一件浪漫的事，海船空间很小，载重量有限，至多只能容纳数十人。几十个人挤在低矮逼仄的船舱里，饱受颠簸之苦，日子过得相当艰苦。由于烹调设备简陋，煮出的食物半生不熟，难以下咽。饮用水装在木桶里，过不了多久就会变质，闻起来有股怪味，喝下去黏黏的，实在是令人作呕。最糟糕的是，船一旦离岸，船员们就吃不到新鲜蔬菜了，因为营养不均衡，许多人死于坏血病。比疾病更可怕的是频发的海难事故，海上气候瞬息万变，前一刻钟风平浪静、阳光明媚，后一刻钟风雨大作、白浪滔天，海船随时都有可能被巨浪打翻，沉入海底。

由于从事航海工作危险系数太高，真正有身份有地位的人即使对航海有兴趣，也不会驾着船到海上乱漂，只有衣食无着的无业游民、债务缠身的穷人或是处在穷途末路的小偷、罪犯才会积极参与海上探险活动。他们经过严格的训练，被培养成了无畏的航海者，肩负起了国家使命。大航海时代，贫民、流氓、罪犯代表的是大多数人，养尊处优的贵族只是极少数人，所以官方从不为招募水手的事发愁，总有那么一批人不介意吃发霉的食物，喝发臭的馊水，乐意驾着弱不禁风的小船劈波斩浪、纵横四海，为皇家的航海大业鞠躬尽瘁。

在亨利王子的支持下，欧洲航海家收获颇丰，继发现马德群岛、桑托斯港之后，又发现了大西洋上的亚速尔群岛。有个叫吉尔·埃阿尼什的航海家驶入了传说中的“魔鬼之海”，抵达了博哈多尔角，这在当时是非常了不起的成就，它代表着航行的极限，有天之尽头、海之尽头的意味。后来有个叫鲍尔达亚人代表葡萄牙人，首次踏入了“黑非洲”，他第一次看到了皮肤黝黑、头发浓密卷曲的黑人。

五年之后，黑人被奴隶贩子贡萨尔维什俘获贩卖，罪恶的奴隶贸易随之兴起。亨利王子鼓励贩奴，在非洲建立了殖民据点，积极发展奴隶贸易。他特地组织船队远赴非洲掠夺奴隶，一次航行便抓回来二百多名奴隶。亨利王子此举等于打开了潘多拉魔盒，开启了欧洲长达400年的奴隶贸易史。亨利王子组织的探险逐渐演变成了殖民和奴隶贸易并重的一种经济活动，为此得到了不少实惠。越来越多的人参与了进来，葡萄牙王室为了鼓励私人探险，特地给热衷于航海事业的人颁发了皇家特许状，并承诺说他们可以获得他们发现的所有东西，这就意味着只要有胆识肯吃苦，付出微小的成本，就能获得巨大的收益，这是一种一本万利的买卖，自然会吸引很多人。不少航海家摇身一变，成了奴隶贩子或是殖民者的爪牙，长年从事罪恶的交易，因此一夜暴富。

葡萄牙人自从到达非洲北海岸起，就已经产生了独霸非洲的野心，他们很快占领了佛得角群岛及物产资源丰富的黄金海岸，在西非一带建立起了商业据点，从中掘起了巨额财富。短短几十年里，葡萄牙就由一个落后的农业国变成了西欧最富庶的国家之一。后来葡萄牙占领了巴西，把殖民的触角伸向了南美。

不少人认为，葡萄牙的崛起始于亨利王子时代，的确，亨利王子在航海事业上投入了大量的人力、物力，确实换来了超额回报，为葡萄牙转变成称霸全球的海洋帝国打下了坚实的基础。在其他西欧国家还停留在农耕时代的时候，这位葡萄牙王子就把目光投向了蔚蓝深邃的海洋，把利润丰厚的海上贸易和殖民掠夺当成了拉动经济增长的两驾马车，将欧洲诸国远远地甩在了后面。

不可否认的是，葡萄牙的发家史与罪恶的殖民掠夺及可耻的黑奴贸易密切相连，每一笔财富都是肮脏的。当大笔大笔的横财从天而降时，葡萄牙人陷入了疯狂，他们大把大把地挥霍着赃钱，长年过着骄奢淫逸的生活，渐渐丧失了追求。西班牙国王菲利普二世趁葡萄牙兵败摩洛哥之机，兼并了葡萄牙，抢走了葡萄牙所有的海外资产。菲利普二世以自己有葡萄牙血统为由，加冕为葡萄牙国王，创立了哈布斯堡王朝。葡萄牙丧失了独立主权，海上霸权昙花一现，海上强国的地位被西班牙取代。

奉旨打劫的海盗王

16 世纪至 17 世纪，西班牙是首屈一指的世界霸主，它的势力范围遍布除巴西以外的整个南美洲，囊括中美洲、西印度群岛、墨西哥和佛罗里达地区，殖民地的面积比本国领土大过数倍。凭借坚不可摧的无敌舰队和强大的海军力量，西班牙建立起了雄霸全球的日不落帝国。因此也成为醉心于海外扩张的英国的头号强敌。

英国和西班牙积怨已久。早在伊丽莎白一世统治时期，英国便因为插手西属美洲贸易，支持尼德兰（泛指荷兰、比利时、卢森堡地区）资产阶级反抗西班牙统治，致使两国交恶。后来因为教派之争，两国关系严重恶化，已经发展到了剑拔弩张的地步。大航海时代，西班牙把魔爪伸向了每一个它能触及的地方，引起了英国的强烈不满，作为一个海洋大国，英国也希望从海外攫取更多的财富和利益，两个殖民大国因为分赃不均，矛盾越来越深。鉴于西班牙国力太过强大，英国无法与之争锋，伊丽莎白女王不敢公开和西班牙人较量，于是就暗中鼓励臭名昭著的海盗团队劫掠西班牙商船。

在官方的倡导和鼓励下，英国成了盛产海盗的大国，许多退役老兵和不名一文的水手纷纷转行做了海盗。海盗成了最热门的行业之一。西班牙载着黄金白银的宝船屡屡被英国海盗劫持，西班牙人急了，怒气冲冲地向伊丽莎白女王讨要说法。伊丽莎白女王一笑置之，不闻不问，继续玩着官盗勾结的把戏，把西班牙人气得不知所措。更过分的是，伊丽莎白居然册封海盗头目德雷克为子爵、上将，给予其皇家海盗的崇高荣誉和优厚待遇，并和这个声名狼藉的海盗头子一块儿瓜分赃物。

西班牙人愤怒了，派出无敌舰队攻打英国，孰料出师不利，居然被英国人打得落荒而逃。英国打破了无敌舰队不可战胜的神话，取代西班牙成为新的海上霸主。从此英国人收起了扩张领土的热情，转而虎视大洋，把更多的精力放在了开拓海外殖民地上，为日后成为人类历史上第二个日不落帝国奠定了基础。

英国的崛起与海盗发展的历史是息息相关的。海盗作为一门犯罪行业，历史极为悠久，自从大海上出现了船只，海盗就出现了。古人不以从事海盗活动为耻，而是把它看成了一种发财致富的谋生手段。许多沿海地区渐渐发展成了著名的海盗聚集地。英国是一个四面环水的岛国，岛上的盎格鲁－撒克逊人自古擅长航海，在与狂风巨浪的搏斗中，练就了超凡的胆略。海上狂暴多变的天气和汹涌不息的风浪，激活了他们身上的原始野性，同时激发了他们的冒险精神，造就了他们凶悍大胆、不顾后果亡命徒式的性格。他们坚信只要足够勇敢，敢于放手一搏，就能赢得土地、财产、名誉以及人类渴望的一切。所以义无反顾地走上了杀人越货的犯罪道路，纷纷加入了海盗的行列。

伊丽莎白女王知道凭借自身的力量无法撼动西班牙海上贸易的

垄断地位，在找不到合适盟友的前提下，她把希望放在了以打家劫舍、杀人放火为主业的江洋大盗身上。伊丽莎白公然向海盗抛出了诱人的橄榄枝，为大名鼎鼎的海盗头目颁发了许可证，使海上劫掠活动合法化，引导本国的海盗到海外进行大规模的掠夺，满载着美洲财宝的西班牙船队首当其冲，成了海盗们重点劫掠的目标。海盗们驾着私掠船，奉旨打劫，多次重创西班牙船队，并为英国带来了十分可观的财政收入。海盗头目德雷克在短短三年时间里，截获的财宝总价超过了百万英镑，为大英帝国的崛起做出了不可估量的贡献，那么德雷克是何许人呢？他的背后又有着怎样的传奇故事呢？

德雷克履历非常丰富，最初从事的并不是海盗行业，他在商船上做过杂工，当过船长，有过体面的职业，后来变成了奴隶贩子。由于海上的商路被西班牙垄断，英国人从海外捞不到油水，于是就把赚钱的目标锁定在了利润奇高的奴隶贸易上。28 岁那年，德雷克跟随表哥霍金斯漂洋过海来到了墨西哥，打算抓一批黑奴带回国内贩卖。航行到加勒比海一带，天气骤变，忽然电闪雷鸣、风雨交加，船只在狂风暴雨中受到了摧折，受损严重。德雷克获得西班牙总督批准后，把船开进了墨西哥圣胡安城堡的港口修整。孰料西班牙总督出尔反尔，派兵出其不意地袭击了英国船员，德雷克和他的表哥侥幸脱险，其他的船员全部被屠杀。从那一刻起，德雷克和西班牙不共戴天，他整天想着为死难的兄弟报仇。

四年后，德雷克纠集了一批浪迹海上的亡命之徒，从英国海港出发，成功横渡了大西洋，悄悄进入巴拿马地峡，然后改行陆路，在美洲大陆截获了西班牙商队，抢到了一大批黄金。德雷克把沉甸甸的黄金运到船上，又带领船员洗劫了好几艘西班牙商船，随后得意扬扬地挂帆远去，意气风发地回到了祖国。英国人听说不可一世的西班牙人被抢，都觉得大快人心，伊丽莎白女王听到消息非常高兴，亲自接见了德雷克。这个龌龊凶狠的奴隶贩子兼海盗头目，由于受到女王的赏识，很快被提拔为皇室亲信，不久即被吹捧成民族英雄。

德雷克因为背后有皇室撑腰，身价倍增，前途一片光明，于是誓言要将抢劫大业进行到底，在海上见到西班牙商船立时心花怒放，二话不说登船便抢，得了赃物从来不独吞，把成堆成堆的宝物运送到了英国皇室。等到西班牙政府闻讯而动，派军舰火急火燎地赶赴事发现场时，德雷克早就逃之夭夭了。西班牙官方拿神龙见首不见尾的海盗没有办法，只有实施海上封锁，联通大西洋、太平洋的咽喉要道麦哲伦海峡被严格把控起来，海盗的私掠船无法通过。德雷克无视西班牙的海禁行为，冒着被官方通缉击毙的风险，强行穿越麦哲伦海峡，途中遇上了暴风雨，与船队失散了。

强劲的海风把德雷克的船只吹到了一片神秘的海域。德雷克惊喜万分。长久以来，人们一直认为南美洲最南端的火地岛属于南极洲，而曲折幽深的麦哲伦海峡是沟通大西洋、太平洋最靠南的海上要道。这是一个误区。因为火地岛和南极大陆并不相连，它不是南极大陆的一部分，它的南面是一片浩瀚无垠的汪洋大海。德雷克看到的那片神秘的海域才是南美大陆和南极大陆真正的分界线。德雷克回国后，把这个惊人的发现报告给了女王，英国人创建了新的海上交通要道，从此以后，英国的私掠船不需要经过麦哲伦海峡，只需穿越那片神秘的海域，便可纵横驰骋、逍遥法外了。西班牙人的海禁政策，丝毫阻挡不了英国人的打劫步伐。为了纪念德雷克，后人把那片新发现的神秘海域取名为德雷克海峡。

德雷克不仅给大英帝国带来了成箱成箱的金银财宝，还探索出了一条新航道，伊丽莎白女王认为他劳苦功高，为国家贡献巨大，于是便册封他为皇家爵士。后来西班牙派出无敌舰队讨伐英国，德雷克率海盗私掠船协助英国皇家海军作战。西班牙的战舰超过百艘，楼船高大坚固，远远望去，巍然如山，阵势无比强大。船上藏着许多步兵，西班牙人计划一旦靠近英国的战舰，就让步兵一拥而上杀入敌船，打一场漂亮的近身肉搏战。表面上看，英国处于绝对的弱势，其实不然。英国战船船体较小，灵活机动，很容易绕开西班牙庞大的战舰。德雷克让英国小船尽可能地与敌船保持恰当的距离，同时命令炮手猛烈开火。

经过两天激烈的厮杀，西班牙大败。德雷克又放出火船撞击西班牙的楼船，西班牙的舰队被漫天的大火搅乱了阵型，瞬间丧失了战斗力。德里克在这场海战中立下了不朽功勋，他病逝后尸体被装入了铅制的特殊棺材里，人们为他举行了盛大的海葬。这个集皇家爵士、海军名将等多个光环于一身的传奇人物，永远沉睡在了加勒比海海底。其实他是以人贩子和海盗的身份起家的，他之所以能获得那么多的荣耀，是官盗勾结的结果。正因为伊丽莎白女王为达目的不择手段，德雷克这样的海盗头子才有机会登上历史舞台并大放异彩，被包装成民族英雄，这着实是一种讽刺。

罪恶的黑三角贸易

16 世纪以来，一批又一批的欧洲人涌向美洲大陆，不遗余力地开发矿业和发展种植业经济，对劳动力的需求越来越大。由于印第安人抵御不了外来细菌，大量死亡，欧洲殖民者在美洲本土找不到奴役的对象，只好舍近求远，把目光投向了遥远的非洲。非洲黑人身强体健，适应能力强，不易生病，具有力气大、抗高温、吃苦耐劳等特点，备受欧洲殖民者的青睐。精明的人贩子从中看到了商机，索性干起了贩卖黑奴的买卖。

这是一桩一本万利的生意，在 17 世纪，假如一个黑人的离岸价格为 25 英镑，运到美洲即身价倍增，一般会飙升至 125 英镑。在巨大物质利益的诱惑和刺激下，欧洲、非洲、美洲逐渐形成了一条闭合的贩奴产业链。欧洲人贩子把布、盐、朗姆酒等生活物品运到非洲，换成奴隶，载着奴隶穿越大西洋，漂洋过海到达美洲，再用奴隶换取糖、烟草等利润较高的商品和稻米之类的粮食作物，然后返回欧洲。这条航线大致构成三角形状，故被称为黑三角。

黑奴贸易让奴隶贩子大发横财，并在一定程度上带动了美洲经济的增长。殖民者因为有了充足的劳动力，大力经营种植园和金银矿，积累了巨额财富，而这笔财富又流回到欧洲，促成了欧洲经济的腾飞。贩卖黑奴是一项有利可图的产业，许多欧洲的城市因为参与了奴隶贸易，迅速繁荣兴盛起来，比如英国的利物浦本来只是一个名不见经传的小渔村，在奴隶贸易的带动下，后来居然晋升为英国第二大港口城市。再比如法国的南特、荷兰的阿姆斯特丹等，原本只是普普通通的海港，后来都发展成了繁华的大型港口城市。黑三角奴隶贸易历时 400 年之久，深刻地改变了欧洲、非洲、美洲三大洲的历史，对人类社会的历史产生了重大影响。

贩卖黑人奴隶利润高得吓人，付出的成本却低得离谱，这就促使贪婪的欧洲人在贩奴的道路上越走越远。狡猾的奴隶贩子一般不会以身犯险，亲自俘虏抓获黑人。比起强攻，他们更倾向于智取。来到非洲大陆以后，他们所做的第一件事不是像猎取动物那样到处猎取黑人，而是不断地在非洲各部落之间挑拨离间，怂恿非洲人自相残杀，然后再以极为低廉的价格从获胜的一方大批量购买战俘，这些不名一文的战俘过不了多久就会变成值钱的抢手货。

欧洲人抵达非洲海岸以后，通常会在沿海的贸易据点安顿下来，不可能冒险深入炎热潮湿、到处都有野生动物出没的非洲内陆。他们能够带走成千上万的黑奴，全靠当地部落首领帮忙。部落酋长很喜欢和欧洲人做交易，经常把战俘、本部落中的奴隶和罪犯成批量地卖给远道而来的欧洲人，以换取金钱和先进的武器设备，为日后的部落战争做准备。也就是说非洲人贩卖同胞是为了以战养战，他们把敌人和创造不了多少价值的奴隶、囚犯交给欧洲白人，借此筹集军费和升级武器，以便进行更大规模的杀戮。利欲熏心的欧洲白人从中看出了玄机，于是想方设法地挑起非洲部落之间的矛盾，让他们长年沉迷于厮杀，这样自己就能轻而易举地获得更多的黑奴了。

葡萄牙、西班牙、英国、法国、荷兰、普鲁士、丹麦、瑞典等欧洲国家都曾经参与黑三角奴隶贸易。一时间非洲变成了人口买卖的重灾区。狂野自由的非洲大陆饱受荼毒，热情奔放、如闲云野鹤一般闲散的非洲人沦为了笼中的困兽，他们在押运途中受尽了惨无人道的折磨。他们不仅丧失了尊严和自由，而且随时都有可能丧命。一旦被押上通往美洲的大船，生命就会变得像芦苇一样脆弱。

原则上讲，奴隶的价格很高，奴隶贩子出于保护私人财产的目的，并不希望黑奴大批量地死掉。但由于获取奴隶的过程太容易，奴隶的购入价格又太低，奴隶贩子不可能把黑奴的命看得有多么珍贵。事实上，一趟航程下来，只需要少量的奴隶活下来，奴隶贩子就能赚取数倍于成本的利润。所以他们根本就不会费脑筋去思考该如何提升奴隶的存活率，奴隶们的处境可想而知。

久居大陆的非洲人在登船之前，从未见过大海，看到一望无际、烟水苍茫的海洋，心里无比恐惧。他们不知道大洋彼岸另一个世界是什么样子，不知道大船会驶向何方，不晓得是驶向世界的尽头还是要载着他们前往地狱。饱受惊吓的黑人奴隶哆哆嗦嗦地走进船舱，他们面容愁苦、蓬头垢面、身上的衣服破破烂烂，成了一条条碎片，比乞丐还要狼狈，看起来非常可怜。男男女女皆衣衫褴褛，有的则赤身裸体，找不到蔽体的布料。假如碰上一个仁慈的船长，他们尚能得到遮裸避寒的衣物。倘若船长不同情他们的境遇，他们只能被动地忍受目前的处境。

为了防止奴隶逃跑，奴隶贩子会把奴隶成对锁住。一个奴隶的左脚和另外一个奴隶的右脚锁在一起，该奴隶的左手和那名奴隶的右手拴在一起，彼此成为累赘，谁也别想逃走。由于两个人的手脚被束缚在同一条锁链上，他们想站起来走动或躺下来休息必须和自己的同伴打招呼，两个人必须亦步亦趋、行动完全一致，才能完成某个动作。最倒霉的是同伴在夜里死掉了，活下来的人要守着死尸度过一个可怕的夜晚，做任何动作都要拖着一具沉甸甸的尸体。

奴隶贸易刚刚兴起时，奴隶尚有活动的空间，他们在船舱里走动时，铁链叮当作响、喧哗不止，合着海浪拍打船舷的声音，显得分外诡异。夜阑人静之时，四下鸦雀无声，偶尔传来奴隶哭泣呻吟的声音，哭得凄凄惨惨，惨状惊心。随着奴隶贸易扩大化，奴隶贩子运送的奴隶数量越来越多，奴隶的活动空间被大大压缩了。每艘船都塞满了密密麻麻的奴隶，奴隶们身体紧紧地贴在一起，不能坐不能站立，也不能移动，只能躺着纹丝不动。

遇到暴风雨，船上颠簸得厉害，甲板下的奴隶胆战心惊，在担惊受怕的同时，还要忍受头昏恶心晕船等各种不适，平台上粗糙的木头不停地摩擦着他们皮肤上开放性的创口，又给他们的肉体平添了许多痛苦。由于许多人挤在密不透风的空间里，空气非常污浊，奴隶呼吸着有害的毒气，非常容易染病。船舱污秽不堪，木板上到处散落着成堆的呕吐物和食物渣滓，尿液、汗水和污血混在垃圾里，散发着阵阵恶臭。船长要求船员把船舱打扫干净，船员通常敷衍了事，根本就不会认认真真清洁船舱。他们直接把海水泼在奴隶身上，从来不考虑富含盐类物质的海水洒到奴隶的伤口上，会给奴隶带来多大的疼痛。

在这种极度恶劣的环境中生存，奴隶贩子居然要求奴隶要尽量保持身体健康。由于奴隶大量死亡，奴隶贩子也意识到这个要求有多么不切实际，所以在某种程度上改善了奴隶的境遇。有的奴隶商人允许女人和孩子走出船舱到甲板上自由活动，有时也会允许男性奴隶出来锻炼身体。不过船员和奴隶贩子并不会真心善待奴隶，事实上他们经常虐待奴隶取乐，比如动辄挥舞着皮鞭逼迫奴隶戴着镣铐起舞，然后津津有味地欣赏那些滑稽笨拙的舞步；或者伸出肮脏的大手搂着漂亮的女奴放声浪笑，甚至猥亵、凌辱、奸淫略有殊色的年轻女奴。

奴隶们若是胆敢表示不满，立刻会被打落好几颗牙齿。有的奴隶心情极度抑郁，尝试着跳海自杀，纵身一跃的一刹那往往会被甲板周围的网兜拦住。奴隶贩子不可能给他们自杀的机会，寻短见的奴隶通常都会被拦下，随后将遭受一顿残酷的毒打。跳海不成，奴隶们便试图绝食自杀。奴隶贩子很生气，疯狂地拷打不肯吃饭的奴隶，有时还会用器械撬开奴隶的嘴巴，强行灌食。强壮的奴隶求生不能求死不得，当真是生不如死。虚弱的奴隶渴望存活下来，老天偏偏不给他机会，上船没多久就进了鲨鱼的肚腹。无数的奴隶死于脱水、黄热病、疟疾，他们的尸体被纷纷抛入大海，这些新鲜的尸体成了海洋动物最喜爱的美餐。鲨鱼穷追不舍地尾随着奴隶船，等着吃奴隶贩子抛下的尸体，饱餐之后才肯离去。

耐力顽强的奴隶熬过了所有的苦难，历经千辛万苦，终于抵达了美洲新大陆。可是在美洲的日子并不比待在密闭的奴隶船上更好。上岸后，他们将像牲口一样被拍卖，以后还会被倒卖数次。每次易主，都要被烧红的烙铁烙上一次，新的主人总要在活人商品上打上标识，以证明财产的归属。当奴隶们拖着疲惫的身躯到达种植园的时候，他们已经失去了妻儿、朋友，孤零零地置身于完全陌生的环境中，有了新的劳动伙伴和脾气暴躁、爱挥鞭子的新主人，这就意味着新的苦难开始了，唯有活活累死或被虐待致死才能获得解脱。

第七章
资本主义初期

——在危机动荡变革中转折

16～18世纪的欧洲，封建制度逐渐走向解体，社会性质逐渐向资本主义过渡。资产阶级登上了历史舞台，与没落的封建君主、封建势力进行了一系列的较量。英国议会的权力越来越大，王权被不断削弱，君王陷入统而不治的境地，资产阶级出身的议员步步为营地掌控了国家权力；法国在启蒙思想的感召下，爆发了轰轰烈烈的大革命，君主被送上了断头台，君主立宪制度被推翻；法国人的激进行为引起了欧洲各国封建主的恐慌，封建主们于是便组建起了反法同盟，企图扼杀法国大革命，关键时刻，荒野雄狮拿破仑横空出世，粉碎了反法同盟的阴谋。

欧洲在动荡变革中完成了蜕变，英国、法国确立了新制度，德国、意大利实现了统一大业，远在东欧的俄国奋起直追，推行了一系列大刀阔斧的现代化改革。欧洲步入了近代文明时期。虽然有些国家在沐浴新时代的光辉时，仍残留着旧时代的烙印，但确实向文明世界迈进了一大步。在政治经济环境一片大好的情况下，欧洲出现了工业革命，新发明、新技术如雨后春笋般涌现出来，改变了人类的生产生活方式。然而工业文明成果和物质文明成果均被资本家窃取，工人的生活质量没有得到任何改善。为了维护自己的合法权益，工人进行了一系列不屈不挠的斗争，最终迫使资本家妥协。社会矛盾趋于缓和。

羊吃人的圈地运动

新航路开辟之前，英国属于农业社会，农业在国民经济中占据主导地位。大航海时代的来临，彻底改变了英国的经济结构和生产模式，为了满足海外市场的需求、赚取更多的外汇，英国人迅速调整了产业结构，开始圈地养羊。英国生产的羊毛很受外国的欢迎，羊毛的价格水涨船高，利润是粮食作物的好几倍，所以许多有钱有势的贵族舍弃了传统产业，开始投资市场前景更好的养羊业。

养羊需要丰美的水草和大片开阔的土地，问题是许多丰腴的土地都种上了庄稼，有无数的农民在田间劳作，收回土地就意味着无数的农民要失业，失去赖以生存的资本。贵族们不管这些，他们毫不留情地把佃农们驱逐了出去，将成片成片的土地用栅栏、篱笆和围墙圈占了起来，一望无垠的庄稼地很快变成了一块块绿油油的草地，继而成了羊群的家园。农民流离失所，无处栖身，纷纷变成了一无所有的流浪汉，这就是历史上的圈地运动。

圈地运动被称为羊吃人的运动，英国著名的人文主义学者和社会思想家托马斯·摩尔曾经愤怒地写道："绵羊原本是极其温顺的动物，只要有点草吃就心满意足了，据说现在突然变得又贪婪又凶残，居然想把人吃掉。"托马斯·摩尔所说的绵羊当然不是指真正意义上的羊，羊是地地道道的食草动物，永远都不可能吃人，真正吃人的是封建贵族。由于养羊比种地更有利可图，在资本主义较为发达的地区，封建贵族为了顺应市场潮流，从中牟取暴利，纷纷圈占土地经营牧场。为了把农民从土地上赶走，他们不惜采用暴力手段，粗暴地拆毁了农户的房屋，粗暴地殴打迟迟不愿离开的佃农，有时甚至会闹出人命。

当时英国流传着这样一句谚语：“羊蹄可以把一文不值的泥土变成价值连城的黄金。”贵族阶层为了点土成金发了疯，不惜把世代为自己家族耕作的佃户逼向绝境，这种做法显然是不人道的。在全民逐利的时代，人们都想着利滚利赚更多的钱，没有人在乎弱者的死活。农民是卑微的弱势群体，无权无势，力量单薄，谁又会关注他们的处境呢?

一个叫罗伯特·贝勒特农民的不幸遭遇，能在一定程度上反映出圈地运动给广大佃农带来的深刻伤害。罗伯特·贝勒特是万万千千佃农中的一员，他长年累月地为贵族老爷耕种土地，耗尽了力气，倾尽了汗水，每天像牛马一样辛苦，可是所得甚少，收入一直十分微薄，那点可怜的积蓄根本不能养家糊口，每当看到孩子们饥饿的眼神，他就感到无比内疚。何时才能让孩子们过上丰衣足食的好日子呢？他心中没有答案。结果好日子没盼来，厄运却找上门了。

有一天，罗伯特·贝勒特还没来得及出门，家门就被一群野蛮的不速之客撞开了。罗伯特·贝勒特吃了一惊，只见七八个手持利器的彪形大汉凶神恶煞地站在门口，满脸都是杀气。贵族地主约翰·帕尔默堂而皇之地闯进了屋里，要求罗伯特·贝勒特马上交出土地证，态度无比强硬和蛮横。土地证是贝勒特一家的命根子，失去它，贝勒特的家人就没有活路了，所以无论如何，罗伯特·贝勒特都不肯拿出土地证。无论约翰·帕尔默怎么咆哮威逼，罗伯特·贝勒特都站在原地一动不动，对贵族老爷的命令置若罔闻。约翰·帕尔默没有耐心和他纠缠下去，向打手们使了个眼色。那群满脸横肉的恶棍如同疯狗一样扑向瘦若枯槁的罗伯特·贝勒特，一把夺走了土地证，正要转身离去。

这时罗伯特·贝勒特的小儿子冲了上去，死死地抱住了约翰·帕尔默的腿，说什么也不肯放他走。孩子虽然年纪小，但是已经明白了土地证的重要性，为了家人，他豁出了一切，无论如何都要拦住贵族老爷，一定要将土地证拦下。约翰·帕尔默鄙夷地看了一眼匍匐在自己脚下的穷孩子，十分不快地移动了几步，发现这个孩子力气很大，已经把他完全拖住了。约翰·帕尔默杀机顿起，掏出匕首猛地向腿边的孩子连刺了好几刀。孩子抽搐了几下，便瘫软无力地倒在血泊中，立时没了气息。凶手杀完人之后，大摇大摆地扬长而去。

罗伯特·贝勒特抱着儿子小小的尸体，不由得泪如雨下，他的手上和脚下的土地都被孩子的鲜血染红了。儿子的伤口在不停地流血，他的心也在咳血。可是这笔血债该由谁来偿还呢？罗伯特·贝勒特只是一个老实巴交的农民，哪有力量向权大势大的贵族老爷复仇呢？几天之后，这片被鲜血浸染的大地长出了茂密的牧草，周围筑起了整齐的篱笆，一群群雪白的绵羊在里面悠闲地晒着太阳吃着草。罗伯特·贝勒特家破人亡，背井离乡，转眼成了乞丐、流民，想起和儿子围坐在餐桌前讲笑话的快乐时光，有一种恍若隔世的感觉。他失去了一切，只剩下空空的躯壳和比烂泥还卑贱的生命，如同行尸走肉一般，这样的日子何时是尽头呢？

罗伯特·贝勒特并不是一个孤立的个案。羊吃人的圈地运动持续了数百年的时间。在这长达几百年的岁月里，有多少勤劳朴实的农民被赶出家园，成为灰头土脸、衣衫褴褛的乞丐？土地是农民的根，没有了土地，农民就成了随波逐流的浮萍、随风飘转的柳絮，飘飘荡荡无所归依，天地之大，却没有他们的容身之地，他们漫无目的地游荡着，一路颠沛流离、风餐露宿，并且身无分文，除了伸手行乞以外，还能干什么呢？他们当中有怀抱婴儿的年轻母亲，有刚刚经历丧夫之痛的可怜寡妇，有无依无靠的孤儿，也有拖家带口的男人和唠唠叨叨的妻子，曾几何时他们曾经有过一个简陋却足以遮风避雨的家，如今头上无寸瓦，脚下没有立锥之地，连野生动物都不如。鸟有巢穴可栖，豺狼虎豹也有自己的温暖小窝，他们却什么都没有。夏天要承受风吹日晒雨淋之苦，冬天要忍受风霜雨雪的侵袭，日子要多惨有多惨。

由于受到圈地运动的影响，美丽宁静的英国乡村出现了千村凋敝的荒凉景象，放眼望去，草木丛生，羊群成堆，人烟稀少。大大小小的村落成了养羊基地，已经不再适合人居住。苏格兰有个贵族地主为了赶走农户，居然放火焚烧村庄，把庄稼、房屋悉数烧毁，拒绝离开的农户被就地活活烧死。贵族老爷们认为，碍手碍脚的农户全都被驱逐出去，这样就可以安心经营牧场了。没想到随着牧场的扩大，新的问题又产生了。羊群需要劳工照料，多数牧场都面临劳动力不足的问题。贵族老爷们经过苦思冥想，终于想出了一个好计策，他们立刻推行了一系列野蛮血腥的法律，强迫失地农民到自己的牧场做工，充当廉价劳动力。农民不肯，官方便以流浪罪和盗窃罪将其拘捕。

法律规定，流浪、乞讨是一种违法行为，执法者有权逮捕浪迹街头的闲散人员或乞食四方的流民，失地农民成了被重点整治的对象。不少人遭到了逮捕，被绑在马车后狠狠地鞭打，执法人员没有一点同情心，把人打到遍体鳞伤、浑身淌血才肯罢手。随后会将罪犯遣送回原籍。如果对方肯乖乖就范，能老老实实地到贵族老爷们的牧场干活，尽心竭力地照顾羊群，他们尚能手下留情。若对方敬酒不吃吃罚酒，被释放后继续流浪，第二次遭到逮捕，那么就要加大惩罚力度，罪犯除了要承受无情的鞭打以外，还要被割掉半个耳朵。第三次被拘捕的罪犯，要处以极刑。

为了进一步威慑流浪农民，法律甚至规定，他们因为游手好闲被人检举告发，就会沦为告发者的奴隶。变成奴隶后，逃亡逾十四天被抓，将成为终身奴隶，主人有权用烧红的烙铁在他们的额头上或背脊上打上烙印，随意出售。奴隶出逃的次数达到三次，论罪当死。当时的立法是相当荒谬的。农民被剥夺了土地，毁掉了屋舍，失去了安身立命的根本，被迫加入流浪大军，本来已经很悲惨了。贵族老爷们却仍然不肯放过他们，又制定了一系列荒唐恐怖的法律，大肆迫害流浪农民，用皮鞭、烙铁和各种匪夷所思的刑具残害他们，以此逼迫他们就范。不少农民和封建地主有着不共戴天的血海深仇，宁死也不肯与对方合作，双方的矛盾变得不可调和。后来终于爆发了轰轰烈烈的农民大起义。

在农民起义的沉重打击下，轰轰烈烈的圈地运动逐渐沉寂。到了 17 世纪，英国资本主义高速发展，英国城市人口急剧增长，对羊毛和粮食的需求均有所增加，走向没落的圈地运动死灰复燃，再次兴盛起来。与之前不同的是，贵族圈地，既发展牧业又发展农业，养羊和种植庄稼两不误。传统的农牧业方式被资本主义经营方式所取代，封建贵族地主摇身一变，变成了新兴的资产阶级，成为社会新贵。他们雇用了大量的工人照顾牧场和田园，赚取了巨额财富。许多流浪农民转化成了工人，变成了廉价劳动力。封建贵族地主和佃农的斗争成为历史中的云烟，新的生产关系建立起来。羊吃人的时代过去了，但人吃人的历史仍然在延续，从事繁重劳动的工人照旧饥寒交迫、朝不保夕，手上没有任何生产资料，只能依附雇主生活，一旦被雇主解雇，生活将陷入绝境，境况比佃农好不了多少。

王权陷落，权力从君主滑向议会

17世纪初，英国新兴资产阶级与封建王权的矛盾越发尖锐，双方不可避免地陷入了夺权斗争的旋涡。1603年，新任国王詹姆斯一世上台以后，采取了一系列倒行逆施的政策，不断加强和巩固君主专制制度，极力鼓吹君权神授，声称王权高于一切，有权任意设置税款。议会提出质疑，他居然直接把议会解散了。詹姆斯一世去世后，他的儿子查理一世继续推行扩大王权、打压议会的策略，他竟然威胁下议院说："我是国王，具有至高无上的权力，议会的运转掌握在我手中，我说什么时候召开就什么时候召开，我想什么时候解散就什么时候解散。"意思是议会不过是他的掌中之物，必须唯他马首是瞻，否则随时都有可能被解散。

英国是最早确立资产阶级议会的国家，早在13世纪中期，议会就形成了。议会分为上议院和下议院，前者由贵族代表组成，后者由乡村和市民代表组成。早期，上议院政治影响力较大，后来下议院的力量不断增强，渐渐扭转了不利的态势。英王作为国家元首，和议会共同分享国家权力。这样，国家一旦出现不靠谱的昏君暴君，议会就可以起到很好的牵制作用，防止不称职的君主做出祸国殃民的错误政策。

查理一世执政期间，横征暴敛，大肆搜刮人民，操纵法庭，控制法官，做了许多逆历史潮流的坏事，搞得天怒人怨，议会自然不能坐视不理。不过在查理一世看来，自己的行为完全正当，他之所以这样理直气壮，原因有两个。一是资产阶级参政议政的热情越来越高，对专制王权构成了挑战。二是英国陷入战争泥潭，和西班牙、法国打得不可开交，亟须筹措军费。不增加税收，英国在军事上将陷入被动。可是按照《大宪章》的规定，国王不可以擅自增收苛捐杂税。税收政策关系到国计民生，如需更改，必须经过议会批准才能生效。

查理一世提出申请之后，议会不但驳回了他的请求，还进一步削减了王权，剥夺了国王征收关税的特权，只给了查理一世征收一年关税的权力。查理一世怒不可遏，一气之下解散了议会，开始随心所欲地向广大商人征收新税。议会暗中怂恿群众抗税。国王和资产阶级之间的斗争，演变成了王权和民权的较量。查理一世势单力孤，渐渐处于下风。因为征收不到足够的税款，国库空虚，财源枯竭，被迫做出了妥协让步，重新召开议会，与议员们协商税收事宜。

议员们给国王呈上了一份《权利请愿书》，态度鲜明地表示，要想筹到军费，必须还政于议会，恢复议会应有的权力。他们义正词严地重申了《大宪章》的原则，要求查理一世尊重民权和司法权，未经正常审判，不得私自关押任何臣民，未经议会同意不得增设新的税目，法庭作出公正判决之前，国王不能剥夺公民的私有财产。查理一世急需用钱，只好同意了议会提出的条件，最终得到了 35 万英镑。第二年，他开始后悔，觉得这笔交易很不划算，又想收取更多的税款。议会号召民众抗税。查理一世火冒三丈，再次强行解散了议会。

查理一世正因军费不足而一筹莫展的时候，英格兰和苏格兰烽烟又起。英国陷入长久的财政危机，实在打不起消耗战了，只得暂时求和。求和只是缓兵之计，骄纵好战的查理一世一心想要苏格兰臣服，早晚会和苏格兰再动刀兵。众所周知，两国交战，比拼的不仅是武力，还有财力。没有雄厚的资金支持，就失去了作战的资本。一穷二白的查理一世为了筹集军费出兵英格兰，再次饮鸩止渴，又一次召开了议会。

结果，议会还是不肯合作。议员们纷纷站出来历数查理一世的斑斑劣迹和种种暴政，拒绝讨论有关征税的事情。查理一世勃然大怒，再次解散了议会。因为掏不出钱来发放足额的军饷，英国时刻面临军队哗变的风险。查理一世焦头烂额、走投无路，被迫重新召开议会。经过长久的拉锯战，议会取得了阶段性的胜利。议员们毫不客气地痛斥查理一世的专制行为，并逮捕处死了他的两个左膀右臂，不久又递交了《大抗议书》，希望进一步限制王权。查理一世的怒火再次被点燃了，宣称要不惜一切代价捍卫国王的尊严。

1642 年 1 月，查理一世杀气腾腾地闯进了下议院，逼迫议长交出五名反对派领袖。面对国王的威逼，议长镇定自若，拒绝服从命令。查理一世威严扫地，碰了一鼻子冷灰，只好灰溜溜地离开了。对于国王排斥打压异己的行为，议员们感到既吃惊又愤怒，连声高呼："特权！特权！"抗议国王迫害反对派领袖。查理一世意识到凭借政治手腕已经控制不住局面，转而诉诸武力。英国因此陷入了内战。

内战爆发以后，克伦威尔毅然决然地站在议会一边，组织军队与国王抗战，在查理一世独裁政权垮台的过程中起到了关键性的作用。克伦威尔出身于世家大族，家族成员中有九人在国会中担任议员。由于受到家庭熏陶，他对政治抱有浓厚的兴趣。29 岁那年，他进入了下议院，开始涉足政坛。早年并无太多建树。国会解散后，他曾经组织沼泽地区的人民对抗贵族特权阶层，在民间赢得了极高的声望。1640 年，他再次担任国会议员，参与起草了《大抗议书》等声讨查理一世的文件。1642 年，国王与议会决裂，一场大战一触即发。

穷兵黩武的查理一世连军饷都发不出，自然不是革命热情高涨的国会军的对手。战争期间，下议院宣称国家权力属于人民，人民通过法定程序选举出来的代表，有权制定法案，即使得不到国王或上议院的批准，也具备法律效力。由于下议院是广大平民阶层的代表，受到民众的拥护，而查理一世作为独裁人物，备受唾弃，人心向背决定了这场战争的胜负。

战场上，克伦威尔指挥若定，率领国会军骑兵猛攻王军的左翼，王军抵挡不住猛烈的冲锋，节节败退。随后，克伦威尔又指挥骑兵冲向王军的中路军。王军中路军统帅阿斯特里遇到了强劲的对手，一番厮杀后，王军大败。查理一世见大事不好，赶忙调动军队驰援阿斯特里。就在这千钧一发的时刻，发生了一件不可思议的怪事。查理一世横刀跃马，正要指挥近卫军支援阿斯特里时，他的战马莫名失去了控制，疯狂地向右跑去。将士们不晓得发生了什么事情，糊里糊涂地追随国王而去。由于近卫军走错了方向，阿斯特里迟迟等不到援兵，陷入孤军奋战的境地，最终被国会军击溃。这场历时四年之久的内战，以国会军取得胜利而告终，查理一世兵败被俘，沦为阶下囚，不久就被送上了断头台。

克伦威尔凭借赫赫战功和在议会中的影响力，晋升为首屈一指的政治领袖，他处决了阻碍民主进程的反动国王，平息了公愤，赢得了平民派的称赞。紧接着，他又废除了上议院和君主制，只保留了代表平民派利益的下议院，改变了英国的政体，英国进入了共和国阶段。共和国成立后，克伦威尔暴露出了个人野心和强烈的专制欲望，开始实施军事独裁，窃取了资产阶级的革命成果。他去世以后，英国各派势力争斗不休，资产阶级和新贵族出于维护切身利益的需要，选择了向英王妥协，斯图亚特王朝复辟。

国王詹姆斯二世上台之后，大肆清洗迫害异己，引起了人民的强烈不满。英国资产阶级联合新贵族发动宫廷政变，成功推翻了詹姆斯二世的腐朽统治。由于这场政变没有发生任何流血冲突事件，故而后世将其称之为“光荣革命”。1689 年，议会通过了《权利法案》，王权受到了极大的削弱和限制，此后英王大权旁落，逐渐陷入统而不治的境地，国政大权渐渐转移到了议会手里。英国最终确立了君主立宪制度。

彼得大帝：用鞭子驱赶国家前进的改革家

以英国为首的西欧国家，虽然没有废除国王，但资产阶级在政坛上的影响力越来越大，已经发展成了一股巨大的政治力量。地处东欧的俄国还处在落后的农奴制时期，各方面的成就都无法与西欧国家同日而语。当时的俄国政治腐败昏暗，文化落后，生产技术水平低下，国民闭塞愚昧，一切迹象表明，俄国已经与欧洲世界脱轨了。

彼得大帝登基后，立志要改变俄国保守落后的面貌，推行了一系列大刀阔斧的改革，使俄国由一个积贫积弱的三流国家一跃而成为世界强国。从某种意义上说，在俄国，彼得大帝是第一个睁眼看世界的人。在他之前，俄国人长期闭关自守，习惯了墨守成规，思想封建，社会上存在大量的陋风陋习。他们不知道在欧洲大陆的另一侧，许多国家已经建立起了先进的资本主义文明，自己的国家已经落伍了。如果不是彼得大帝有先见之明，俄国在相当漫长的历史时期里，都要被西欧国家远远甩在后面。那么，彼得大帝为何能突破自身的局限，率先看到外部世界的文明呢？这还得从他极富传奇色彩的人生履历说起。

出生于帝王之家的彼得，很小的时候就被动地陷入了残酷的宫廷斗争之中。10 岁那年，他和兄弟伊凡一起被拥立为沙皇。由于年纪太小，他无力掌控政权。他的异母姐姐索菲亚野心勃勃，强悍无比，趁其立足未稳，发动了宫廷政变，顺利夺得大权。彼得被迫跟随母亲迁居到莫斯科近郊避难，从此不再过问国家大事。

年少的彼得求知欲盛、好奇心强，喜欢和使馆区的外国人来往，对西欧文化无比向往。那时的彼得只对两种东西感兴趣，一是新鲜有趣的异国文化，二是惊险刺激的军事游戏。他组建了两支童子军，亲自督促军团操练。索菲亚担心彼得将童子军打造成训练有素的正规武装军队，日后对自己的统治构成威胁，于是决定先下手为强，除掉弟弟彼得，自己登基当女沙皇。阴谋败露后，彼得后发制人，果断出击，率领童子军平息了叛乱，夺回了君权。索菲亚遭到放逐，被迫入修道院做了修女。

彼得执政时期，俄国是一个封闭的内陆国家，连一个像样的出海口也没有，没有条件发展海洋文明，与西欧国家相比，落后了半个多世纪。彼得渴望改变现状，为了让俄国跟上时代发展的步伐，他决定亲自到西方取经。1697 年，年轻的彼得来到了荷兰萨尔丹，参观了荷兰著名的造船厂。为了掌握先进的造船技术，他装扮成一个普通的木匠，潜入了造船厂的木工车间。彼得身强体壮、精力充沛，干活十分卖力，仿佛永远都不知疲倦似的。休息时间别的工人都在打瞌睡，他却依旧精神饱满，总是不厌其烦地向经验丰富的老师傅请教有关造船的各种问题，边听边做笔录。

工人们感到很奇怪，凭借直觉认为眼前的这个年轻人绝非等闲之辈。彼得自称自己只是俄罗斯使团中的一个随员，在做木工之前，是一名水手。这显然是一个十分蹩脚的谎言。因为俄国使团的官员时常来拜望他，对他一直恭敬有加，不敢有丝毫的造次。荷兰工人更加困惑了，私底下议论纷纷，都在猜测彼得的来历。大家一致认为他是一个了不起的高官，但是没有人知道他是俄国沙皇。

在欧洲游历期间，彼得参观了阿姆斯特丹、柏林、维也纳、罗马、伦敦、威尼斯等多个欣欣向荣的城市，足迹遍布西欧各国，沿途学到了很多有价值的东西。微服出巡的过程中，他到处打工，潜心学习技术，以水手的身份到荷兰、英国两个航海业较为发达的国家学到了先进的造船技术和船舶设计知识，凭借着过硬的本领和扎实的基本功，顺利拿到合格的技术证书之后才返回祖国。

1698 年 8 月，彼得大帝结束了游历生涯，回到了俄国首都莫斯科。贵族大臣殷勤地跑来致意。彼得大帝眉飞色舞地向大家讲述着路上的见闻，大臣们听得入了迷。正当大家听得兴起时，彼得大帝忽然一把揪住夏诺大元帅的长胡子，以迅雷不及掩耳之势，将胡子剪掉了。夏诺大元帅顿时清爽了许多，一瞬间年轻了好几岁。可是他非但不高兴，还暗暗责怪皇帝陛下损坏他的仪容。在场的其他人面面相觑，全都惊得目瞪口呆。彼得大帝操起剪刀，逐一为贵族大臣修面，臣子脸上那片脏兮兮乱蓬蓬的大胡子不见了，面目为之一新。他们的反应很奇怪，全都紧张地盯着撒落在地上的胡须碎屑，眼神里充满了恐惧。回到家里，他们的太太吓得大哭起来。

原来俄罗斯人以前从来不剃胡须，按照传统习俗，男人长出胡子以后，一辈子也不能修剪。每个男人胸前都得垂着一把完好无损、光滑油亮的大胡子。正因为如此，俄罗斯男人显得邋遢、苍老、古板、严肃，不像西欧男人那样整洁和活力四射。彼得大帝把胡子看成俄罗斯保守文化的象征，是有一定道理的。为了让俄罗斯人改掉旧思想，彼得大帝毅然向俄罗斯男人的胡子动刀，把宫廷贵族的胡子统统剪掉了，并颁布圣旨，严禁俄罗斯人蓄须，违者一律缴纳罚款。顽固的俄罗斯农民宁愿受罚，也要保留胸前那把蓬松凌乱的大胡子。彼得大帝提升了罚款金额，规定交不起罚款的蓄须者必须服劳役。俄罗斯人这才乖乖地接受了剃须的命令。

紧接着彼得大帝又用同样的方法，淘汰了陈腐的旧式服装，强迫俄罗斯人换上了新潮的匈牙利和德国的服饰。经过剃须易服的改革后，俄罗斯人的思想观念发生了很大的变化，他们渐渐感觉到，一成不变的未必是对的，新事物未必不可取，对于外来文明不再那么排斥了。彼得大帝趁机颁布了新礼法，并在军事、行政、文化教育和工商业等多个领域进行了大刀阔斧的改革。

他开始大力推行义务兵役制，创办了多所军事学校，把大批的青年才俊派遣到西欧各国学习先进的军事理念，并积极参与海军的建设，修筑海军基地，修建了各类兵工厂。1699 年，彼得大帝在首都莫斯科建立了市政厅，在地方建立了自治署，配备了相关官员，负责处理工商业事务。然后仿照西方，把全国划分成 50 个州，在每个州建立了一套高效运行、配套完备的行政机构。为了让国家行政机构在形式和实质上与西方国家接轨，他设立了参议院，赋予了参议员极大的权力，又陆续创立了税务院、外交院、监察院、司法院等 11 个行政部门，各院采用投票的方式作出决策，以防止政府机构沦为个人意志的工具。为了奋起直追，赶超西方，彼得大帝投入了大量精力改革俄国的文化教育，在全国各地创办了各种类型的新式学校，并派遣品学兼优的贵族子弟到西欧各国学习。

彼得大帝在推行新政期间，遭到了顽固派、守旧派的抵制，改革之路步履维艰。为了尽快扫清障碍，实现强国之梦，彼得大帝采取了一系列严酷极端的措施。对于阻碍俄罗斯进步的人，他一律严惩不贷，轻则罚款抄没家产，重则逮捕入狱、严刑拷打、流放远方或者处以死刑。整个俄罗斯都在他的皮鞭下战栗。他的儿子企图废除改革，被处以苛刑。彼得大帝平静地看着儿子接受酷刑折磨，不发一声。仿佛面前那个痛得浑身发抖、满头大汗的罪犯不是他的亲生骨肉，而是他最痛恨的仇敌。他的儿子被活活打死了。在失去儿子的第二天，彼得若无其事地参加各种政治活动，丝毫没有流露出半点忧伤。

在那场改革风暴中，彼得大帝与所有反对自己的人走向了对立面，母亲、岳父、叔叔都成了他的政敌。付出了众叛亲离的代价之后，贫穷愚昧、孤立落后的俄罗斯终于走上了近代化之路，彼得大帝欣慰地笑了，他的皮鞭大棒政策奏效了，他用最野蛮的方式使蛮荒守旧的俄罗斯走向了文明，走向了繁荣昌盛。

启蒙运动：用理性之光驱散黑暗和迷雾

17—18 世纪，欧洲资本主义处于蓬勃发展的时期，资产阶级不满足于现有的政治经济地位，渴望突破封建旧制度、旧势力的束缚，掌握更多的政治权力和话语权。封建君主和旧贵族继续维护自己腐朽没落的统治，无视资产阶级的利益诉求，双方的矛盾日益尖锐化。

在两大势力针锋相对的情形下，欧洲掀起了一场思想启蒙运动，人类的思想获得了空前的解放。

欧洲思想启蒙运动发端于英国，兴盛于法国，以法国为风暴中心，迅速席卷了欧洲各国，深刻影响了欧洲的历史，乃至整个世界的历史。按照法语的解释，“启蒙”即“光明”之意，意思是人类社会长期处于伸手不见五指的黑暗之中，前方一片混沌看不到希望，只有运用理性之光才能驱散无边的黑暗，让双眼看到光亮，让心灵感知到光明。启蒙运动的代表人物是伏尔泰、孟德斯鸠和卢梭，三位睿智激进的思想家，反对特权和封建主义，倡导自由、平等和民主，提出了许多符合现代社会理念的主张，为推动人类社会文明的进步作出了不可估量的贡献。

伏尔泰强调天赋人权，猛烈抨击特权制度和封建专制制度，控诉社会种种不平等的现象，主张言论自由和保护私有财产。他最著名的一句格言“我不同意你说的每一个字，但我誓死捍卫你说话的权利”至今广为流传。这句话的意思是，每个人都有发声的权利，公民拥有平等的发言权，不该受到粗暴的干涉。伏尔泰认为，上天赐予每个人平等的权利，在法律面前人人平等，任何人都不应该凌驾于法律之上。

伏尔泰被称为“欧洲的良心”，他不畏权贵、蔑视世俗，坚决不向邪恶势力妥协，拒绝与污秽混乱的现实世界同流合污，为此也付出了不小的代价。伏尔泰有桀骜不驯、愤世嫉俗的一面，并不是因为他时运不济、怀才不遇或者贫困潦倒、前途暗淡。相反，出身于中产阶级家庭的他，家境优越，凭借良好的家世，他是很容易跻身到上流社会的。为了自由平等的理想，他毅然与上流社会决裂，写诗讽刺秽乱丑恶的宫廷生活，批判王公贵族穷奢极欲、骄奢淫逸，被关进了巴士底监狱。

伏尔泰在巴士底监狱吃了 11 个月的牢饭，受了不少苦，却丝毫不感到后悔。在监狱里服刑期间，他依然笔耕不辍，完成了悲剧《俄狄浦斯王》的创作。出狱后，他拜见了把自己投进监狱的奥尔良公爵。他半开玩笑地对关押自己的那个人说："陛下，您真是一个慷慨大度、乐于助人的好人，居然花费公款为我解决了这么长时间的食宿问题，对此，我由衷地表示感谢。以后，您就别再为这些麻烦事操心了，还是让我自行解决吧。"

孟德斯鸠不同于伏尔泰的幽默戏谑，他是一个非常严肃冷峻的人。他崇尚自然和科学，强调法治精神，反对神学，并在洛克分权思想的基础上确立了"三权分立"的政治学说。三权分立指的是立法权、行政权、司法权彼此独立，相互制约和平衡。该理论对欧洲国家政治体制的建设影响很大。因为长期从事法律方面的工作，孟德斯鸠对法治建设尤为关心，他赞同平等自由的资产阶级理念，但坚决认为自由是有边界的，它必须存在于法律框架许可的范围内，公民没有随心所欲违法的权利，一个人公然践踏法律，破坏社会秩序，那么他就不再享有自由了。

孟德斯鸠出身贵族世家，做过律师、波尔多议会议长和法院庭长。他在体制内做得风生水起，处理过无数的案件。1724 年，他签署了一份保护麻风病人的法案，禁止任何人驱逐麻风病人。在波尔多，有一些罹患麻风病的家族饱受歧视，屡屡受到当地市民的驱逐，被迫离群索居，这几个家族为了维护自己的正当权益，联名向当地法院提出了申述。法院很快做出了答复，呼吁市民消除偏见，尊重麻风病患者，给予其必要的关怀和帮助。告示刚刚贴出，就被人悄悄撕毁了。孟德斯鸠听说了此事，立刻签发了令状，确保麻风病人不被恶意驱逐，最基本的权利得到充分保障。他曾经义正词严地说："司法不只是解决利益之争的……我实在找不出冷漠对待麻风病人的理由，我的同事可能认为我有点过度热心，其实我只是不希望这些可怜的病人被孤立被驱逐而已。"孟德斯鸠是纯粹的人道主义倡导者，他用法律手段保护了弱势群体，帮助了最需要帮助的人，这是非常难能可贵的。

卢梭与伏尔泰、孟德斯鸠一样，主张自由平等，反对专制和压迫。与伏尔泰不同的是，他不赞同私有制，认为允许财产私有，是造成贫富差距、导致人类不平等的根源。卢梭认为，契约精神和契约关系是理想社会必不可少的元素，人与人之间的契约关系是构成理想社会的基础。政府的公权力来自人民对它的认可，公民应该组成代议机构行使立法权，通过开会讨论的方式决策事务，彰显公众意志。卢梭的思想主张损害了当权者的利益，因此频繁受到政治迫害。在饱受诋毁的境遇中，他愤然拿起笔写下了《忏悔录》，用沉痛的笔调记述了自己饱经忧患、坎坷心酸的一生。

卢梭出身于一个破落的小资产阶级家庭。父亲是一个收入微薄的钟表匠，母亲在他很小的时候就去世了。他曾经给一个雕刻匠当学徒，经常挨打挨骂，因忍受不了虐待而出逃。后来做过仆役、随从、家庭教师、秘书等多种工作，一直默默无闻。38 岁那年，因为出版了《论科学与艺术的复兴是否有助于使风俗日趋纯朴》的获奖文章，在文学界崭露头角，此后一发不可收拾，陆续创作了《乡村卜师》《论人类不平等的起因和基础》等作品，在国内引起了强烈的反响。然而盛名之下的卢梭，终生都没有摆脱贫穷的阴影，他一生落魄潦倒，生了五个孩子却养不起，被迫将他们全部送到了育婴堂。晚年，卢梭孑然一身、孤苦伶仃，活得非常痛苦和压抑，国王、法院、政要都反对他，他没有朋友，到处都是敌人。

1762 年，他的大作《爱弥儿》被官方查禁。次年 6 月，他在床上睡得迷迷糊糊，半夜被人叫醒，得知他的书被斥为异端邪说，法院已经签发了逮捕令，准备通缉他。卢梭诚惶诚恐，连夜奔逃，忧心忡忡地离开了巴黎。几经辗转，他终于安定下来，可日子依旧不好过。市侩的小贩见他囊中羞涩，故意减价卖蔬菜给他，借此羞辱他。商店的店员卖给他不能书写的无色墨水，阻止他为自己写辩护词。无论他走到哪里，都有官方派来的密探悄悄跟踪和监视他。

在巨大的精神压力下，卢梭几近精神崩溃，他时常精神恍惚，有一次出门差点被马车撞死。就在他郁郁寡欢、苦闷至极，又不断受到污蔑和声讨的时候，他悲愤到了极点，于是怀着无比复杂的心情写下了轰动世界的《忏悔录》，他把手里的生花妙笔变成了犀利的解剖刀，以无比细腻的刀法和抽丝剥茧的方式一点一点地解构自己，把自己隐晦不堪的一面全部毫无保留地展示了出来，这种大胆的行为在人类历史上是绝无仅有的，堪称是一项空前绝后的壮举。

在书中，他承认自己偷过东西，说过谎，沾染过种种恶习，做过违背良心的事，明明白白地告诉世人，作为一个毁誉参半的思想家，他既不是完人也不是圣人。其实世上从来就没出现过完人和圣人，十全十美的完人和纯洁无瑕、道德高尚的圣人都是包装出来的假象，可惜人们从来不敢面对真相。唯有卢梭敢于面对真实的自己，敢于睁眼观察真实的世界，所以他才能活得那么坦荡、率真、心安理得，单凭这一点，他便不愧为一个伟大的思想家。

走向歧路的暴力革命

法国人民在启蒙思想的熏陶下，观念发生了很大的变化，民主、平等、自由观念深入人心，忠君思想和专制思想渐渐失去了生存土壤。国王路易十六没有看清时局的变化，继续奉行祖上“朕即法律，朕即国家”那一套。在国家内外交困，深陷财务危机时，不合时宜地召开了三级会议，宣布对第三等级加税，引起了法国人民的普遍不满，直接导致了法国大革命的爆发。

法国大革命爆发前，法国是一个贵贱有序、等级森严的社会，公民被划分为三个等级：第一等级由国王和高级教士组成，第二等级由出身良好、血统高贵的贵族组成，第三等级包括资产阶级、农民、一无所有的无产者和处在赤贫状态的底层人民。也就是说除了国王、教士和贵族，所有的公民都被列入了最低等级。特权阶层由少数人组成，侵吞了最优质的社会资源，霸占了大部分财富，占据大多数的法国人民世世代代处在金字塔的底端，只能被动地忍受剥削和压迫。国家缺钱，国王只能变本加厉地搜刮老百姓，因为特权阶层没有纳税的义务，这对于走投无路的穷苦百姓来说无疑是雪上加霜，由此引发骚乱乃至社会动荡，完全是情理中的事。

1787—1789 年，法国连年发生旱灾，大片庄稼枯死，农作物歉收，到处都在闹饥荒。粮食短缺引发了一系列恶果，面包的价格急剧上涨，各类农产品的售价迅速飙升，劳动人民买不起食品，普遍营养不良，无论是在熙熙攘攘的闹市还是在宁静的郊区，到处都能看到饥饿的人群。由于法国人的购买力下降，正常的供求关系被打破，大批的工厂倒闭了，数以万计的工人下岗失业。人们衣食无着、饥寒交迫，被推向了绝望的边缘，危急时刻，政府不但不肯施以援手，反而宣布要加税。法国人民忍无可忍，愤怒地攻占了象征封建专制统治的巴士底狱，拉开了大革命的序幕。

1789 年 7 月 14 日，革命军用火力强劲的大炮炸开了吊桥的铁链，如开闸的洪水般冲进了巴士底狱。他们的目标是释放被关押在监狱里的政治犯，顺便教训一下残暴狡诈、市侩贪婪的看守，展示自己与专制集权抗争到底的决心。可是闯进监狱后，所有的人都傻眼了。里面没有饱受迫害的政治犯，也没有凶残狡猾的狱卒，一共有八个人，有四个专门兜售假证的商贩，两个生活不能自理的精神病人，一个性变态者，另外一个是典狱长。典狱长并不是一个横眉怒目、凶神恶煞的恶棍；相反，他慈祥和善，温柔敦厚，每天像保姆一样无微不至地照顾监狱里的这些病人。革命军乱哄哄地闯进来的时候，他正用轻柔的动作小心翼翼地为其中一个精神病人擦去嘴边的口水。随后他微微转过身，压低声音提醒暴动者不要在此地大声喧哗，以免刺激到里面精神脆弱的病人。

革命军不仅无视典狱长的正当要求，反倒莫名其妙地把他推到人群中央，将他当成了斗争的对象。典狱长被一群人团团围住。人们就像围攻猎物一样疯狂地围攻他，从不同的方向对他拳打脚踢。典狱长饱受殴打之后，头昏眼花，渐渐失去了重心，他踉踉撞撞，步履踉跄，在跌倒之前，不小心撞到了一个厨子。厨子立刻用愤怒的眼神看着他，以表明自己的革命立场。

一时间典狱长成了众矢之的，有人建议将他吊死或斩首示众，还有人提出把他绑在马尾上，让急速奔跑的马儿活活把他拖死。经过一番热烈的讨论，这些建议均被否决了。有人想出了一个好主意，让厨子割开典狱长的喉咙。所有人都表示赞同。在暴动者眼里，革命必须得流血。联想到断喉杀人，鲜血飞溅的画面，在场的所有的人都感到无比兴奋。唯有执行死刑的厨子有点困惑。他来到巴士底狱是为了看热闹，不是为了杀人。以前他杀过鱼，宰过鸡鸭，从未有过杀人的记录。他感到害怕，拿着刀子迟迟不敢动手。旁边的人都在怂恿他、鼓励他，不断地为他打气，他瞬间勇气倍增，认为杀死一个看管监狱的恶棍是一件无比荣耀的事情，于是果断地将屠刀移向了典狱长的脖子，干脆利落地割开了对方的喉咙，鲜血喷涌而出，人群欢呼起来。

革命军杀死了典狱长，带着胜利的喜悦兴冲冲地闯进了工厂，勒令老板马上宣布停工，并解散所有工人。工人一脸茫然，还想继续做工。革命者愤怒了，怒斥厂主贪婪无度，平日对工人压榨太甚，以致这群勤劳质朴的工人获得了解放，仍然不敢停下手里的工作。人们越说越气愤，为了替穷苦的工人出气，把厂主狠狠地殴打了一顿。收拾完了厂主，革命者把矛头对准了饱食终日的贵族，见到贵族挥刀便砍，浪漫繁华的巴黎瞬间变成了血雨腥风的地狱。

大腹便便的贵族老爷、骄傲矜持的公爵夫人、惺惺作态的绅士、淑女全都沦为了刀下鬼，他们当中或许有的人冷漠、自私、刻薄、无情，或许有的人残忍、卑鄙、淫邪、下作，但不是个个都如此，贵族之中也有纯洁的羔羊，法国老百姓不管这些，他们坚信所有的贵族都堕落骄奢，个个没有良心却十恶不赦，一场针对贵族的大屠杀上演了。杀光贵族成为革命目标之一，“甲第朱门无一半”“天街踏破公卿骨”成了巴黎革命的真实写照。

革命胜利后，国王路易十六和玛丽皇后相继被送上了断头台。路易十六临死前高喊：“我是无辜的，我宽恕所有的敌人，希望我的血不会白流，希望它能给法兰西人民带来益处。”其实，路易十六并不像人们想象中那么不堪。他曾经十分关心民间疾苦，做过一些利国利民的好事，比如赈济穷人，兴办慈善机构和乞丐收容所等。在三级会议上，出于维护君权的需要，他拒绝了第三等级代表提出的限制王权、改革税制的要求，为了度过财务危机，他坚持要加税，激怒了法国民众，由此把自己送上了毁灭之路。

法国爆发革命是阶级矛盾恶化的结果，也是民众觉醒之后的结果，路易十六只是一个不肯顺应潮流的末日君王而已，他至死不肯悔悟，但却善良地宽恕了杀死自己的人民。玛丽皇后也是如此，受刑前她给年幼的儿子留下遗言，要求儿子永远不要为死去的父母报仇。国王和王后被处死后，法国人废除了君主立宪制度，成立了法兰西共和国。吉伦特派上台执政。吉伦特派掌权之后，施政不力，无力抵抗反法同盟，在一片声讨声中狼狈下台。以罗伯斯庇尔为首的雅各宾派成为新的执政党，组建了革命政府。罗伯斯庇尔打着镇压反革命的旗号，推行血腥的红色恐怖政策，逮捕杀戮了一大批嫌疑人，一时间法国监狱人满为患，断头台前血流成河，无辜人士亦遭到了无情的血洗，国内风声鹤唳、人心惶惶，陷入了空前的混乱。

后来雅各宾派发生了内讧，革命领袖马拉被暗杀，丹东、埃贝尔等人被罗伯斯庇尔处死，不久，右派势力发动了热月政变，处死了罗伯斯庇尔，成立了督政府，恢复了正常的社会秩序，保住了法国大革命的胜利果实。

驰骋欧洲的荒野雄狮拿破仑

在欧洲近代史上，最光辉耀眼的人物莫过于拿破仑，拿破仑是法兰西人民的骄傲，他一生征战无数，功勋卓著，书写了无数的英雄传奇。在启蒙运动的感召下，他毅然走上了时代的前沿，以秋风扫落叶般的迅猛姿态扫荡欧洲封建势力，多次挫败反法联盟，一手促成了欧洲封建专制制度的瓦解。可是当大权在握时，他却选择了逆历史潮流而动，创建了法兰西第一帝国，并加冕称帝，多次对外发动侵略战争，最终功败垂成，屈死在了圣赫勒拿小岛上，饱受后世诟病。那么拿破仑究竟是一个反封建的英雄，还是一个迷信武力的阴谋家和野心家呢？在风云际会、激情燃烧的革命时代，他究竟对欧洲的历史产生了怎样的影响呢？要想弄清这些问题，我们还需了解一下这位超凡人物的生平。

拿破仑出生在法属科西嘉岛上。该岛群山逶迤，重峦叠嶂，丛林密布，放眼望去莽莽苍苍，风光壮美而苍凉。居住在这里的岛民顽强好斗，如苍鹰野狼一般。他们赶跑了占领者热那亚人，成立了独立政府。可惜好景不长，阴险的热那亚人秘密签署协定，居然把不属于自己的科西嘉岛卖给了法国。不久法国即派兵占领了科西嘉。拿破仑的父亲参加了科西嘉保卫战。科西嘉人寡不敌众，被强大的法军击溃，被迫服从法国的统治。拿破仑正是在这种大环境下，降生到了这个是非之地。

幼年时期的拿破仑沉默寡言，性情孤僻，令人捉摸不透。15 岁那年，他被送到军官学校学习。少年拿破仑面临着成长期的烦恼。

因为出身于破落的贵族家庭，比不上含着金汤勺出世的纨绔子弟，被一些势利眼的同学看不起。他身材矮小，讲话带有浓重的口音，发音一直不标准，每每张口都会引起同学的哄堂大笑，这让他很懊恼。更糟糕的是，他患有严重的皮肤瘙痒病，总是会下意识地抓挠患处。种种怪异的特征，导致他成了被取笑的对象。由于经常受到欺侮，使他变得敏感易怒、勇猛好斗，动辄挥舞拳头教训那些对他不敬的小伙伴，用武力手段赢得了尊敬。从那时起他就由一只孱弱的小动物变成了一只狂妄不逊的荒野雄狮。

1789 年 7 月，法国爆发了大革命。拿破仑像所有热血青年一样，投身到了革命的洪流中。1793 年，王党分子阴谋复辟，企图卷土重来，在英国舰队的支持下，在土伦起兵叛乱。拿破仑率军镇压，指挥炮兵猛烈轰击英国舰队，赶跑了英国舰队和所有阴谋颠覆法国政权的叛乱分子。由于在战斗中有上佳的表现，受到了嘉奖和提拔。随后他远征意大利和埃及，战功赫赫，凭借出色的指挥才能和卓越的军事才华，屡屡创造以少胜多、以弱克强的辉煌战绩，在短短五年时间内一跃晋升为同龄十万大军的高级军事将领。他最大的成功之处，在于多次打败反法同盟，保住了法国大革命的胜利果实。

法国大革命引起了欧洲各国的警惕和恐慌。封建统治者担心革命的烈火会波及自己的国家，甚至席卷整个欧洲，促使欧洲大陆改换天日，于是纷纷联合起来，组成了反法联军，企图将法国革命扼杀在萌芽状态。法国势单力孤，革命的火种随时都可能被扑灭。关键时刻，拿破仑临危受命、挺身而出，亲自率领法国军队迎战反法联军，击败了反法同盟军，迫使对方签订了停战合约。

1799 年，英国趁拿破仑东征埃及之际，联合奥地利、土耳其、那不勒斯等国仓促组成了第二次反法同盟，将驻守在意大利的法军驱逐了出去。法军战败的消息传到国内，督政府丧失了对外作战的信心，远在埃及的拿破仑，从报纸上看到这则消息，愤愤地说："真是一群没用的蠢货，居然把意大利战场丢了，法国革命果实可能保不住了，我必须马上回国收拾残局。"随即他火急火燎地回到了法国，马不停蹄地抵达了巴黎。法国人看到拿破仑，就像看到救世主一般，纷纷涌上街道夹道欢迎。在此起彼伏的欢呼声和顶礼膜拜的目光中，拿破仑迷失了，他这才知道自己在法国人民心目中拥有多高的威望，认为窃夺国家权力的时刻到了。

同年 11 月 10 日，拿破仑发动政变，派兵包围了议会。荷枪实弹的卫兵气势汹汹地闯进了议会厅。议员们不肯就范。拿破仑刚刚现身，就被议员们团团围住了。他们高呼着"打倒强盗!""打倒独裁!"的口号，与拿破仑发生了肢体冲突。有的拉扯拿破仑的衣袖，有的抬起胳膊，做出锁喉的动作。纵横沙场、统率三军的战神拿破仑此刻孤掌难鸣，挣脱不出，不禁暗暗叫苦。不久另外一批卫兵赶到，替拿破仑解了围。拿破仑惊魂甫定，赶忙下令将这群凶猛的议员轰走。不多时，近卫军冲进会场，议员代表落荒而逃，其中 20 多个代表被抓了回来。拿破仑宣布解散督政府和议会，法国进入独裁统治时期，这就是历史上著名的"雾月政变"。

1804 年，拿破仑创建了法兰西第一帝国，在法国巴黎圣母院大教堂前加冕称帝。举行加冕典礼那天，他身着戎装、气宇轩昂，神采奕奕地出现在法国民众面前。教皇手执皇金王冠，正准备把它戴在拿破仑大帝的头上。电光石火的一瞬间，拿破仑做出了一个令人出乎意料的举动，他猛地站起身来，一把夺过了王冠，迫不及待地戴在了自己的头上，然后把较小的那顶王冠戴在了妻子约瑟芬的头上。在场所有的人都惊得目瞪口呆。这个细微的动作充分暴露了拿破仑极强的权力欲。

历史跟法国人开了一个天大的玩笑，革命队伍推翻了皇帝，又选出了另外一个皇帝，旧皇帝尚且愿意与议会分享权力，而这个新皇帝索性建立起了唯我独尊的军事独裁统治，一心想着要君临天下。著名作曲家贝多芬听到这个消息后，痛心疾首，郁愤交加，当即把赞颂拿破仑伟大功绩的《拿破仑·波拿巴大交响曲》更名为《英雄交响曲》，从此与拿破仑划清了界限。在国内，拿破仑失去了民众的爱戴。国外反法同盟步步紧逼。拿破仑处境不妙。最终他凭借着超凡的政治手腕稳定了人心，并击败了第三、第四次反法同盟，在欧洲大陆建立了霸权，把自己的兄弟和儿子分封为欧洲诸国的国王。

拿破仑深陷西班牙战争泥潭，欧洲各国又组成了第五次反法同盟，为了找到盟友，摆脱孤军奋战的境遇，拿破仑抛弃了挚爱的妻子约瑟芬，迎娶了奥地利公主玛丽·路易斯。凭借政治联姻，拿破仑成功促成了法奥联盟，把法兰西第一帝国推向了鼎盛时期。春风得意之际，拿破仑做出了一个错误决定，率领大军远征俄罗斯。他骑着高头大马斗志昂扬地冲入了莫斯科，试图逼迫俄国沙皇亚历山大一世开城投降。

大敌当前，亚历山大一世采取了焦土政策，一把火烧了莫斯科，数以千计的房屋在火海中化为灰烬。时值冬日，户外滴水成冰，寒气刺骨，法军风餐露宿，又冷又饿，冻死冻伤者无数。不可一世的拿破仑最终被严酷的气候打败，被迫下令撤军。半路上，法军制服上的纽扣暴露在寒冷的空气中，发生了化学变化，变成了碎末。军服没了纽扣，士兵在行军过程中袒胸露怀，抵御不住暴风雪的侵袭，大部分被活活冻死。返回法国时，只有不到一万人幸存了下来，数十万大军几乎全军覆没。

经此一役，法国元气大伤，欧洲各国组织起第六次反法同盟，1814 年，反法同盟联军攻占了巴黎，逼迫拿破仑退位，法兰西第一帝国灭亡，拿破仑被流放到了厄尔巴岛，路易十八返回了巴黎，波旁王朝复辟。法国官民对封建王朝极为不满，又开始怀念拿破仑。次年，拿破仑偷偷逃出了小岛，秘密回到了法国，赶跑了路易十八，重新掌握了政权。不久，欧洲各国组成了第七次反法同盟，双方会战于滑铁卢。在决战前夕，天空下起了瓢泼大雨，道路泥泞不堪，法国骑兵踟蹰不前，被迫停止追击，使败逃的英军转危为安。次日清晨，大雨依旧淅淅沥沥下个不停，拿破仑没有办法指挥炮兵骑兵正常作战。格鲁希元帅误解了他的命令，在两军杀得难解难分，处于胶着状态时，没有及时出兵驰援，贻误了战机。黄昏时分，英国的援军赶到了战场，法军处境不妙，被迫撤退。拿破仑脸色惨白，泪流满面，知道自己大势已去，不禁悲从中来。

兵败之后，拿破仑被流放到了圣赫勒拿岛，在四面环水的孤岛上度过了人生最后的时光。有一位密友曾经送给他一副象牙制成的国际象棋。这副象棋做工精美，拿破仑甚为喜欢，对它爱不释手，闲来无事便下棋自娱。他到死都没有破解其中的奥秘，其实其中一枚棋子的底部暗藏玄机，里面藏着一张纸，纸上写有逃离圣赫勒拿岛的详细信息和具体计划。

一代天骄拿破仑带着无尽的遗憾离开了人世，生前他曾经驰骋欧洲大陆，取得过辉煌的战果，捍卫了法国资产阶级的利益，令欧洲封建势力不寒而栗，他颁布的《拿破仑法典》，堪称是现代民主国家法律体系的雏形，对欧洲的司法制度产生了重要影响。遗憾的是由于个人野心膨胀，他背弃了最初的政治理想，居然破天荒地恢复了帝制，并屡屡对外发动不义的侵略战争，妄图成为欧洲的主宰，毁了一世英名。即便如此，法国人民依旧爱戴他，待他的遗体被运到巴黎时，数十万巴黎市民顶着刺骨的寒风，倾城出动迎接他的到来。时至今日，他仍然是法国人民的骄傲，依旧是法国人民所崇敬的民族英雄。

天下之势，分久必合

德意志和意大利在近代长期处于四分五裂的割据状态，没有像英国、法国那样形成一个稳定的统一国家。直到19世纪晚期，这两个国家才最终实现统一。德意志各邦和意大利的统一在欧洲史上乃至世界史上，是一件举世瞩目的大事，它不仅影响了欧洲的地缘政治，而且改变了欧洲诸国力量的对比，对欧洲政治格局乃至世界政治格局产生了不可估量的影响。

德意志的统一大业，是由铁血宰相俾斯麦完成的。俾斯麦出身于普鲁士世家大族，自幼在气派豪奢的庄园长大。他体格健壮，傲慢不逊，喜欢逞强好胜，性情火爆刚烈，一语不合即拔刀决斗，向来不甘示弱，发起脾气来行为不受控制，俨然就像一头愤怒的公牛。他一生参加过上百次决斗，仅在大学期间，就和自己的同窗决斗过27次，面部被利剑划伤，留下了多处疤痕，以致破了相，可他一点也不介意，反而把脸面的伤疤当成了荣耀的勋章。

在当时的历史时期，欧洲各国决斗之风盛行，大学生之间有了矛盾，通常会用决斗的方式解决。决斗的规则比较简单，双方挥剑拼杀，一方被刺伤流血即宣告停止，以不伤对方性命为宜。为了维护自己的名誉和尊严，诉诸武力的行为是被鼓励的。这种社会风气深刻地影响了俾斯麦的性格，促使他对武力更加执迷。从政以后，他看不起那种韬光养晦、左右逢源的执政风格，对于长袖善舞、老谋深算的政客素无好感，只信奉武力和强权，曾经尖刻地嘲笑中产阶级纸上谈兵，主张动用武力将代表们全部驱散。

国王非常赏识俾斯麦的强硬风格，任命他为普鲁士宰相兼外交大臣。上任伊始，俾斯麦就发表了一场煽动人心的演说，他慷慨激昂地说："空谈不能解决政治问题，多数派开会讨论也不能解决我们所面临的问题，如今，只有铁血政策可以拯救德国。你们不能指望普鲁士的自由主义给德国带来希望，德国唯一的出路就是依靠流血斗争赢得胜利。"

俾斯麦迫切想要结束国内封建割据的局面，建立一个统一强盛的德意志联邦国家，依靠和平手段是不可能达成目标的。可是在城邦林立、各自为政的情形下，实现大一统又谈何容易呢？国内各邦封建壁垒难以打破，国外许多国家插手德国事务，千方百计地阻挠德国统一。欧洲诸国并不希望德国崛起，希望德国一直保持分崩离析的混乱状态。面对错综复杂的形式，俾斯麦走了一步险棋，直接把矛头对准了强邻丹麦。丹麦国王野心勃勃，准备吞并普丹边境的石勒苏益格和荷尔斯泰因两个公国。俾斯麦以此为由，挑起普丹战争，联合奥地利，打败了丹麦，迫使丹麦放弃两地。

战后，俾斯麦把面积狭小的石勒苏益格划给了奥地利。这块领地与普鲁士接壤，方便制造发动战争的借口。普丹战争后，俾斯麦一直处心积虑地挑起对奥战争，试图把奥地利驱逐出德意志联邦。他积极地在俄国、法国、英国、意大利等国之间周旋，着手孤立奥地利。1866 年 5 月，德国正式对奥宣战，意大利作为德国盟国，也参加了对奥战争，双方会战于萨多瓦。奥地利被击败。俾斯麦见好就收，马上与奥地利签订了和平协议，奥地利正式退出德意志联邦，德国兼并了好几个德意志联邦公国，统一了北部和中部。

俾斯麦最后一步棋是挑起普法战争。在俾斯麦的一再挑衅下，拿破仑三世（拿破仑的侄子，法兰西第二共和国总统，法兰西第二帝国皇帝）于1870年9月正式对德国宣战。拿破仑三世当时并没有把普鲁士放在眼里，把远征德国的军事行动，戏谑地称之为“到柏林的军事散步”。他没有意识到德国统一了北境和中部，实力早已今非昔比了，结果两国交战，法国吃了大亏，他本人兵败被俘，眼睁睁地看着俾斯麦率兵长驱直入巴黎。进入凡尔赛宫以后，俾斯麦高调地宣布德国统一。德意志由松散分裂的封建城邦变成了统一的大帝国。俾斯麦继续担任宰相一职。

统一德国后，俾斯麦继续推行铁血政策，血腥镇压了巴黎公社和德国的工人运动，疯狂掠夺殖民地资源，与欧洲列强争夺世界霸权。他倡导的内政外交政策不得人心，且收效不佳，最终被迫下台。俾斯麦退出了政坛，但他的铁血政策对德国影响深远，后来德国成为两次世界大战的策源地，与俾斯麦当政时期一味鼓吹战争、推行强权霸权的政策是分不开的。铁血政策的后遗症给德国带来了极其恶劣的负面影响，差点把整个世界拖向万劫不复的深渊，这是非常值得人们深思的。

比起冷酷强硬的俾斯麦，意大利名将加里波第更具亲和力，也更富传奇色彩，他最擅长打游击战，战术灵活多变，来无影去无踪，神出鬼没，行动迅捷如闪电，凭借着这种出其不意的打法，他做到了以小博大，为意大利的统一大业做出了巨大的贡献。

在从军之前，加里波第是一名水手，他长年在海上漂泊，练就了坚毅果敢的品质，培养出了吃苦耐劳的精神。当时的意大利处在邦国时代，支离破碎，形同散沙，由于国力孱弱，饱受外族势力的侵略和压迫，只有北边的撒丁王国算是一个比较强大的独立王国。许多仁人志士为了救亡图存、富国强民，纷纷走上了革命道路，其中有个叫马志尼的律师秘密组建了青年意大利党，并创办了同名刊物，主张摆脱异族压迫，实现国家统一。加里波第被他的爱国热情所感染，加入了青年意大利党，积极参与民族解放运动。革命军斗志高涨，准备在撒丁王国的热那亚发动起义，不幸的是计划败露，大批爱国人士遭到了逮捕，许多人英勇就义，马志尼流亡国外，逃到了伦敦。加里波第辗转到了南美。

在南美，加里波第仍然没有放弃战斗，到达巴西不久，他将当地的意大利移民组建成了一支训练有素的游击队，协助巴西共和国军队抗击反动的帝国政府军。后来又流亡到了巴拉圭，帮助巴拉圭迎战阿根廷。他率领的游击队行踪诡秘莫测，常常把敌人搞得一头雾水、晕头转向，屡屡出奇制胜。这支幽灵般的军队因为身穿红衣，被称为红衫军。那套鲜艳的红色制服最初并不是军服，而是肉食加工厂的工作服，加里波第一时找不到合适的军装，便向肉类加工厂借来了屠夫的工作服，后来这套红装成为革命军的标识。

1848 年，加里波第离开了南美，率领红衫军回到欧洲，参加了意大利革命。次年，加里波第参加了保卫罗马共和国（欧洲革命时期存在的一个短命政权，历时 4 个月后垮台）的战斗，他带着少数人马利用机动灵活的游击战术，打退了干涉意大利内政的法国军队，紧接着又击溃了兵力多于自己两倍的那不勒斯军队。法国人不甘心败退，又集中优势兵力攻打罗马，加里波第浴血奋战，杀得昏天黑地，军服被撕扯得稀烂，身上沾满了尘土和血污，军刀严重损毁，弯成了蛇矛状。终因寡不敌众，再次败逃。这次他搭乘渡船，潜逃到了美国，不久流亡到了秘鲁，直到 1854 年才返回祖国。

1859 年，意大利又掀起了轰轰烈烈的民族解放运动，势力最为强大的撒丁王国准备借机完成统一大业，首相加富尔伯爵十分欣赏加里波第的军事才能，积极地游说加里波第为撒丁王国效力。为了意大利的光辉未来，加里波第毫不犹豫地投身到了民族独立战争中，带领游击队赶跑了奥地利军队，攻克了伦巴第首府米兰。次年 4 月，西西里岛爆发了大起义。那不勒斯出兵镇压。加里波第闻讯，带领红衫军挎着刀枪背着干酪千里远驰西西里。

战场上，加里波第身先士卒，越战越勇，指挥红衫军杀退了两倍于己的敌兵，取得了卡拉塔菲米大捷，直捣西西里首府巴勒莫城。面对汹涌而来的敌军，加里波第采用了声东击西、调虎离山的战术，把上万名敌军引诱到了城外，指挥主力部队集中火力猛攻巴勒莫城。楼上的市民积极响应，居高临下地朝那不勒斯军队扔花盆、钢琴等重物，甚至直接泼滚水。不久，巴勒莫城被攻克，西西里获得了解放。

不久，加里波第渡海远征那不勒斯，解放了南意大利。撒丁王国派遣军队进驻南意大利，加里波第功成身退。他婉言拒绝了所有的赏赐，无条件地交出了自己浴血攻下的所有城池，从从容容地解甲归田。1870 年，普法战争爆发，加里波第重出江湖，组织志愿军协助法军迎战普鲁士，使普鲁士军队遭受重创。拿破仑三世作战不利，被迫撤离了驻守在罗马的法国驻军，意大利军队开入罗马，经过公民投票表决，罗马并入意大利版图，意大利实现了统一大业。1882 年，加里波第辞世，结束了他那富有英雄主义色彩的传奇一生。

改变世界的工业革命

从18世纪60年代开始，欧洲各国陆陆续续出现了技术革新，工业领域新发明层出不穷，新式机器广泛投入使用，大大提高了劳动生产率，机器生产模式逐渐取代了手工劳动，深刻地影响了人们的生产生活方式。这场轰轰烈烈的技术变革，被称为工业革命。工业革命最初发生在英国。

英国成为工业革命的领头羊绝非偶然，它遥遥领先于其他国家，是因为在许多方面占据绝对优势。首先在政治上，英国最早建立了君主立宪制国家，资产阶级推行了许多刺激资本主义经济发展的措施，促进了工业的蓬勃发展。在经济上，英国通过海外殖民掠夺，完成了原始资本积累的过程，物质基础雄厚。在人力资源方面，英国实施大规模的圈地运动，将大量农民转化成了工人，成功解决了劳动力不足的问题。兴盛的工厂、充足的劳动力，大批经验丰富技术熟练的工人，为新技术新发明的出现创造了条件。

英国工业革命首先出现在棉纺织业，以飞梭的发明和珍妮纺纱机的诞生为开端。在相当漫长的时间里，纺纱织布基本上都是在人工手动的状态下完成的，先用原始简陋的工具纺出一根根细细的纱线，然后用织布机一丝一缕地织成布匹，织布过程中要频繁地移动梭子，效率极为低下，织出的布又窄又粗糙。1733年，机械师约翰·凯伊发明了一种带轮的梭子，这种梭子装在滑槽里能飞快地穿行，织出的布又宽又大，提高了织布的效率，导致棉纱供不应求。纺织工人詹姆斯·哈格里夫斯为了纺出更多的棉纱，供应织布行业，于

1765 年发明了珍妮纺纱机。

珍妮纺纱机是一种多轴纺纱机。詹姆斯·哈格里夫斯从自家翻倒的纺纱机得到了灵感，将原本横着的纱锭竖立排放，用一个纺轮带动八个纱锭运转，将生产效率瞬间提高了八倍。他用女儿珍妮的名字给这款新的纺纱机命名，珍妮纺纱机就此问世了。机器投产以后，大大提高了纺纱业的功效。

1769 年，钟表匠阿克莱特发明了靠水力驱动的水力纺纱机，水力纺纱机纺出的纱线结实耐用，韧性好，性能优于所有的手动机器。阿克莱特申请完专利后，与合伙人创建了英国第一家水力纺纱厂，后来又陆陆续续地创办了多个工厂。他的商业活动客观上带动了工业的发展。在他之后，英国雨后春笋般涌现出了许多大大小小的工厂，大多数工厂都配备当时最先进的机器从事生产活动，英国逐步进入了工业时代。

继水力纺纱机之后，英国技术日新月异，又出现了走锭精纺机、水力织布机等新机器，纺织业的各个部门纷纷走上了机械化的道路。英国工业革命最重要的标志是蒸汽机的发明和应用。传说瓦特小时候蹲在火炉旁，对着灶上的一壶开水发呆，偶然发现壶盖被水蒸气推得啪啪作响、上下跳动，由此受到了启发，长大后发明了蒸汽机。

其实蒸汽机的发明并不是得益于偶然的灵感，它是瓦特在吸收前人的成果上，不断地研究改良的结果。事实上，为了改良蒸汽机，瓦特付出了巨大的心血。有一天，瓦特修理纽可门蒸汽机时，发现这种机器存在很多缺点，于是就产生了改良蒸汽机的想法。经过两年多的实验和呕心沥血的研究，他终于造出了一台新机器。在试用时，蒸汽机的气缸漏了气，烫伤了瓦特的肩膀。瓦特解决不了气缸漏气的技术难题，一度心灰意冷。后来在妻子的默默支持和积极鼓励下，瓦特克服了重重障碍，终于研制出了全新的蒸汽机。蒸汽机广泛应用于棉纺织业、轮船业、铁路交通行业，引发了巨大的社会变革。蒸汽动力船和蒸汽火车的问世，大大方便了人们的出行，打破了地域的阻隔，加强了不同地区之间的联系和交流。

1840 年前后，英国完成了第一次工业革命，成为全球范围内首个以机器生产代替手工劳动的工业国家。法国、德国等欧洲国家陆陆续续加入了工业革命的行列，科学技术有了突飞猛进的提升。1870 年以后，欧洲各国进行了第二次工业革命。英国物理学家、化学家法拉第发现了电磁感应现象，根据这一现象，科学家们对电做了更深入的研究，最终发明了发电机。随后又出现了电灯、电车等一系列电器产品，人类社会迈入了电器时代。

在第二次工业革命来临时，人们并没有看到电磁感应理论的价值。法拉第在宣讲他的惊人发现时，有位太太站出来不解地问他："你发现的规律有什么实用的价值呢?"法拉第回答说："夫人，刚刚诞生的婴儿，你能推测出他将来能做出多大的成就吗?"那位女士无言以对。事后法拉第骄傲地在日记里写下了"从磁产生电"的伟大构想。半个世纪以后，欧洲出现了各种各样的电器产品，步入了一个崭新的时代。

19 世纪初，英国化学家戴维用碳棒做灯丝，用电池当能源，发明了弧光灯。这种电灯耗电量大，光线过于强烈，有些刺眼，不适合用于日常照明，但作为人类历史上第一盏电灯，它的问世意义重大。1879 年，爱迪生发明了寿命较长、光线正常的实用型电灯。在此之前，他经历了上千次的失败。凡是能想到的材料他都逐一试过了，连马鬃、人的毛发、胡须等脆弱易燃的东西他都不肯放过，统统拿来充当灯丝。别人见了不以为然，纷纷劝他放弃，理由简单明了："死心吧，你已经失败了1000多次了。"

爱迪生笑笑说："我不这样认为，我想发现1000多种不能做灯丝的材料，也是一种收获。"后来他把碳化的竹丝做成灯丝，成功研制成了碳丝白炽灯，把人类带入了一个灯火辉煌的光明时代。爱迪生虽然是一个美国人，但在英国、法国、德国等欧洲国家的发明专利超过了1500项，这些发明对欧洲的工业革命产生了至关重要的影响。

19世纪末，以内燃机为动力的汽车开始出现在公路上。20世纪初，内燃机应用于飞机，人类凭借科技手段，终于实现了翱翔蓝天的浪漫梦想。不久，内燃机开始应用于各大行业各大领域，对石油工业影响极为深远，不仅提高了提炼技术，还大大增加了石油的开采量。第二次工业革命期间，有线电报、电话、无线电报陆续出现，促进了通信业的发展，进一步增强了世界各地的交流和联系。

与第一次工业革命相比，第二次工业革命给欧洲社会带来的变革更大。第一次工业革命发明家大多是工匠，灵感来源于实践，而不是科学实验，科学和技术并没有真正结合起来。第二次工业革命，是由科学家带动的，科学和技术结合得比较紧密，科技有力地推动了生产力的发展。第一次工业革命，英国遥遥领先，其他国家工业革命的速度普遍较为缓慢。第二次工业革命则不然，它几乎是在多个欧洲国家同步进行的，规模比较大，发展速度比较快，全方位地改变了欧洲人的生活。

工人运动国际化历程

提及工业革命，人们首先想到的是一个伟大的黄金时代，一个科技爆炸的时代，一个充满生机和活力的美好时代，在那个时代，机器的轰鸣声代替了手工劳作的单调声响，林立的现代化工厂代替了传统落后的小作坊，各式各样的产品被高效地生产出来，大量的社会财富被创造出来。但最大的受益者是资本家而不是广大劳动人民。在科学技术突飞猛进向前发展，工厂业绩蒸蒸日上，资金不断流入市场，财富源源不断地进入厂主口袋的时候，工人正过着食不果腹的悲惨生活。

英国工人只吃得起土豆和廉价的面包，鱼肉、新鲜蔬菜对他们来说完全属于奢侈品。有的家庭入不敷出，长期处在半饥半饱的状态，在饥饿的驱使下，被迫食用腐坏的干酪、发臭变味的猪板油或者病死的家畜。由于饮食粗劣，许多人严重营养不良，体质极为虚弱，在这种情况下还要每天从事高强度的体力劳动，随时都有晕倒的危险。

工人的住宿条件差到了极点，全家人挤在阴暗潮湿逼仄狭窄的地下室里，屋内空气污浊不堪，人很容易染病。更糟糕的是，好几户人家共用一个卫生设施，这大大增加了细菌感染的概率。当时工人没有医疗保险，因病丧失了劳动能力，马上会被解雇，贫病交加还不是最惨的，更为惨痛的是，看着全家人受冻挨饿却无能为力。

在工人吃苦受罪饱受奴役的时候，资本家过着惬意而奢华的生活，围绕在他们身边的是红酒、香槟、鱼子酱、觥筹交错的宴会和灯红酒绿的欢舞场，个个活得体面、优雅、滋润，比封建时代的贵族老爷还要懂得享受。他们对工人的处境漠不关心，每天只想着如何最大限度地从工人身上榨取剩余价值，如何最大限度地窃取和霸占社会资源，如何痛痛快快地挥霍。

贫富差距在不断拉大，真正创造价值的劳动者一辈子都摆脱不了贫穷，成了另外一种形式的奴隶。雇主利用机器和廉价劳动力攫取了巨大的财富，轻轻松松爬到了社会金字塔的顶层，开始变本加厉地压榨和剥削劳工。引进先进的机器以后，劳动力的需求量减少，他们可以随心所欲地解雇工人，用更低的人工成本换来更多的利润。工人在一贫如洗的境况下失业，等同于被断了生路。所以对于绝大多数工人来说离开工厂并不意味着解放，能被利用被剥削被压榨乃是一种莫大的恩典。

最初，工人弄不清苦难的根源是什么，他们天真地以为，奴役他们的是那些高速运转的机器，夺走他们工作的也是机器，于是把所有的仇恨都发泄在机器上，愤怒地砸毁了机器。慢慢地，他们才意识到剥削他们的是人而不是机器，觉醒之后，他们开始组织大罢工，开始和资本家讨价还价。可惜所有的罢工都被镇压下去了。资本家绝不可能给予工人平等对话的机会，工人闹罢工，他们通常会采用简单粗暴的手段解决，即出动警察和军队逼迫工人复工，逮捕或迫害工人运动的领袖。所有的抗争都是徒劳的，工人的声音太微弱，力量太弱小，资本家不曾把他们放在眼里，早已习惯了无视他们的要求，漠视他们的权利。直到两位投身于人类解放运动的伟大人物出现，这种局面才得到了改善。这两位影响千千万万工人命运的伟人就是马克思和恩格斯。

马克思出生于德意志联邦普鲁士王国境内的一个律师家庭。恩格斯出生于德意志莱茵省巴门市，父亲是一个大工厂主。作为德国人，他们都有着严谨的思维、冷静的头脑和相对客观的判断力，所以比其他人更早地洞悉了阶级社会的实质。出于良心、道义和对人类自身命运的关注等多种原因，他们不由自主地卷入了时代的洪流之中，自觉地肩负起了解放穷苦大众的使命。

1842 年 11 月，恩格斯访问《莱茵报》编辑部，第一次见到了马克思。初次会面，他们都给彼此留下了很深的印象。马克思留着一脸络腮胡子，头发蓬松而浓密，气质成熟而深沉。恩格斯仪表堂堂，谈吐不凡，显得英气逼人。当时两人都是二十出头的年轻人，都是满怀理想的热血青年，可是初次见面却十分冷场。马克思把恩格斯想象成了一个崇尚空谈的理论家，不愿与之为伍，因此表现得格外矜持和冷淡。恩格斯年轻气盛、血气方刚，从未受过这样的怠慢，走出编辑室时气恼得不得了，一把折断了父亲送给他的漂亮手杖。

两年后，恩格斯再次拜访马克思，两个人促膝交谈，交流了十天，彼此增进了了解。马克思对恩格斯发表的《政治经济学批判大纲》等文章大加赞赏，瞬间产生了一种相见恨晚的感觉。共同的理想和志向，共同的信仰和追求，使两个原本风马牛不相及的人走到了一起，由此缔结了人类历史上最伟大最纯粹的友谊。

马克思撰写鸿篇巨著《资本论》的过程中，恩格斯给予了他无私的援助。恩格斯十分认同马克思的主张，经常出钱资助马克思从事工人运动的研究。由于经常抨击社会，不断发表针砭时弊的文章，同情工人的境遇，马克思长年遭受政治迫害，不时受到驱逐。他辗转飘零、生活动荡，没有稳定的工作和收入，日子过得十分清苦。在流亡过程中，他忍受着贫困、饥饿、疾病的折磨，还要承受来自四面八方的诋毁和诽谤，精神压力巨大，如果没有恩格斯物质上的帮助和精神上的支持，他是很难独自走完这段艰难的道路的。

为了让马克思专注于有关无产阶级解放的理论及实践研究，恩格斯尽了最大的努力帮助他解决经济上的困难。马克思一家每当陷入经济困境时，都会受到恩格斯寄来的钞票。为了供养马克思，恩格斯放弃了喜欢的职业，被迫从事自己厌恶的商业，甚至一度省吃俭用，把省下来的钱源源不断地汇给马克思。

1863 年，马克思债务缠身、一贫如洗，生活无以为继，决定让大女儿、二女儿辍学打工，自己带着妻子、小女儿迁居到贫民窟去。恩格斯大为震惊，匆忙筹集了 100 英镑给马克思汇去，帮助马克思解了燃眉之急。马克思十分感动，马上去信说："亲爱的恩格斯，我无法用任何语言表达我们全家对你的感激之情。" 1848 年，恩格斯受到迫害，被迫流亡瑞士。由于事发突然，走得太过匆忙，出门时没带多少现金。马克思听到这个消息，激动地从病床上挣扎着站了起来，火急火燎地跑到银行，把有限的存款全都取出来，毫不犹豫地将钱全部寄给了恩格斯。

马克思和恩格斯并肩作战 40 年，他们克服了常人难以想象的困难，一边从事社会理论研究，一边广泛深入工人群众，领导工人进行维权斗争。在他们的共同努力下，欧洲工人阶级队伍由弱变强，组织成了一个牢不可破的社会组织，并渐渐渗入政治领域，开始为广大平民谋福利。经过漫长而艰苦的斗争，工人阶级取得了阶段性的胜利，基本权益得到了保障，社会地位在逐渐上升，参与社会活动和政治活动的热情也在提升。1864 年，马克思创立了第一国际，恩格斯和他一起肩负起了指导国际工人运动的工作。马克思去世后，恩格斯继续他未竟的事业，于 1889 年主持召开了巴黎大会，22 个国家的 393 名工人代表出席了这次会议，第二国际成立。

欧洲国家的很多执政党都诞生于第二国际，比如英国工党、挪威工党、法国社会党、德国社会民主党、瑞典社会民主工党等都是第二国际的成员，这些执政党至今在政治舞台上扮演着重要角色，他们用自己的方式规划和改变着欧洲。

第八章
两次世界大战

——烽火连天处，峥嵘岁月稠

自工业革命以后，世界文明的重心便移向了欧洲。欧洲生产力发达、经济繁荣富庶、科技昌明，成了令人神往的人间乐土。可惜欧洲人并没有守护好自己的家园。两次世界大战的战火在各国边境熊熊燃起，渐渐蔓延至整个欧洲，甚至席卷了非洲和太平洋地区，很快整个世界陷入了战争的泥淖。数千万的鲜活生命被吞噬，作为主战场的欧洲瞬间变成了人间炼狱。欧洲经历了史上最大规模的空前浩劫，付出了极其惨重的代价。

欧洲成为两次世界大战的策源地绝非偶然，列强纷争由来已久，各国为了抢夺海外殖民地一再发生摩擦和碰撞，最终擦枪走火、一发不可收拾，演变成大规模战争，似乎是水到渠成的事。客观来说，第一次世界大战没有任何正义性可言，它不过是发生在欧洲大陆上的一场野蛮的龙争虎斗而已。第二次世界大战期间，由于法西斯国家犯下了反人类罪行，受到全世界声讨，反法西斯联盟被包装成了正义之师，但实际上反法西斯阵营中的欧洲国家对这场战争也是负有责任的，如果这些战胜国没有疯狂地压迫、羞辱德国，不曾热火朝天地瓜分胜利果实，也许历史会被改写。

魂断萨拉热窝

1914年6月28日，欧洲发生了一件轰动世界的政治事件，奥匈帝国的皇储弗兰茨·斐迪南大公在妻子霍恩伯格女公爵索菲陪同下驱车前往波斯尼亚检阅军队时，遭到了袭击。夫妻双双遇害，命丧萨拉热窝，这就是历史上有名的萨拉热窝遇刺事件，也是第一次世界大战的导火索。那么弗兰茨·斐迪南大公夫妇为何被刺杀，他们的死又是如何引爆世界大战的呢？

凶手是一个名叫加夫里洛·普林西普的塞尔维亚青年，年仅19岁，在拔枪射向斐迪南之前，他还是一名手无缚鸡之力的文弱学生，履历干净，没有污点。那么，这个文质彬彬的白面书生为何一瞬间就变成了身手凌厉的冷峻杀手了呢？这还得从斐迪南对塞尔维亚的政策说起。斐迪南是一个不折不扣的战争狂人，对外奉行军国主义政策，企图武力吞并塞尔维亚。为了达到敲山震虎的目的，他故意到塞尔维亚的邻国波斯尼亚大张旗鼓地举行军事演习，自己亲临现场检阅。对于广大塞尔维亚人来说，这种耀武扬威式的举动，无疑是一种挑衅。仇恨的种子就是这样种下的。普林西普正是万万千千仇视斐迪南大公中的一员，双方没有私人恩怨，发展到水火不容、不共戴天的地步，完全是民族情绪使然。

早些时候，斐迪南夫妇便遭遇过类似的暗杀，有一天他们驾车前往萨拉热窝参加招待会，半途中，经历了险象环生的一幕，不知从哪儿飞来一枚炸弹，不偏不倚地落在他们的汽车上。面对突如其来的危险，斐迪南表现得很镇定，他趁炸弹还没爆炸，迅速将它拾起来，用力抛到了大街上。在那场事故中，共有 8 人受伤，斐迪南夫妇有惊无险、毫发未伤。事后，警察逮捕了投掷炸弹肇事分子，一个年轻的排字工人，他声称自己是塞尔维亚民族主义者，对于暗杀斐迪南夫妇的罪行供认不讳，但丝毫没有流露出悔意。

斐迪南躲过一劫之后，并没有反思自己的行为，反而越发冥顽不灵，执意要到波斯尼亚阅兵，对于别人的好心告诫不理不睬。斐迪南一再挑动塞尔维亚人的敏感神经，最终给自己招来了大祸。普林西普盯上了他。虽然这个瘦弱的年轻人籍籍无名，并非什么传奇人物，但他的一念之差，不仅改写了斐迪南的命运，而且改变了世界历史的走向，这是非常耐人寻味的，可谓是蝴蝶效应的最好注解。

普林西普家境贫寒，父母无力抚养他成人，被迫把他寄养在了亲戚家。长期寄人篱下的生活，使他形成了激进反叛的性格。在校读书时，他参加过反对萨拉热窝政权的游行活动，为此受到了处分，被就读的学校开除了学籍。不久，他着手报考法语学校，可惜没有通过考试。他暂时停止了学业，准备投身于救国救民的革命运动中。他曾经想要加入塞尔维亚游击队或其他地下组织，未能如愿，每次都被拒之门外，原因在于他体型过于瘦小，看起来太过羸弱，所有人都认为他不适合参加武装斗争。普林西普不服输，他不能眼睁睁地看着同胞饱受外族势力的压迫而袖手旁观，作为一个土生土长的塞尔维亚人，他一定要为自己的国家民族做一些事情，无论付出多大的代价，他都要冒险尝试。斐迪南针对塞尔维亚明目张胆的挑衅举动刺激了普林西普，普林西普密切关注着对方的行程，准备干一件惊天动地的大事。

当斐迪南的车辆出现在萨拉热窝时，普林西普认为机会来了。当时他腰间挂满了炸弹，随身携带了一把左轮手枪，随时准备结果斐迪南的性命，必要的时候，不惜玉石俱焚、同归于尽。斐迪南夫妇的车子在大街上停了下来。普林西普抓住了这千载难逢的好机会，迅速地掏出了左轮手枪，把阴森森的枪口对准了车内的目标。当他看到大公夫人的时候，迟疑了一下，他不想杀这个女人，也不想让这个女人眼睁睁地看着自己的丈夫被打死。政治、阴谋、民族仇恨，与车上那个目光清澈、眼神温柔的女人又有什么关系呢？

不知为什么，普林西普感到无比纠结和痛苦，想过要放弃整个刺杀行动，犹豫了好一阵，他才重新鼓起勇气，扣动了扳机。他连开了两枪。啪啪两声尖锐的枪响过后，天地间死一般的沉静。斐迪南夫妇还没来得及看清子弹飞过时腾起的烟尘和火光，就倒在车座上一动不动了。人们不知道发生了什么事，还以为子弹打偏了。因为两人安安静静地坐在座椅上，没有发出惨叫声，仿佛什么事情都没发生一样。在场的人认为他们安然无恙，都在为他们感到庆幸。事实并非如此。大公夫人的腹部受了重伤，胃动脉被弹片切断了，不多时她的身子瘫软了下来，脸贴到了斐迪南的膝盖上。

斐迪南的脖子挨了致命的一枪，鲜血不断地从嘴里涌出。他当时还没有咽气。看到妻子受了伤，他非常紧张。虽然身体极度虚弱，发出的声音气若游丝，仍然挣扎着呼唤着妻子的名字：“索菲，索菲，千万别死，为了咱们的孩子，你一定要勇敢地活下去！”当别人向他询问伤势时，他故作轻松地回答道：“这算不了什么。”说完，便昏厥了过去。大公夫人索菲先丈夫一步离开了人世，斐迪南昏迷了一阵，因抢救无效也跟着撒手人寰了。他的男仆匆匆赶来，询问大公有什么遗言要带给孩子，大公没有任何回应，这才发现大公已经气绝身亡了。

斐迪南夫妇双双罹难的消息一经传出，整个欧洲都震惊了。德意志帝国皇帝威廉二世改变了行程，匆匆忙忙返回了柏林，奥匈帝国皇帝弗朗茨·约瑟夫一世听说侄子遇刺，悲痛欲绝，喃喃地说："太可怕了，怎么会发生这样的事？我现在悲伤极了。"由于过度震惊和忧伤，他病倒了。英国人从这次事件中嗅到了不安的气息，认为萨拉热窝事件对整个欧洲来说犹如一次雷鸣。

所有人的目光都集中在重要政治人物身上，密切地关注着大人物的反应。除了警察以外，鲜有人注意到那个年仅 19 岁的年轻刺客。那么普林西普后来怎么样了呢？行刺成功后，他试图开枪自杀，有人冲上去夺走了他手上的左轮手枪。情急之下他吞下氰化物粉，尝试着服毒自尽。由于药物已经过期了，毒性锐减，他服用后，仅仅感觉有点恶心，呕吐了一阵，感觉好多了，身体并无大碍。他被拘捕时，睁着天真的大眼睛，一脸茫然无辜，显得非常无助，看起来有点不知所措。望着那张稚气的脸和那副弱不禁风的身躯，警察真不敢相信他就是一枪要人命的凶手。他一共开了两枪，弹无虚发，每一颗子弹都命中要害，细细琢磨一番，确实令人不寒而栗。

普林西普差 27 天，就年满 20 岁了。如果早出生 27 天，他将被判处死刑。因为未到执行死刑的法定年龄，法院判了他 20 年有期徒刑。这就意味着他的大半个人生将在监狱中度过。牢狱环境无比恶劣，他根本挺不过 20 年，刚刚锒铛入狱不久就感染了结核。医生为了保住他的性命，给他做了截肢手术，切除了他的一只胳膊。他拖着残疾的身体，艰难地熬过了四年时光，于 1918 年 4 月 28 日病逝。死时瘦成了一把骨头，体重仅有 40 公斤。

这个激进的塞尔维亚青年并不清楚自己的行为，将给整个欧洲带来怎样的影响。他杀死了斐迪南大公夫妇，点燃了巴尔干的火药桶，促使整个欧洲堕入了万劫不复的深渊。萨拉热窝事件发生一个月后，奥匈帝国以王储被刺为由，正式向塞尔维亚宣战。紧接着欧洲各国纷纷站队，同盟国和协约国纷纷站在盟友一边，向对方宣战。整个欧洲被拖进了战争泥潭。第一次世界大战全面爆发，数以千万计的人在战火中丧生。那么普林西普是否要对第一次世界大战的爆发负责呢？他究竟是一个民族英雄还是一个酿成人间悲剧的战犯呢？

或许普林西普没有想过要当英雄，他只是想为饱受压迫的塞尔维亚人报仇；他也没想过要当战犯，客观来说，第一次世界大战不该由他来负责。萨拉热窝事件不过是战争的导火索而已，巴尔干乃至整个欧洲本来就是一个随时都可能燃爆的火药库。即使斐迪南夫妇没有遇害，第一次世界大战依旧会发生。

第一次世界大战爆发的根本原因在于，欧洲列强在争夺殖民地的过程中，发生了利益冲突。截至 19 世纪末，世界领土已经被殖民者瓜分完毕。英国、法国、俄国等老牌殖民帝国，占据了大部分殖民地。德国、意大利、美国、日本等后起之秀，不满现状，希望重新划分势力范围。双方矛盾日益加深，各国积极参与军备竞赛，试图通过武力手段解决殖民地的归属问题。

后来居上的帝国主义国家和老牌殖民帝国分化成了两大阵营，德国、奥匈帝国、意大利出于联手抢夺殖民地的需要，缔结了盟约，组成了同盟国。英法俄为了与同盟国抗衡，进一步巩固和维护既得利益，组成了协约国，吸收塞尔维亚、罗马尼亚为协约国成员。两大对立的军事集团虎视眈眈地盯着对方，同时用贪婪的眼光打量着海外的土地，巴尔干半岛和地中海地区成了双方眼里的肥肉。奥匈帝国皇储遇害，让奥匈帝国找到了发动战争侵吞塞尔维亚的借口，索性就正大光明地出兵。德国遵照攻守同盟的协定，果断站在了奥匈帝国的一边，英法俄打着保护协约国成员的旗号，纷纷对德宣战，欧洲诸国卷入战争，世界大战爆发。

列强卷入世界大战

1914年8月2日，德军以闪电般的速度侵入中立国卢森堡，仅用一天时间就控制了卢森堡铁路网。次日闪击比利时，在短短六天之内占领了比利时全境，将驻守在比利时的法军全部驱逐了出去。德国不宣而战的军事行动在欧洲引起了轩然大波，各国舆论哗然，英国以此为借口，悍然对德宣战。

英德交战当晚，英国外交大臣格雷心情无比沉重，他望着伦敦苍茫悠远的夜空，不由得感叹道："整个欧洲的灯火正在熄灭，在我的有生之年，怕是看不到它们被重新点燃了。"一股不祥的预感萦绕在他的心头，使他对未来无比悲观。当时格雷已经预测到，这场战争将让欧洲付出极为惨重的代价，他的悲观不无道理。互相残杀、两败俱伤的战争，没有真正的赢家。幽默的英国人在战斗打响的那一刻就已经丧失了幽默感，变得忧郁起来。但思维严密、严肃理性的德国人却异常乐观，他们坚信，只要制订出滴水不漏的作战计划，完美地执行战略目标，就能取得最后的胜利。

德军参谋长阿尔弗雷德·冯·施里芬伯爵经过苦心孤诣的研究，制定出了一套严谨细密、非常适合大规模作战的战略方案，即施里芬计划。以稳健著称的德国人抛弃了保守的计划，大胆使用奇谋和险招。大战刚刚拉开帷幕，德军便启动了风险系数较高的施里芬计划。根据这套计划，德国将把兵力分为两部分，针对法国的西线为主要战场，德国调动79个师全力围歼法军，在短时间内消灭法军的有生力量。针对俄国的东线战场为次要战场，德国仅投入 10 个师的兵力就足够了。等全歼了法军，再腾出手来对付俄国。

施里芬认为俄国军备落后，作战能力低下，至少需要 6 周至 8 周的时间才能把军队全部集结起来。德国集中优势兵力，迅速打败宿敌法国，就能避免陷入两线作战、腹背受敌的困境，从而牢牢掌握战场的主动权。取胜的关键在于速战速决，只要能掌握好时间差，这套方案还是可行的。然而攻打法国并没有那么容易。普法战争之后，作为战败方的法国被迫签订了丧权辱国的条约，将阿尔萨斯和洛林两块重要的战略要地割让了出去，从此失去了天然屏障，腹地赤裸裸地暴露在了敌国面前。法国人没有安全感，不惜耗费巨资在德法边境修筑大型防御工事，构建马其诺防线。这条防线是由钢筋混凝土垒砌而成的，堪称是固若金汤，德军攻破它的可能性比较低。

施里芬知道马其诺牢不可破，于是果断放弃了强攻的打算，决定进驻比利时平原，巧妙地绕过防御严密的马其诺防线，通过迂回路线包抄法国。1914 年 9 月，德国军队和英法联军在凡尔登和巴黎之间的大平原上展开了殊死较量，这次超大规模的会战，就是军事史上最为不可忽视的战役之一——马恩河战役。

按照原计划，德军出其不意地开进了比利时，直扑列日要塞。比利时守军架起大炮猛烈轰击入侵的德军。德军死伤惨重。为了早点结束战斗，德军使用了极富杀伤力的巨型攻城炮，比利时要塞周围的炮台在巨大的火力攻击下，纷纷化为了瓦砾。紧接着，德军直捣黄龙，剑锋直指比利时首都布鲁塞尔，把战线向纵深方向推进。起初战斗进行非常顺利，德军势如破竹，火力强劲，把法军打得落花流水。不久，德军即攻下了比利时全境，打到了法国的边境。

双方狭路相逢，杀得难分难解。德军开始狂轰滥炸，一时间炮弹漫天横飞，有如滂沱大雨密集而下，整个大地都在为之颤抖。空气中硝烟弥漫，冲天的火焰和滚滚浓烟遮蔽了法军的防线，这一烽火连天的恐怖景象，令人一见即为之胆寒。

德军继续以雷霆万钧之势轰击着，炮火一浪比一浪猛烈，法军的碉堡被炸成了一堆碎片，大片的森林被销毁，深深的堑壕瞬间成了平地，连山头都被炸得面目全非。面对德军的凌厉攻势，法军渐渐抵挡不住。法军阵地被密集的炮火轰击得百孔千疮，顷刻间德国步兵倾巢而出恶狼般猛扑过来，利用群狼战术与法军肉搏。一场血肉横飞的白刃战过后，法军退守到了凡尔登要塞。

德军大举进攻凡尔登，计划将驻守在要塞内的法军一网打尽。为了在心理上震慑法军，德国人故意大放厥词，气焰嚣张地叫嚣说，要让法国人把血流干，法国人如果不肯乖乖屈膝投降，只有死路一条。1916 年 2 月，德军架起上千门大炮猛轰法国阵地，霰弹、喷火器等多管齐下，纷纷扑向法军战壕，起到了糜地数里的效果。法军的阵地被全线摧毁，几乎化为白地。战场上尸横遍野、血流成河，景象惨不忍睹。

凡尔登告急的噩耗传到了法军总司令霞飞耳朵里，霞飞大惊失色。之前他还在睡觉，被吵醒后完全是一副睡眼惺忪的模样，听说德军攻克了凡尔登，立马睡意全消。他当机立断，下令增派援军对德军围追堵截，并任命贝当为司令官。贝当临危受命，当即风尘仆仆地赶到了前线。大敌当前，情势万分危急，无论如何都不能让德军深入法国腹地。大战之前，贝当情绪激昂地发表了一通演说，他用不容置疑的口吻对士兵们说："这是一场生死存亡之战，我们必须不惜一切代价挡住敌军，每个人都要原地不动地驻守在战线上，谁也不能后退一步！"紧接着他又吩咐军官道："我们必须拥有与德军旗鼓相当的兵力，才能取胜，限你们七天之内调派 20 万大军到前线作战，军火物资要充足，抓紧时间拓宽道路，补给线必须日夜畅通无阻。”

军官们一言不发，表情凝重。所有人都焦虑重重，贝当见状，又大声强调道：“无论如何，绝不能让德国人跨越凡尔登一步！”凡尔登是巴黎的门户，如果德军攻下凡尔登，那么夺取巴黎就如探囊取物一般容易，攻下整个法国也就易如反掌了。由于法国援军源源不断地赶赴战场，双方兵力的差距在不断缩小，在势均力敌的情况下，德军丧失了优势，他们发动了好几次进攻都没有得手，双方展开了漫长的拉锯战。这违背了德军速战速决的初衷。

为了扭转不利的局面，德军使用了大规模杀伤性武器——毒气弹。几十架德国飞机呼啸着从高空飞过，投下了无数枚索命炸弹。这种炸弹非常奇特，落到空地上不像别的炸弹会发出惊天动地的剧烈爆炸声，它能给人制造出一种错觉，让人认为它并不危险。一枚枚毒气弹无声无息地投掷到了战场上的空旷地带，腾起阵阵烟雾。数以万计的英法联军被这种化学毒气毒死。即便如此，英法联军仍然没有投降，他们一次次地打退了德军的进攻，把凶猛的德军阻挡在了要塞前。这场战役空前残酷和惨烈，整个战场变成了疯狂的绞肉机，它每天都在吞噬着大量鲜活的血肉，以致后世每当提起，都会称之为“凡尔登绞肉机”。

经过无数次残酷的较量，德军又占据了上风，直扑法国首都巴黎。霞飞马上增调兵力，阻止德军继续前进。关键时刻，德军参谋长小毛奇做出了一个重大的错误决定，他改变了前任参谋长施里芬的作战计划，把西线战场的兵力抽出了一大部分去支援东线，以缓解对俄作战的压力，这就大大削弱了对英法联军的打击力度，促使主战场的局势完全失控。施里芬临死前再三强调，千万不要削弱右翼。右翼主攻西线战场，与东线战场兵力上的部署为 8∶1。小毛奇接任后，被这个大胆的设想吓坏了，生怕东线兵力太过薄弱，让俄国人占了上风，所以毅然推翻了前任的计划，把西线的兵力大批大批地抽调到了东线。

英国人在德国的两大军团之间发现了缺口，本来有机会各个突破、分而歼之，可是好运来得太过突然，英国人担心其中有诈，不敢贸然行事，采取了相对保守的策略，即便如此，他们还是想方设法把德国的两大军团成功分隔开了。德军被迫撤退。巴黎转危为安。进入秋季以后，战局发生了微妙的变化，法国开始转守为攻，收复了很多被德军占领的失地。

1915～1916 年，同盟国和协约国展开了海战。英国舰队成功击败了德国海军。1917 年，美国改变了中立政策，正式对德宣战。形势对德国越来越不利了。连年的战争给欧洲各国带来了空前的灾难，由于大量的军粮运送到了前线，德国老百姓没有粮食吃，只能吃一种叫蔓菁的饲料。俄国更惨，前线补给供应不上，军需用品十分匮乏，大后方又出了乱子，因为粮食短缺，饥荒四起，物价节节攀升，老百姓活不下去了，国内爆发了武装起义，建立了苏维埃政权。布尔什维克党一上台就对外宣称，俄国退出第一次世界大战。德国和法国在经济危机和反战思潮的影响下，多次发生工人罢工、人民起义的内乱。各国无心恋战。1918 年 11 月，德国皇帝威廉二世的统治被推翻，新政府派出代表与协约国谈判，同意了对方提出的停战条件，第一次世界大战宣告结束。

战争狂魔上台与纳粹崛起

第一次世界大战结束后，德国与协约国签订了投降协议，双方缔结了《凡尔赛条约》。英、法、美等战胜国提出的条件非常苛刻，把第一次世界大战的责任全部推给了德国，要求德国支付巨额赔款，并瓜分了德国全部的海外殖民地，将大片的德国领土割让给了波兰等国。作为战败国，德国丧失了话语权，没有讨价还价的余地，只能被动地受人宰割。协约国采用以暴制暴的方式惩罚德国，激起了德国人的仇恨。

战后的德国陷入了空前的经济危机，根本没有财力支付巨额的战争赔款，全民节衣缩食，政府倾尽全力履行条约，也只能支付规定金额的一小部分，但这看似微不足道的一小部分，仍然给疲弱的德国经济带来了灭顶之灾。战争赔款摧垮了德国经济，德国大部分产业濒临崩溃，大批工厂倒闭，厂主、商人纷纷破产，工人纷纷下岗失业。德国瞬间由一个版图庞大、繁荣昌盛的强国变成了一个积贫积弱的三流国家。

国运江河日下，百姓的生活水平随之每况愈下，许多人在贫困线上挣扎，不知该怎么应对未来。整个国家笼罩在一片愁云惨雾之中。人民已经走到了山穷水尽的地步，在这种情况下，还要拿出最后一点血汗钱供养富得流油的协约国，这实在是欺人太甚。几乎所有的德国人都为《凡尔赛条约》的签订感到愤慨和屈辱，德国海军为了表达抗议，自沉舰艇，德国老百姓整天想着复仇，满脑子只有一个想法，那就是一定要让欺压羞辱德国的协约国付出惨重的代价。

在这种情形下，希特勒顺应民意，走上了历史舞台。

1919年，希特勒加入了一个毫不起眼的小小右翼党，这个政党后来更名为纳粹党，在短短几年的时间里，发展到了好几万人，成为一支不可小觑的政治力量。希特勒凭借到处煽风点火的游说能力，赢得了广大国人的支持，迅速脱颖而出，成为党内的领袖人物。1923年，德国经济危机加剧，到处弥漫着恐慌和仇恨的情绪，国内一片混乱。希特勒想要借机发动政变夺取政权。11月8日晚，德国名流政要在慕尼黑的一家啤酒馆召开集会。希特勒带着一大批纳粹党包围了这家酒馆。大会进行到二十分钟后，一群武装分子杀气腾腾地闯了进来。

希特勒大吼一声，敏捷地跳上了椅子，拔出手枪对准天花板猛开了一枪，现场所有的政客都吓呆了。紧接着，希特勒向大家宣布革命开始了，现任政府已经被推翻，纳粹党在慕尼黑成立了新政府，他就是第一任国家元首。大厅里的人面面相觑，不晓得眼前这个癫狂的纳粹分子究竟是在虚张声势、胡说八道，还是所言非虚，德国真的改换了天日。演完了闹剧之后，希特勒率领乌合之众浩浩荡荡地奔向市中心，企图占领市政府，途中遭到了警察的阻拦。双方发生了火拼。希特勒拔腿就逃，纳粹党员纷纷作鸟兽散。这场形同儿戏的暴动很快就被训练有素的警察镇压了下去，希特勒锒铛入狱，被判处五年有期徒刑。不过服刑不足一年，他就被释放了。希特勒出狱后声名鹊起，社会上出现了很多支持他和崇拜他的人。

1933年，44岁的希特勒赢得了竞选，当选为德国总理。上台之后，希特勒不失时机地拿令德国人痛心疾首的《凡尔赛条约》大做文章，将其斥为德国所有灾难的根源，号召德国人民拿起武器捍卫国家利益及民族尊严，挽救民族于危亡。为了增强民族凝聚力，激发德国人的民族自豪感，希特勒大肆鼓吹种族主义，声称金发碧眼的日耳曼人是世界上最高贵最优秀的人种，犹太人是下贱的劣等人种，他们被比作可怕的“芽孢杆菌”和“披着腐烂的皮囊”，被视为造成德国经济困难的罪魁祸首。希特勒危言耸听地说，犹太人已经掌控了德国的经济命脉，刻意煽动德国人仇视犹太人。德国掀起了一系列排犹虐犹的运动，继而演变成种族大屠杀。犹太民族成为继印第安人之后第二个差点被屠灭的悲剧民族，莫名其妙地沦为了战争的牺牲品。

希特勒对犹太人非常刻薄和恶毒，对国内的反对力量同样残暴，所有的反对派都遭到了无情的镇压。纳粹党人常常不经审判，就逮捕和惩罚政敌，许多人都受到了毒打，有的还遭遇过暗杀。希特勒运用铁腕手段，肃清了一切反对势力，走上了权力的顶峰。在当时绝大多数的德国人都是真心拥护希特勒的，因为人们迫切需要选出一个强有力的领导者带领国家走出泥潭，希特勒因为作风强悍被视作众望所归的救星。他的办公桌上堆满了来自全国各地的来信，给他写信的有工人、农民、军官，还有在校的学生，职业各不相同，但信的内容大体一致，字里行间充满溢美之词，对他的敬爱和崇拜之情溢于言表。

德国在希特勒的带领下走上了法西斯道路。作为战胜国的意大利，因为各种错综复杂的原因也走上了同样的道路。战前，意大利的经济远远不及德国，经过战争的巨大破坏，经济形势越发严峻，大批工厂倒闭，数十万工人集体失业，上百万的退伍老兵得不到妥善安置，农民没有足够的土地耕作，贫困饥馁，日子过得苦不堪言。意大利政府原本打算通过战后分赃，多争取一些土地，以此来缓解国内的经济危机。没想到英、法、美三国断然拒绝了意大利代表提出的领土要求。

分赃不均，使协约国内部产生了分化，意大利与协约国渐行渐远。意大利人民听说自己的国家没从《凡尔赛条约》中捞到好处，全都气愤不已。国内掀起了一股狂热的爱国热潮。人们纷纷指责现任政府软弱无能，要求恢复古罗马时代的荣光。民粹主义论调大行其道。墨索里尼趁机推波助澜，声称意大利有权开疆拓土，在世界范围内进行领土扩张，接着他用热情洋溢的口吻歌颂了古罗马帝国缔造的庞大版图，毫不掩饰地指出意大利必须得到它想要的领土，协约国只有两个选择，要么顺水推舟满足意大利的要求，修改《凡尔赛条约》，要么开启新的战争。

墨索里尼巧妙地利用国内的不满情绪，成功纠集了一批思想激进、富有尚武精神、崇尚军国主义的退伍军人，联合上百个地方组织，创建了一个名为“战斗的法西斯”的政治团体。意大利法西斯粉墨登场，成为一股举足轻重的势力。法西斯分子身穿一袭冷酷的黑衣，打着神秘诡异的黑旗，出入各大场地时如同一阵黑色旋风般，令人不寒而栗。他们时而闯进工厂镇压工人运动，时而冲向编辑室，捣毁各色进步刊物，对广大工人发起了一轮又一轮进攻。凭借三寸不烂之舌，墨索里尼把他的恐怖行动美化成了拯救意大利的爱国行动，诓骗了意大利人民，成功当选为众议员，进入了国家权力层。

为了使整个意大利处于法西斯党的严密控制下，墨索里尼强制18～21岁的年轻人加入“青年法西斯党”等团体组织。出于钳制思想的目的，法西斯党焚烧了大批思想进步的知名报刊和有独立见解的各色书籍，只允许法西斯刊物流通。学校教育受到了干涉，学生被不断地灌输极端的法西斯思想，由于被反复洗脑，丧失了最基本的判断力。墨索里尼还组建了秘密警察组织，在全国范围内撒下天罗地网，秘密地监视着国民的一举一动。私人信件和电话均受到严密监控和审查，只要找到一点蛛丝马迹，嫌疑人就会被投入监狱。老百姓整日提心吊胆，惶惶不可终日，不敢发表针对法西斯的任何言论。墨索里尼大权在握，将政府、议会、国王统统踩在脚下，以独夫民贼的形象登上了历史舞台。

远在东洋的日本，由于本土多火山地震，资源匮乏，国土面积狭小，面临着生存危机，紧随德国、意大利的脚步走上了法西斯道路。德、意、日三国领导人都想借助对外战争转移国内矛盾，一拍即合，于 1936 年 11 月 1 日，墨索里尼和德国在柏林签订了军事同盟条约，组建了轴心国，四年后吸收日本为轴心国成员。条约内容为：日本同意德国和意大利在欧洲建立霸权，德国和意大利同意日本称霸东亚，盟国与其他国家发生战争时，轴心国成员将给予其必要的支援，包括军事上的支持。三个法西斯国家狼狈为奸，虎视眈眈地盯着欧亚大陆，第二次世界大战烽烟四起，蔓延全球，成为人类历史上的又一场浩劫。

法西斯的覆灭

第二次世界大战是由复仇情绪高涨的德国挑起的。1939 年 9 月 1 日凌晨，天色尚未破晓，整个欧洲大陆正处在黎明前的黑暗中。德国便悄无声息地展开了突袭行动。一排排坦克扬起清秋时节的尘土浩浩荡荡地向东方驶去，一架架飞机划破长空，侵入了邻国领空，一门门重型大炮被运送到了前线，目标直指波兰。德国出其不意地闪击波兰，不宣而战，两天之后，英、法两国对德宣战，第二次世界大战爆发。

入侵波兰是希特勒作战计划中的一部分。波兰位于要冲之地，具有极高的战略价值，它的东面是版图庞大的苏联，西侧是德国，拿下波兰，就可以有效缩短对苏作战的距离。波兰处在两大强国的夹缝中，双方一旦开战，必然受到战火的波及，不知不觉地就沦为了大国博弈的牺牲品。1939 年 8 月 31 日夜，德国党卫军乔装改扮成波军，占领了德波边境的广播电台，操着一口波兰话高声辱骂德国，目的在于混淆视听，让德波两国人民误以为是波兰率先挑衅德国，从而把战争的责任转嫁给波兰。紧接着，德国官方向德国百姓宣布国家遭到了波兰的袭击，全国进入战时状态。次日，德国大举出兵闪击波兰。

英国、法国曾经对外承诺为波兰提供安全保障，德军公然入侵波兰，等于变相打英国和法国的脸，英国和法国得到军报后，为了维护颜面，被迫对德宣战，不过并没有倾力援助波兰，而是选择隔岸观火。弱小的波兰军队抵挡不住德军的装甲坦克，防线迅速被摧毁，波兰政府垮台，领导人仓皇出逃，流亡国外。德国瓜分完波兰以后，开始集中兵力对付英、法两国，英国和法国这才如梦初醒，意识到德国胃口极大，吞下一个小小的波兰是不可能满足的，只有征服整个欧洲，它才肯罢手。

按常理说，英、法两国军事实力并不弱，英国是海上强国，法国是陆军大国，可是在与德国交锋的过程中却处处败在下风。在当时，德军是世界上战斗力最强的军队，陆军能以一敌众，擅长打闪电战，令人措手不及；空军王牌飞行员辈出，一名王牌飞行员能摧毁数百辆坦克及敌机；潜艇设计先进、攻击性强，采用群狼战术围攻敌舰，敌舰插翅难逃，只能坐以待毙。大西洋上的军舰碰上德国潜艇，就等于遇见了死神和幽灵，随时都有可能被击沉。面对德军的强大攻势，英、法两国陷入被动。1940 年 6 月，法国沦陷，举世哗然。欧洲各国震动。1942 年，英国、美国、法国、苏联、加拿大、澳大利亚、中国、朝鲜等 26 个国家的高层政要聚首华盛顿，签订了《联合国家共同宣言》，组建成了反法西斯同盟，约定共同对抗德、意、日轴心国。

由于意识形态存在分歧，盟军内部并不团结，英、法等西欧国家一再推行绥靖政策，试图把战火引向苏联。战争初期，盟军连连溃败，被德军打得毫无招架之力。好在意大利军队战斗力较弱，在战场上不堪一击，几乎屡战屡败，不停地给德国拖后腿，为盟军减轻了不少压力。在许多关键性战役中，最值得一提的莫过于诺曼底登陆和斯大林格勒保卫战，正是因为这两场战役，形势渐渐向有利于盟军的方向转化。

在登陆诺曼底之前，盟军制造了一系列假象麻痹德国。比如伪造大量情报误导德军，使其相信盟军的目标是加莱而不是诺曼底；把军事机密装进漂流瓶，故意让德军截获；在英国军官的尸体上放上装有秘密文件的公文包，再把尸体抛到海里，任由尸体顺流而下，漂到德国人视线可见的地方。为了进一步迷惑德军统帅隆美尔，英国人特地为蒙哥马利元帅找了一个体貌特征与其高度相似的替身。这样替身频频现身于北非，不知真相的人就会误以为英国军队的主力仍然留在北非战场，不会对欧洲大陆构成威胁。紧接着盟军开始对加莱地区狂轰滥炸，投下炸弹的数量是诺曼底的五倍。

一切准备就绪以后，巴顿将军扬言道：“盟军已出动百万大军，动用上千辆坦克、上千架飞机向德国进发，在两个月时间内就能占领柏林。”希特勒闻讯十分紧张，赶忙派出侦察机了解情况。侦察兵飞到军事基地上空居高临下观察，顿时惊出一身冷汗，只见停机坪上落满了飞机，密密麻麻如同蚂蚁一般。其实许多飞机并不是真材实货，而是造型逼真的充气飞机，远远望去，确实能达到以假乱真的效果。

希特勒被各种精心炮制的假象扰乱了头脑，已经开始相信盟军要袭击加莱，加强了加莱地区的防守。为了成功把希特勒的目标彻底从诺曼底引开，巴顿将军策反了打入盟军内部的一名女间谍，女间谍把假情报传给了德军。希特勒信以为真，把重兵都调到了加莱地区，诺曼底防守日趋空虚。在进行大规模军事行动前，盟军派出了几名间谍借着夜色的掩护降落到诺曼底海岸侦察情况，他们每人嘴里都含着一颗致命的毒药丸，一旦被德国人发现，就服毒自杀，无论如何都不能泄露天机。与此同时，又派出了好几个间谍登陆加莱，给他们布置了虚假任务。间谍刚刚抵达目的地，就被德军俘获了。经过严刑讯问，间谍终于招供了，声称他们是被派来侦察加莱潮汐涨落情况的。希特勒中计了，紧张地关注着加莱，忽略了诺曼底的防守。

1944 年 6 月 6 日早晨，盟军袭击了诺曼底。希特勒以为盟军是在声东击西佯攻，真正的目标是加莱，因此一直在密切关注加莱的动静，没有把诺曼底的空降兵放在眼里。孰料关键时刻，盟军犯了一个致命错误。伞兵为了分清敌我，每个人都配备了发声器。降落到诺曼底以后，士兵纷纷按发声器呼唤同伴。怎奈发声器发出的声音和上枪栓的声音太像了，德军拉动枪栓时，吸引了大批盟军，许多盟军糊里糊涂地被杀掉了。盟军损失了上万人，终于在诺曼底建立了阵地，各种重型武器连夜被运送到了岸边，后续部队源源不断地赶来。希特勒精心构建的“大西洋铁壁”被打开了一个缺口，德国陷入了多线作战的不利境地，被苏联和英、美两军夹击，两头救火，应接不暇，为后来的失败埋下了伏笔。

第二次世界大战中最惨烈的战役莫过于斯大林格勒保卫战。斯大林格勒既是一个可以生产各种军需品的工业基地，又是以苏联最高领导人命名的城市，具有非同一般的象征意义，拿下这座城市，足以从心理层面摧垮苏联人的斗志。德军兵临城下时，斯大林号召全体军民殊死抵抗，不准后退一步。苏联人在装备上远远落后于德军，但对市内的地形了如指掌，凭借东道主的优势，与入侵的敌军展开了激烈的巷战。他们躲在密集的建筑里或者是一座水塔上，抑或是一堵高墙、一堆瓦砾后面，从四面八方扫射敌军。斯大林格勒枪声此起彼伏，不绝于耳，炸声轰鸣，有如闷雷滚动，烈焰升腾，子弹纷飞，到处都是血肉横飞的悲惨景象。散落在地上的弹壳堆积如山，墙体伤痕累累，布满弹坑，局部还沾着未干的血迹。子弹打光了，苏联军民便舍命与冲上来的德军贴身肉搏。面对铁甲坦克苏联人毫无惧色，带上几颗手榴弹便不管不顾地往上冲，不惜与敌人同归于尽。德军从未遇到过如此强劲的对手，损失无比惨重。

苏联军民作战如此英勇，主要是源于对德军刻骨的仇恨。德军入侵苏联后，犯下了累累罪行，他们到处烧杀掠抢，连手无寸铁的女人和年幼的孩子都不肯放过，公园的树上吊着大大小小的尸体，全都是德国侵略者的杰作。德国人对待苏联士兵更狠。有个苏联上校在德军弃守据点看到了战友的尸体。那具尸体被折磨得惨不忍睹，几乎面目全非、不成人形。一只手的皮肤被撕掉了大片，指甲全部被拔光，眼睛被利器扎瞎了，太阳穴上残留着烙铁留下的烙印，右脸被烧得严重扭曲变形。显然，这名士兵生前受到了惨无人道的折磨，任何一个苏联人见了，都会难过得流下眼泪，同时生出刻骨的仇恨。

德国令人发指的做法，激起了苏联人的怒火。每每看到德国人在自己的土地上荼毒生命，苏联士兵就恨得咬牙切齿，他们的第一反应便是毫不犹豫地开枪打死德国兵。刚刚入伍的新兵，最初杀人时会有罪恶感，不过一想起受难的同胞，所有的负罪感立时荡然无存，取而代之的是歇斯底里的愤怒，仇恨的力量促使他们想要毁灭一切，复仇的狂热遮蔽了良心上的不安，除了杀戮，他们别无他想。在这种情形下，涌现出了许多弹无虚发的神枪手，许多德国士兵被一枪爆头，来不及挣扎便纷纷倒地，心脏瞬间停止了跳动。德军在对苏作战中连连失利，转眼到了冬天，冷空气把整个斯大林格勒变成了一个天然大冰库，德军水土不服，最终被严寒打败，输掉了战争。

1945 年 4 月 15 日，苏联围攻柏林城，对德国发起了致命一击。这是一场复仇之战，过程异常残酷和惨烈。苏联士兵疯了一般往前冲，全然不在乎迎面呼啸而来的子弹，一批倒下另一批继续冲锋。由于坦克在街巷中发挥不出威力，双方又展开了巷战。进攻的苏联兵和守城的德国兵全都杀红了眼。有的苏联士兵死命地掐着德国兵的脖子，直到对方断气才发现自己的肚子已被豁开，柔软的肠子流得到处都是。双双同归于尽的两个大兵以奇怪的姿势扭在一起，全都没了呼吸，双眼依旧在怒视着对方。凶狠的德军败给了更加凶狠的苏联人，4 月 30 日，纳粹头目希特勒在绝望之下吞枪自杀。同年 4 月 27 日，另一位纳粹头目墨索里尼被游击队俘获，次日被处决。5 月 2 日，德军投降。9 月 2 日，日本政府宣布无条件投降，第二次世界大战宣告结束。

两次世界大战战火蔓延全球，给世界人民带来了难以想象的沉重苦难，处在战争阴影下的国家生灵涂炭、哀鸿遍野、家庭离散，到处都是一派凄凄惨惨的景象。稚气未脱的热血青年被狭隘的民族观念和爱国情怀激励着奔赴战场，转眼变成了杀人不眨眼的嗜血狂魔，积极参与着杀人与被杀的生存游戏。多数人有去无回，埋骨沙场，侥幸存活下来的人断胳膊少腿，终身残疾。少数肢体完整的人，患上了严重的应激性障碍，一辈子都无法摆脱精神创伤。

自古以来，人类都在自相残杀，但是没有哪一场战争足以和两次世界大战相提并论，欧洲各国把最先进最高端的科技，所有的聪明才智和最具毁灭性、杀伤性的武器统统投放到了战场上，目的在于高效精准地打击敌人，大规模大范围地屠戮对方，把每一片激烈争夺的土地变成侵吞鲜活血肉的绞肉机，这种超乎想象的疯狂堪称史无前例。

在两次世界大战中，人类已然把战争视为常态，把宝贵且仅有一次的生命视为尘土，为了取得胜利毫不留情地摧毁别人，义无反顾地牺牲自己，数以千万的生命就这样灰飞烟灭，代价是何其惨重！但愿历史不再重演，但愿人类能汲取教训，珍惜来之不易的和平，不再为了争权夺利自相残杀，能早日突破自身的局限性，抛弃固有的蛮性和劣根性，善待所有的生命。

第九章 战后时代

——浴火重生，废墟之上再现繁荣

第二次世界大战过后，繁荣强盛的欧洲一度支离破碎、虚弱不堪，欧洲列强也渐渐丧失了往日的雄风，沦落成了无足轻重的二流角色。这对于怀有强国梦的欧洲人来说，无疑是一个巨大的打击。面对残破寥落的家园，想起昔日的辉煌繁盛，无异于从云端跌入谷底，但欧洲人并没有灰心气馁，他们又重新鼓起了勇气，开始了艰难的战后重建工作，迅速走向了复兴之路。经济复苏后的欧洲重新焕发出了活力。反思曾经走过的道路，欧洲各国决定结束对抗，展开更多的合作，于是创建了欧盟组织。欧盟作为一个极富影响力的经济政治实体，在国际社会中扮演着重要角色。在一超多强的格局下，欧盟的表现丝毫不比美国逊色，在各项国际事务中一直发挥着重要作用。

重建和复兴之路

第二次世界大战给欧洲带来了近乎毁灭性的打击，许多繁华的都市和商业中心由于受到多次狂轰滥炸，被夷为平地。放眼望去，欧洲大陆满目疮痍，那个灯红酒绿、流光溢彩的花花世界已瞬间化为乌有，只剩下了瓦砾和废墟。美因茨（德国城市）被破坏得更是非常严重，方圆数里之内，所有的建筑物都变成了空壳，钢筋裸露在外，只有几处断壁残垣还依稀可见，丑陋的烟囱直指天际。这些触目惊心的景象和死气沉沉的气息，着实令人不安。艺术之都德累斯顿堪比意大利的佛罗伦萨，战后被誉为“月球的表面”，意思是到处坑坑洼洼，已然变成了荒凉的不毛之地。慕尼黑和柏林、科隆被炸得支离破碎，只剩下了几所东倒西歪的破屋，孤独地耸立在废墟堆里。

斯大林格勒也是瓦砾堆积，一片狼藉，放眼望去，整座城市看不到一面完整的墙，到处都是残砖碎瓦，即使郊区也找不到一所未倒塌的房屋。冬日的阳光洒在百孔千疮的公寓楼上，折射出凄冷的微光，令人遍体生寒。城市忽然变得异常空旷和安静，几乎没有了人气，斑驳的楼道里偶尔冲出一头瘦弱的山羊，给这座诡异阴森的城市平添了一丝生机。历史悠久的古城伦敦在德国飞机的轰炸下，一度沦为废墟。战争结束后，英国人不敢憧憬未来，现实世界里除了尸体和建筑废墟，什么都没有，简直比灾难大片还要恐怖。只有茫茫的雾气可以遮住所有惨痛的景象，可惜雾气一散，那些萧索破败凋敝的惨淡图景又暴露于光天化日之下了。

欧洲人的家园被毁，数以千万计的居民流离失所、无家可归，他们只能栖息在地窖、废墟或洞穴里，用最原始的方式避寒暖身。整个城市的电力设施都被炸毁了，供暖和供水设施也全部处于瘫痪状态了，人们没有干净的饮用水，更没有煤气，没有照明，躺在破破烂烂的建筑残骸中间，仿佛一下子回到了久远的中世纪。

战后的欧洲濒临崩溃，房屋、公共基础设施毁坏殆尽，粮食短缺，失业率激增，社会日趋动荡。然而美国却成了最大的赢家。由于战火没有烧到本土，每次都是在大战进入尾声期参战，美国损失最小。在战争期间，美国大肆售卖军火，大发横财，实力迅速崛起。在欧洲各国普遍衰落之后，美国成了后起之秀，经济蒸蒸日上。为了获得更高的政治地位，美国主动向欧洲伸出了橄榄枝，开始全面执行马歇尔计划，投入巨额资金，对欧洲各国进行援助，帮助欧洲人重建家园。

马歇尔计划刺激了欧洲的经济增长，使欧洲诸国免于陷入破产的境地。美国给欧洲提供了上百亿美元的资金，并鼓励各国相互合作，在欧洲的重建过程中发挥了巨大的作用。当然，一味地依赖美国，欧洲仍然不能走出泥潭。欧洲人意识到必须自强自立才能使自己的国家实现经济复苏。在物资极度匮乏、经济疲弱的情况下，德国经济部长艾哈德放弃了对物价和工资的管控，并果断废除了粮食和其他必需品的配给制。这是一步风险系数极高的险棋，当时不被人看好，有的人甚至断言，此举无异于把一个奄奄一息、处于失温状态中的病人投入冷水中。有个美国上校不解地问艾哈德："在粮食紧缺的情况下，你怎么能放松配给制?"艾哈德自信地说："我没有放松配给制，我直接取消了配给制。德国人唯一需要的配给是马克，他们靠辛勤工作赚取马克。"

艾哈德的改革措施奏效了，德国的国民总产值增长迅速，联邦德国成功实现了经济复兴，艾哈德创造了奇迹。不过艾哈德并不认为德国的经济腾飞是奇迹，他坚信这是自由市场经济的魔力。取消配给制，激活市场，鼓励自由竞争，就是艾哈德成功的秘诀所在。

德国大力发展市场经济时，英国改善了全民福利，并采用了国家宏观调控政策。工党执政后，开始推广“从摇篮到坟墓”的福利政策，在英国全面建立社会保障制度，将重要工业、电力、通信、银行、钢铁、煤矿等国家支柱性产业统统收为国有，对从事这些行业的资本家给予了足额补偿。经济逐步恢复以后，保守党上台执政，审时度势，有计划地减少了政府对经济的干预，恢复了正常的市场竞争机制，英国经济迸发出了活力，取得了较大的成果。

法国政府在第二次世界大战过后，也走上了国有化道路，将煤炭、电力、运输等行业收为国有，加大了对银行业、金融业和能源的控制，给予原来的资本家大量的经济补偿金，减少了改革的阻力。政府积极干预经济，对全国资源实行统筹分配，合理优化配置现有资源，大大促进了经济发展。与英国一样，经济恢复之后，法国政府及时抽身而退，取消了计划经济政策，将市场让给了自由经济。

意大利战后，采用政府控股的方式管控国家经济，将铁路、航空、天然气、电信、邮政等行业收为国有，逐步控制了国内各大支柱性产业。奥地利、西班牙、葡萄牙、比利时、荷兰、瑞典等资本主义国家都不同程度上实施了国有化政策。在度过经济危机之后，又纷纷恢复了原有的市场经济机制。经过几十年的努力，欧洲各国重新走向了繁荣。

如今欧洲是发达国家最为集中的地区，欧洲的发达不仅表现在GDP排名上及各种可量化的经济指标上，欧洲还有高端优质、享誉全球的产品，先进的教育理念和丰富的人文资源，良好的社会福利和人性化的公共服务设施，优美的自然环境及健康和谐的社会风气。那么欧洲人是如何做到的呢？他们又是如何在短短几十年时间内，摆脱战争的创伤，成功地从废墟和瓦砾堆中站起来的呢？诚然，这是他们埋头苦干、努力发展经济换来的结果。不过欧洲的重建和复苏不只是物质层面的，还包括精神和文化层面。欧洲人在实现经济复苏的同时，也复苏了欧洲的文明。

欧洲能够再度繁荣，与它所走过的文明历程是分不开的，物质文明和精神文明是一个相互促进的过程。这片广袤的大陆曾经孕育出了辉煌的古希腊文明，出现了最早的民主制度，后来又经历了古罗马时期和千年的中世纪时期。欧洲曾经跌跌撞撞，走过很多弯路，被封建社会的枷锁束缚，也曾长期徘徊不前。文艺复兴和思想启蒙运动让欧洲人于迷失中重新找到了光亮，科学、民主、法治、人权、平等等先进理念深入人心，驱策着欧洲人摆脱愚昧、迷信、盲从，与所有落后思想决裂。随着工业革命的兴起，欧洲又有了工业文明，新发明新创造层出不穷，社会面貌焕然一新。这一切的成果不是一两场战争就能彻底毁灭的。战争可以毁灭物质文明，却毁灭不了软实力，欧洲的崛起不是一朝一夕之功，它能够挺过两次世界大战的打击，再现辉煌，从某种程度上说，是因为它拥有雄厚的社会历史根基，这一点是不能抹杀的。

历经曲折的欧洲一体化

第二次世界大战以后，美国和苏联成为势均力敌的世界霸主，欧洲在国际舞台上的地位有所下降。进入冷战以后，欧洲成为夹在两个超级大国之间的一个摇摆地带。西欧国家成为美国的盟友，东欧各国走上了亲苏的道路，德国被一分为二，英法美的占领区东德和苏联的占领区西德分别建立了不同性质的政权。直到东欧剧变、苏联解体、柏林墙倒塌，欧洲才结束了分裂对峙的局面。

新时期的欧洲迫切需要找到新的出路。欧洲人曾经对自己走过的道路进行过深刻的反思。两次世界大战不仅给欧洲带来了难以抹去的历史伤痕，还大大削弱了欧洲的综合国力，昔日威震全球、屹立于世界民族之林的欧洲列强，纷纷沦为二三流国家。无论是老牌殖民国家英国、法国，还是后起之秀德国，都已经深深意识到，单凭自己的力量是不可能独霸欧洲的。

面对着外部世界的严峻挑战，欧洲人必须冰释前嫌、同舟共济，才能顺利度过新的危机。自从接受美国马歇尔计划的援助以后，欧洲在与美国打交道的过程中，便开始处于被动境地，美国凭借强大的政治影响力及经济渗透力的优势，已然牢牢控制住了欧洲，欧洲人意识到，照此下去，欧洲将失去掌控自己命运的权利，逐渐沦为美国的附庸。为了对抗美国的霸权，让欧洲重新成为世界文明的中心，欧洲人选择了联合，渐渐走向了一体化。

欧洲一体化的道路并不平坦，一体化构想从提出到落到实处，历经了几十年的时间。历史上法、德两国战事不断，长期以来，双方都视对方为宿敌，两国能否放下多年的积怨，达成和解，直接影响欧洲联合的成败。法、德两国的握手言和，对于欧洲一体化进程影响深远。联邦德国总理阿登纳率先做出了友好姿态，发表了著名的“破冰演说”，他在接受采访时说：“我决心要以法德关系作为我的政策的一个基点……和法国的友谊将成为我们政策的一个基点。”并建议建立德法联盟，让两国在经济领域展开更多的合作。法国做出了积极回应，法国外长舒曼提出了著名的“舒曼计划”，建议两国在煤炭、钢铁两大行业实现联营，双方互相免除关税。阿登纳同意了这一计划。由此，两国关系迈出了崭新的一步。

1957 年，法国、联邦德国、意大利、卢森堡、荷兰、比利时签订了《罗马条约》，六国在经济和原子能领域实行一体化运作，欧洲经济共同体诞生。1958 年 8 月 14 日，阿登纳怀着忐忑不安的心情会见了法国总统戴高乐。第二次世界大战期间，德国曾经占领过法国，戴高乐因此一度敌视德国。阿登纳不知道这次会面，戴高乐会持何种态度。令人出乎意料的是，德、法两国首脑会晤，并没有感到尴尬或不快，谈话气氛格外融洽。阿登纳说欧洲不能永远亦步亦趋地仰赖美国，欧洲各国必须团结起来，凝成一股强大的政治力量，重现往昔的辉煌，想要做到这一点，法、德两国必须冰释前嫌，加强合作。戴高乐表示赞同。紧接着，阿登纳问戴高乐法国未来的对外政策是什么。戴高乐毫不掩饰地说，欧洲要遏制不断崛起的德国，不能靠排斥和压制等粗暴手段，而要真心诚意地接纳德国，把德国纳入欧洲一体化的联合机构中，这样才能有效地监督德国。

这种想法是非常务实的。第二次世界大战结束后，欧洲到处弥漫着恐德情绪，人们担心法西斯死灰复燃，德国的迅速崛起确实在某种程度上令人不安。戴高乐认为将德国纳入欧洲大家庭，建立有效的监督机制，比削弱和惩罚德国更明智。这显然是一种友好的表示。这次会晤，双方首脑相谈甚欢，标志着两国已经摆脱了彼此仇视的状态，乐于化干戈为玉帛，展开友好合作。

德国为了重新回到欧洲怀抱，做出了一系列努力，比如勤勉工作，振兴经济，对受害国家给予足额的战争赔偿，并多次反躬自省，诚心忏悔，用实际行动证明自己悔罪的诚意。1970 年 12 月 7 日，联邦德国总理维利・勃兰特风尘仆仆地来到华沙犹太人死难者的纪念碑前，亲手献上了花圈。面对遭遇种族大屠杀的犹太人，人们不由地会联想到德国法西斯犯下的滔天罪行。维利・勃兰特也不例外。献完花圈之后，他做出了一个令整个世界都震惊的举动，屈膝跪在了死难者的纪念碑面前，为纳粹德国给犹太人造成的伤害道歉。

三年之后，维利・勃兰特接受采访时说，把纳粹党犯下的累累罪行强加在所有德国人民身上是不公平的，责任应该由希特勒等战犯承担。但作为德国总理，维利・勃兰特认为自己有义务也有责任为德国曾经犯下的历史罪行认罪。在祭奠犹太死难者时，他不只庄严、肃穆地进献了花圈，还觉得有必要向死难者下跪认错，所以他就毫不犹豫地那么做了。

德国凭借良好的认错态度和对历史高度负责的表态，赢得了国际社会的尊重，成功地使欧洲各国放下了戒心，欧洲一体化最大的障碍被排除了。柏林墙倒塌后，两德统一，德国实力倍增。1991 年 12 月，德国、法国、意大利、荷兰、比利时、卢森堡六个欧洲经济共同体国家签订了《欧洲联盟条约》，该条约 1993 年 11 月 1 日正式生效，标志着欧盟的诞生。欧盟不断吸收其他国家加入该组织，如今成员国已经发展到 28 个，德、法两国处理欧盟的各项事务中始终扮演着重要角色。欧盟创建后，欧洲各国之间的各种壁垒被打破，成员国之间有了统一的市场、统一的货币、统一的政治经济政策，在多个领域展开了密切的合作，使欧洲终于成为一个整体。

在千余年的历史长河中，欧洲各国的政治家、军事家和雄才大略的统治者们为了统一欧洲大陆调动了所有的智慧，甚至不惜动用强大的武力，但所有的尝试均以失败告终。所向披靡、不可一世的拿破仑也没能让支离破碎的欧洲变成一个强大的统一整体。各国的王室为了减少分歧、维持安定和平的政治局面，经常互相联姻，但政治联姻的外交策略，并不能有效解决国家之间的纠纷和冲突，皇室间血统互相渗透，亦不能阻止战争的发生，德皇威廉二世和沙皇尼古拉二世是表兄弟关系，与英王爱德华七世是舅甥关系。三个国家的元首都有血缘关系，但这并没有阻止、妨碍他们互相讨伐互相宣战，第一次世界大战期间，英国联合俄国，与德国之间打得你死我活。经过两次世界大战的厮杀，欧洲各国为了对抗来自外部的威胁，摒弃了往昔复杂的恩怨纠葛，终于走向了联合。

表面上看，欧洲是被动地走向一体化的，其实不然。欧洲诸国虽然存在分歧，但共同之处更多，比如它们继承了共同的文化遗产，彼此认同度较高，比较容易达成共识。再者，在经济全球化浪潮裹挟下，区域经济一体化也是一种必然趋势。

如今在错综复杂的国际社会环境中，欧盟作为一个强大的实体组织，发挥着越来越重要的作用，同时面临着各种现实难题，迎接的挑战也越来越多，比如令人头痛的英国脱欧问题、希腊债务危机问题、难民问题、成员国内部经济发展不平衡问题等。由于地缘政治的原因，英国长期独立于欧洲大陆，与欧盟若即若离，在欧洲各国统一使用欧元时，英国坚持使用本国货币英镑，这就意味着英国仍想保持独立性，不想成为任何国际组织的一部分。

欧盟官员为了增强英国人的联盟意识，曾计划把英吉利海峡改为“英法之池”，将英国南部的部分地区和法国北部合并，绘制新地图的钱多半由英国纳税人支付。英国政府并没有表示反对，英国保守党强烈谴责了政府，并气愤地说：“现在英国纳税人的钱被用来把我国从地图上勾销，抹灭1000年的历史，并且把英吉利海峡贬低成一个池塘。”英国对超级国家概念的不认同，为它日后的脱欧埋下了隐患。当希腊深陷债务危机无法自拔，意大利、葡萄牙、爱尔兰、西班牙等发展相对滞后的国家经济陷入长期低迷时，英国选择了转身离去，不愿再为别国的财政赤字买单。

英国脱欧无疑会削弱欧盟在国际社会中的影响力，但欧盟作为一个庞大的经济政治实体，在国际舞台上仍然占有一席之地。在承担国际责任、解决难民问题上，欧盟的表现十分令人感佩。德国总理默克尔顶着国内外的各种压力，敞开怀抱接纳难民，充分发扬人道主义精神，为世界各国做出了榜样。欧盟委员会主席让·克洛德·容克曾经动情地说：“作为欧洲人，我们需要记住的是，在欧洲这块土地上，几乎每个人都曾经是难民。我们的共同历史，充满了千百万欧洲人逃离宗教和政治迫害、逃离战争、逃离独裁或者逃离压迫的记忆。”“如果是你，怀抱孩子，你的世界已经崩塌，必须逃离可怕的战争和野蛮，不顾生死地穿越海洋和钻过铁丝网……”由此，我们更应该呼吁欧洲人设身处地地为难民着想，为难民提供必要的人道主义帮助。

从大航海时代开始，欧洲人都是以掠夺者的面目出现，他们在海外到处建立殖民地，几乎将整个世界瓜分殆尽，拼命掠夺亚非拉，残酷地压迫原住民，犯下了累累罪行，这些都是欧洲的原罪。欧洲资本主义发达国家的发展史，从某种程度上说，就是一部疯狂殖民和掠夺的历史。关于这一点，欧洲人丝毫没有忘记，为了表达歉意，他们主动肩负起了更多的国际责任，热衷于各种人道主义救援，在拯救芸芸众生的同时实现了自我的救赎，这是一项双赢的策略。他们在纠正自身错误的同时，将人类社会的文明推进了一大步，这是非常难能可贵的。